蒋
寅／著

金陵生小言

中华书局

图书在版编目（CIP）数据

金陵生小言/蒋寅著. —北京：中华书局,2020.6
ISBN 978-7-101-14548-9

Ⅰ.金… Ⅱ.蒋… Ⅲ.文史–中国–文集 Ⅳ.C52

中国版本图书馆 CIP 数据核字（2020）第 068947 号

书　　名	金陵生小言
著　　者	蒋　寅
责任编辑	张　伟
出版发行	中华书局
	（北京市丰台区太平桥西里 38 号　100073）
	http://www.zhbc.com.cn
	E-mail : zhbc@ zhbc.com.cn
印　　刷	北京瑞古冠中印刷厂
版　　次	2020 年 6 月北京第 1 版
	2020 年 6 月北京第 1 次印刷
规　　格	开本/850×1168 毫米　1/32
	印张 11　插页 2　字数 265 千字
印　　数	1-4000 册
国际书号	ISBN 978-7-101-14548-9
定　　价	45.00 元

自　序

　　邵瑞彭序常茂徕《石田野语》云："儒生载笔,既萃其全力于条贯之学,而周览之余,思辨所得,或为难得之资粮,或为独到之悬解,犹之铜山见荣,足供抔拾,玉屑盈匦,弗忍弃捐。兴之所至,信手直书,印积俯累,动成巨帙。"此言学术笔记之作,乃学者论学之绪余,最为有见。仰观古贤之学,即如亭林《日知录》、竹汀《十驾斋养新录》之殚精竭虑、开辟发凡之作,无非其论学之绪余也。无此二书,亭林遗书、潜研堂集不因而失色;有此二书,两公四部之学更添锦花。惟吾国先贤,治学途隘,兀兀穷年,爬梳于经史之间,至有终其生而不能树一义、立一说者。求其学力识见果能度越前人,于古贤未发之覆、未明之理,粗揭一二,盖举世难其人焉。然则萃毕生所得为一编,若沈存中《梦溪笔谈》、俞理初《癸巳存稿》者,其可恒酊而小视之乎?予之不辞谫陋之讥、不贤之哂,而编《小言》者,此物此志也。然予抑有说焉。自清末西学东渐,国人竞讲新学,流风所被,百年于此。其说日新月异,其理愈讲愈明,中外熔冶,群科邃密。至言今日之学风者,必以追求科学之趋向概之。科学云者,凡树一义、立一说,非惟创论之务,尤重论理、验证之确凿翔实也。层层绎说,重重论证,必至确不可疑而后止。则言科学精神于今日,其推理论证之过程,尤为切要也,是亦当代学术范式之不可避焉者。职是之故,凡传统学术之述而不作、引而不释、论而不证,及夫一时所思,瞬息灵感,不求征实,漫然述之,于学者固属偷工取巧,于学术亦殊有悖于当今学范也。故予昔曾妄言钱锺书之学，于今日有取巧之嫌，盖以撰《旧文四篇》之气力作《管锥编》《谈艺录》，诚恐难成什一也！是岂先生故弄狡狯哉，亦不得已耳。时至今日，知识积累已呈指数增长，而吾人寿无金石之固，百年之期如白驹过隙，欲以有涯之生而追无穷之学，诚亦殆矣。无已，惟黾勉不息，尽其在我，虽蚁聚獭祭之不足观，苟有补于学，亦效前贤葺而存之。日月出矣，而爝火不息，其愚自不待辩，窃惟百虑一得，论者或有以取之。"大知闲闲，小知间间；大言炎炎，小言詹詹。"海内外方家，幸勿"以闲闲陵小知而讥其隘"，复勿"以炎炎夺小言之未逮"（王夫之《庄子解》），是所愿也。甲申八月金陵蒋寅文虎识。

目　录

卷一　儒林外传

此卷皆儒林掌故，耆旧轶事，或闻之朋侪闲谈，或得之前辈著述，摘自程靖宇《新文学家回想录》者亦复不少。聊为述之，以致追慕之意，虽不欲窃攀《笑林》《笑府》，亦足一启颜也。

001　先师程千帆先生平生治学，最心仪乡先辈陈寅恪先生。寅恪先生于《朱延丰突厥通考序》尝自比为"退院老僧"，千帆先生于七十年代摘（右派）帽退休后，亦自比退院老僧，见沈祖棻先生《涉江诗》卷四。

002　己巳六月十日，寅自京南窜，过宁谒先生。值先生手编汪方湖（辟疆）先生文集版行，获赐一册，先生挥笔题云："'犹瞻太白雪，喜遇武功天。'蒋生大弟无恙南归，书此以赠。""犹瞻"二句乃杜诗《喜达行在所》中语，上联为"死去凭谁报，归来始自怜"。

003　先生暮年以精力不济，遂不著书。除取历年治学心得，与吴新雷教授及门人徐有富、莫砺锋、张宏生、程章灿等合撰《两宋文学史》《校雠广义》《被开拓的诗世界》《程氏汉语文学通史》四书外，日黾勉于三事：编《汪辟疆文集》，校理黄季刚先生日记，编注沈祖棻先生《涉江词》。尝语寅曰：“顾亭林云，注古典易，注今典难。许多本事惟当事者知晓，时过境迁，则不知所谓。”遂述《得介眉塞外书奉寄》“犹忆春风旧讲堂，穹庐雅谑意飞扬”二句，忆游寿戏拟斛律金《敕勒歌》调王易事，诗见《涉江诗》卷二。

004　章培恒教授与先生闲谈，以不娴于书为愧。先生曰：“章学诚字亦不佳。”实斋为章教授乡贤，皆绍兴人也。虽一时戏语，亦见先生之机敏，盖寓褒誉于解嘲也。

005　先生初移席南京大学，精神尚健，为本科生讲杜诗。时值校内基建，声音噪杂，诸生或不耐烦，先生处之泰然，曰：“我们应该忍受，因为这是建设。”雅量真不可及。伯伟曾言，听程先生讲大课，真是一种享受，惜寅无福一听受也。

006　先生悼亡词有“文章知己千秋愿，患难夫妻四十年”之句。清代吴江诗人张春水名澹，妻陆惠字璞卿，亦能诗，后以家贫教授女弟子补家用。夫妇尝刻一印曰“文章知己患难夫妻张春水陆璞卿合印”，见王蕴章辑《然脂余韵》卷五，不知先生是否用此。

007　寅在京都大学文学部任教时，曾应修学院某上人之请，为其作画像题诗，曰：“不随群艳竞春时，疏雨帘栊雪满枝。廿四番风吹梦远，冰心未许世人窥。”寄呈先生，谓不成体。后请问何谓，先生曰：“作诗犹学书，平日当博览，写作时当先守一二家入门。”按：此亦前贤之心得。徐增《而庵诗话》云：“作诗须先攻一体，逐体次第而进，体体得手，方是作者。”中国社会科学院文学所藏朱桂《岩客吟草》卷首载王述庵《诗说》有云：“学诗先博学而约取，举古人诗反复循玩，融洽于心胸间，下笔自然吻合。又宜先学一家，不宜杂然并学。"即此意也。

008　慧心者多口吃（读吉音），滑稽者亦多口吃，此甚不可解。古人如司马相如、扬雄者，是其例也。宋代赵崇绚《鸡肋》"口吃人"条，举韩非、司马相如、扬雄、周昌、鲁恭王、魏明帝、邓芝（应作艾）、宋（孔）颢，后周卢柔、郑伟、隋卢楚、唐李固言、南唐孙盛。沈炳巽《权斋老人笔记》卷二承赵说，而多明宪宗皇帝，多非才士。袁栋《书隐丛说》卷十九亦有"口吃"条，较《鸡肋》多出陆贽、陆羽、卢携、孟郊。余所见古代才子而口吃者，尚有如下：梁周弘正，《南史》本传："弘正丑而不陋，吃而能谈，俳谐似优，刚肠似直，善玄理，为当世所宗。"杜甫《饮中八仙歌》中焦遂，即有口吃之症。《唐史拾遗》载焦遂口吃，对客不出一言，醉后酬答如注射，时目为醉吃。陆羽以滑稽出名，亦口吃。《陆文学自传》称"有仲宣、孟阳之陋貌，相如、子云之口吃"。魏泰《东轩笔录》："王汾口吃，刘攽尝嘲之曰：恐是昌家，又疑非类。不见雄名，唯闻艾气。"盖以周昌、韩非、扬雄、邓艾皆口吃也。元代文论家陈绎曾，口吃而精敏异常。清代则傅山《霜红龛集》卷六《赠景陵韩先生》有"景陵先生面麻麋，期艾之口能滑稽"之句。嘉定徐女廉"口语期艾，谈及古今节义及军国大事，摄衣整冠，辩论蜂涌"，见钱谦益《有学集》卷十八《徐女廉遗集序》。施闰章"口吃似子云，而好沉深之思"，见柴绍炳《柴省轩先生文钞》卷七《施尚白和陶饮酒诗小序》。纪晓岚以善谑名而口吃，朱珪《五老会诗》因有"河间宗伯姹，口吃善著书"之句，董元度尝馆于纪宅，"二人并口吃，然皆好谈谑。每于五斗之后，期期之声不绝，闻者无不轩渠也"，见边连宝《病余长语》卷十一。薛时雨《藤花馆诗删存》卷一《秋窗悼逝诗》亦载平原董元度，口吃而心达，貌俭而神王；郭琦吃于口而健于谈，才华警绝。山西秀才陈金门"口吃而谈锋甚健"，见茹纶常《容斋诗集》卷二十七《题山右诗存》。吴胥石为人恂恂口吃，间发一言，辄杂以诙噱，见秦瀛《小岘山人文集》卷三《吴胥石五代史记纂误补序》。扬州人张燮恩口吃而工诗，诗集名《期艾集》，见钱振锽《星影楼壬辰以前存稿·笔谈》。南社发起人柳亚子、朱梁任均口吃，南社成立之会两人因词学见解相歧，竟至与庞树柏、蔡哲夫争论，两君期期艾艾，自落下风，柳亚子气至大哭，骂彼欺人，庞连忙道歉方罢。事见柳亚子《南社纪略》。南社中多口吃者，黄摩西、杨伯谦、姚勇忱亦口吃，柳亚子悼姚诗有"口吃怜同病，名高竟杀生"之句。近代以来，著名学人多口吃。国学大师王国维、广西大学创始人马君武均口吃。哲学家冯友兰亦口吃，一九四八年自美国归，于清华开"古代哲人的人生修养方法"讲演，首次听者达四五百人，第二周减至百余人，第三周只余二三十人，四五周后竟只剩四五人听讲，以其口才不堪卒听也。叶公超每遇冯，喜诳称遗忘，郑重问冯家门牌，冯必"二二二二……二号"，七八个二乃止。其讲课念顾颉刚名，或"咕唧咕唧"之久而不出刚字，念墨索里尼，亦必"摸索摸索摸索"许久。此见门生程靖宇《冯友兰结结巴巴》一文所述。而顾颉刚固亦口吃者也，鲁迅《故事新编·理水》中"鸟头先生"，其言曰："这这些些都是费话……其实并没有所谓禹，'禹'是一条虫，虫虫会治水的吗？我看鲧也没有的，'鲧'是一条鱼，鱼鱼会治水水水的吗？"盖即影射顾颉刚者。鲁迅一九二七年六月二十三日致章廷谦函，言及中山大学聘顾颉刚为教授，"又聘容肇祖之兄容庚为教授，也是口吃的。广东中大，似乎专爱口吃的人"，令人忍俊不禁。

　　009　唐朱揆《谐噱录》载关图有妹能文，每语人曰："有一进士，所恨不栉耳。"

010　东坡在雪堂，一日读《阿房宫赋》，且读且叹赏，夜分不寐。给事者二老兵皆陕人，甚苦之。一人操西音曰："知他有甚好处！"一人曰："也有两句好。"其人大怒曰："你理会得甚么？"对曰："我爱他道'天下人不敢言而敢怒'。"东坡闻之，笑道："不意斯人有此鉴识。"

011　明王点好诙谐，初仕山东邹平知县，县与章丘接境。一日晤章丘令，问："足下以何年生？"对曰乙亥。因问章丘令，答云亦乙亥。王笑曰："某是邹平一害，兄便是章丘一害。"

012　金陵名妓马湘兰卒后，哀挽之章成帙。或问张榜：闻君作湘兰祭文甚佳，张曰："我乃仿《赤壁赋》而作。"使诵之，张但举一语云："此固一世之雌也，而今安在哉？"闻者绝倒。

013　松江张弼善噱，一日赴人家饮。主人上汤偶遗张，口诵数遍："东面而征西夷怨，南面而征北狄怨。"众问何故，张曰："望汤不至故耳。"汤谐商汤。

014　古人有爱妾换马之举，号为豪逸。明江阴朱承爵以爱妾易宋本《汉书》，亦颇奇也。朱承爵字子儋，国子监生，平生多蓄鼎彝名画法书及宋元板书。所著《鲤退稿》《灼薪剧谈》俱亡佚，仅存《存余堂诗话》一种。又有华亭朱大韶性好藏书，尝访得吴门有宋刊袁宏《后汉纪》，系陆游、刘辰翁、谢枋得手评，遂以一美婢易之。法式善《梧门诗话》载陈崇本欲以小鬟伴云易张埙所藏董其昌手书诗卷，则未遂，皆与承爵事相埒。

015　自怜自爱之人世间亦多矣，然无如明代蔡羽者。蔡氏置大镜南向，遇著书得意，辄正衣冠向镜自拜其影，曰："易洞先生，尔言何妙。吾今拜先生矣！"蔡尤以善《易》自负，故称易洞。

016　清初海内耆旧名最重者有孙奇逢、孙承泽、阎尔梅、顾炎武。康熙十一年，孙夏峰年九十，孙退谷年八十，阎古古年七十，顾亭林年六十。是秋，计东游京师，饮于孙退谷第，顾炎武在座，语及孙奇逢之学宗陆背朱，非是，议之数百言。次日，宋荦招计东偕阎尔梅饮，语及两孙先生论学同异，阎张目叱甫草曰："孙给事耶？是何得与苏门山中人同语！"因谰语，亦作数百言。次日，又闻顾亭林向客称阎古古过当。复次日，宋荦问计东两日何所闻，计笑曰："两日但见诸老人论学，八十岁老人诋九十岁老人，七十岁老人诋八十岁老人，六十岁老人又诋七十岁老人！"宋笑曰："若是子再一两年，便可诋六十岁人也。"见计东《耆旧偶记》。

017　钱谦益当鼎革时原拟自沉，逡巡不决而止。一日与柳如是反目，怒甚，欲赴水。柳如是笑道："此水旧矣，甲申、乙酉间不死，乃死今日乎？吾且作壁上观耳。"牧斋大惭。

018　徐乾学入清后官至大学士，榜一联于门曰："君恩深似海，臣节凛如山。"翌日为人各加一字曰："君恩深似海矣，臣节凛如山乎。"

019　无锡盛盘有时名，小试必前列。一日至苏州，坐书肆阅书，有白衣老人继至，立书柜旁，盛视之蔑如也。既而久不去，盛乃问："欲买书乎？"曰然。又问："有子读书乎？"曰然。盛曰："是可佳也。"老人问："先生何姓？"盛傲然对："无锡盛盘。"老人拱手曰："仰之久矣。"盛道："若固知我，益可佳。汝何姓？"老人曰："不敢，太仓吴梅村也。"盛愕然，踉跄而别。

020 史承谦《菊丛新话》云何义门短小精悍,人目为袖珍曹操。曾与友人行苏州街上,楼头二妇相语曰:"此君恰似蜡烛招牌!"何闻之,作吴语谓友人曰:"倒也不差。"友人为之绝倒。

021 方文最喜为人改诗,时人谓其有修诗癖。

022 进士朱履申,名取《诗经》"福履绥之""福自天申"二句之义。一友戏之曰:"君名可对绿帽子。"朱大忿,翌日易以朱冕孙三字,友曰仍可对绿帽子。

023 灵岩僧去雪偶过秦松龄,饭中有米虫,秦斥厨人。去雪笑曰:"居士过矣。贫僧平日吃荤只此少许,尚可责耶?"秦为一笑罢。

024 郑板桥尝与贾人、担夫同舟渡,贾人手持扇曳白无字,板桥为画萝卜、兰、蒜头三物,题云:"萝卜本长物,兰为王者香。蒜头何足算,相聚亦无妨。"盖以三人杂处嘲之也。

025 郑板桥、李复堂俱工书画,李尝取《诗经》句为人题观音大士像:"巧笑倩兮,美目盼兮。"人或责其拟于不伦,复堂窘甚,板桥曰:"何不云'彼美人兮,西方之人兮'?"

026 蒋士铨父坚豪爽不羁,行事多奇异,彭启丰《芝庭先生集》卷十六所载墓志铭述之甚详。坚早慧,八岁时叔父携往寺中观僧设醮礼,时邑中有盗劫巨室且杀人,铅山令责役捕之甚急。限将满,有新充役者被官牒,皇遽不知所为,与一役踟蹰廊庑,语状甚戚。坚呼而问之,乃以实告。坚曰:"是不难,近在目前耳。"两役肃而问之,曰:"彼新衣而敝履之僧也。"问何以知之,曰:"若辈言盗事,彼辄注目色变,口虽讽经,而意别有在。且吾觑其鞋底,尚有血迹,是新以水涤者,于此知之。"役立缚僧鞫之,果得其实。方濬颐《书蒋心余先生轶事》误作士铨事述之,与士铨《先考府君行状》细节略异。

027　蒋士铨与袁枚、赵翼齐名,世称乾隆三大家,又与张埙齐名称张蒋。张曾戏语蒋曰:"与公齐名,人言张蒋,不言蒋张,何也?"蒋答:"只是姓仄韵者吃亏。"张又曰:"公贻吾诗云'友君无异黄友苏',何让吾为东坡?"蒋曰:"老夫图叶韵耳。"其诙谐如此。予谓姓仄韵者吃亏,可引《世说新语·排调》所载:王导与诸葛恢争族姓先后,王以世人不称葛王而称王葛为由争先,诸葛答:"譬言驴马,不言马驴,驴宁胜马邪?"盖汉语双音节词,以平先仄后顺口好读,故齐名并称者,辄以平声姓居先。胡应麟《诗薮》外编卷二:"凡词场称谓,要取适齿牙而已,非必在前则优,居后为劣也。屈宋、曹刘之类,固云中的;诗称苏李,岂苏长于李乎?史称班马,岂马减于班乎?颜在谢先,而颜非谢比;元居白上,而元匪白俦。宋张韩刘岳,明边何徐李,皆取便称谓,非远弗如。元虞杨范揭差近,亦偶然耳。"许学夷《诗源辩体》卷三亦云:"汉称苏李,李岂让苏?魏称嵇阮,嵇宁胜阮?以至晋之潘陆,宋之颜谢,陈之徐庾,唐之高岑、钱刘、元白,皆顺声而呼,非以先后为优劣也。"况周颐尝语婿陈巨来曰:"吾官比朱(祖谋)小,故人称朱况尔。"可以前说释其憾。

028　秦大士为翰林编修,上偶问曰:"汝家果秦桧后人乎?"秦无他言,但对曰:"一朝天子一朝臣。"既恭维君上,复自明志节,极为得体。又有题杭州岳庙联曰:"人自宋后耻名桧,我到坟前愧姓秦。"亦不卑不亢。

029　乾隆时余姚诗人杨珂,每负瓮入四明山中,收云楮封以归。集知己坐斋阁,针破楮,放云出孔,达梁栋檐牖,以为笑乐。见陈梓《杨朗山诗序》。按:此事不始于杨氏,明宁献王朱权封于南昌,即令人往庐山之巅囊云以归,结小屋曰云斋,障以帘幕,每日放云一囊,四壁氤氲袅动,如在岩洞。见姚祖恩辑《静志居诗话》卷一宁献王条附录"愚山氏云",愚山即虞山,钱谦益也。其文见《列朝诗集小传》乾集下宁献王权小传,然独不见囊云一节耳。戴延年《秋灯丛话》"云盒"条云:"天都黄山之云海,相传为第一奇观,山中人往往以盒收之,纸固其口,作土物馈送。开放时缕缕而上,结成峰朵,直冲霄汉,洵异观也。"然则其事各处皆有之也。

030　翁方纲能于一粒芝麻上书"天下太平"四字,每逢元旦辄书以为吉庆,自少至老,岁岁皆然。迨至八十五岁元旦,竟以目昏不能成字,郁郁不乐,遂以是年归道山。

031　黎简吸鸦片,为名士涉此道之始,友人责之,二樵有愧其言,托病以自解。

032　长白斌良道光二十一年五十一岁时游厂甸,于古画楼见董其昌梅花诗册,丰致绝佳,以金二镒购之。归宅细玩,竟是三十七岁时自书,散失于外,为人冒盖董氏印章于册尾,误以为真迹。不禁哑然失笑,作长歌纪之,诗见《抱冲斋诗集》卷二十八。

033　仪征张积中石琴为周太谷高弟,讲学于山东黄崖山,四方归之如流。其徒用古衣冠祭孔子,蜚语由是大作。巡抚阎敬铭檄石琴至,曰不来将以炮洗其居。石琴挥泪谢遣学者,欲出以自白。众以死攀之，狱益急，乃与其徒阖户自焚，死者数千人，弦诵之声不绝。时同治五年也。太谷之学尊良知，尚实行，于陆王为近。石琴之徒笃信其说一至于安然从死，则其学说之动人心者亦大矣。此非宗教而精神已邻于宗教也。

034　何绍基书有重名，达官富商赍金币求之往往弗得。尝之永州访杨翰，距城数里，忽觉饥倦，因憩村店具食，时资装已先入城。食已，主人索钱，无可与，请为作书，主人不可，乃质衣而行。杨翰闻之，笑曰："何先生书亦有时不博一饱耶？"

035　何绍基属醴泉令拓唐昭陵诸碑，令私计：何公书名满天下，一经鉴赏，有司疲于供给，惟日不足矣。乃督匠于一夕间尽凿之。

036　吴敏树古文自谓类欧曾，而曾国藩论文乃列入桐城派中，吴不服，遗书辩之。曾笑曰："欲吾删此文，须捐军饷万金。"盖吴家饶于赀财也。

037　弘一大师圆寂前三日，书"悲欣交集"四字，付门人妙莲。窃意此种情怀，此世非集高僧与艺术巨匠于一身之大师不可得有。惟其为高僧，方体得解脱之欣；惟其为艺术家，乃有对生之依恋而苦其短，是以悲欣交集也。

038　俞樾将死，有《留别诗》七绝十首，最末一首为别俞樾。其孙用手迹石印附哀启，遍送海内同人，附一名刺，大字书名，小字书"辞行"。启云："敬启者，德清俞曲园先生于光绪三十二年十二月二十三日考终苏寓正寝，年八十六岁。遗命不讣，留片辞行。并附《留别诗》及临终诗呈政。苏州马医科巷俞寓亲友公启。"

039　读南社烈士传记,至文湘芷、仇冥鸿、宁调元、王钟麒诸人,辄为之神王血沸,恨不得尚友其人,追随其后。

040　谭嗣同字复生,维新失败被杀,康有为作挽联曰:"复生不复生矣,有为安有为哉?"

041　一九二二年元旦,康有为旅居杭州,适戏院演戊戌政变故事,遂往观之。顾无为扮光绪,罗笑倩扮南海,演至痛心处,顾罗哭于台上,南海哭于台下。一时观众皆引领看南海,传为奇事。南海有诗曰:"犹存痛史怀先帝,更现前身牵老夫。优孟衣冠台上戏,岂知台下有真吾。"

042　于右任清末办《民呼报》,倡言反满,遭清廷之忌,声称欲挖其双眼。乃改其报名曰《民吁报》,谓"呼"之两眼已挖去也。

043　清末为留学生专开科试,中式者予以翰林、进士、举人,即时授职,例优于科举。然世莫之贵,应试者亦不以为荣。时有学牙科者,亦及第为牙科进士,授知县职,传为笑柄。王湘绮赐进士,授翰林检讨,赠张之洞诗有"愧无齿录称前辈,喜与牙科步后尘"之句,为海内传诵。

044　王湘绮自言有帝王思想,故其日记叙家中日常琐事,皆用朝廷堂皇之辞,诗文亦多用古君王事自拟。民国初元,人多易着西装,湘绮赴庆贺犹衣前清礼服,或问公曷不服中国之服而若是?王曰:"国体改,服色未定。吾虽故衣,与子实相等。子西装欧美之服也,吾服满洲服,非吾国章服之旧,非皆外国之服耶？"

045　王湘绮族人某纳姬，或规之曰："志士枕戈之秋，不宜沉溺宴安！"湘绮曰："此大易事。即名之曰戈儿，以示不忘在莒之义可也。"

046　民国成立，袁世凯为总统，王湘绮撰联曰："民犹是也，国犹是也；总而言之，统而言之。"横批："旁观者清。"以民国总统四字冠首，以清双关，耐人寻味。

047　光绪三十四年冬，伯希和至江南图书馆看书，言及日本学术，戏称为三余堂，谓文学窃中国之绪余，佛学窃印度之绪余，各科学则窃欧洲之绪余也。谈言微中，闻者粲然。见丁国钧《荷香馆琐言》卷下。

048　钱振锽，字梦鲸，号谪星，又号名山。江苏阳湖人。光绪二十九年进士，任部主事，清亡后不仕。以才气自负，时有狂士之目。金梁赠诗有"半是聪明半是狂"之句，友人曰其意当改为绝世聪明绝世狂。读书多创解，论作有与古合者辄删去。尝与沈其光约见于沪一乐天茶社，久待不至。适有测字者来，使拾一字猜之，不中。拾数字皆然。情急自拾之，乃一黄字，喜曰："寻至矣。黄去田为共，只一田之隔矣。"因谓其人："汝江湖卖术者，乃不我若乎？"有顷，沈果至。

049　清末温州女士戴礼，字圣仪，受业于陈石遗十年而未见面，绩学工文。著有《大戴礼集注》十三卷、《清列女传》七卷、《女小学》及杂文等甚夥。惜固见自封，拘于《白虎通》三纲之说，年三十尚未适人。值辛亥革命，遂自命亡国遗民，必欲择一旧官僚而不事民国者乃嫁之，致误适非人，终为所弃，其愚亦可悯矣。

050　梁启超撰《墨经校释》，请胡适作序。书印成，置胡适序于书末，而将己答胡序之信稿冠于书前。

051　苏曼殊嗜食，其致柳亚子书落款有"写于红烧牛肉鸡片黄鱼之畔"语。又以茶花女嗜食摩尔登糖，遂口不离此糖，自称糖僧。曾一度无钱买，即变卖所镶金牙，鬻糖若干瓶。

052　薛绍徽(1866—1911)，字秀玉，号男姒。福建侯官人。生有异秉，五岁读书，六岁学画，八岁学诗。光绪六年归陈寿彭。二十八年，曾佐夫译《八十日环游记》四卷，同年夫中举。为次女蓉校正《历代宫闺词综》，并选《国朝闺秀词综》十卷补之。后随夫辗转为宦，年四十六病卒。有《黛韵楼诗集》四卷，自言："吾平生最恶脂粉气，三十年诗词中欲悉矫而去之，又时时绕入笔端，甚哉巾帼之困人也。"然观其诗清澈爽朗，诚脱去脂粉气者也。《老妓行》《丰台老妪歌》二大篇，尤为古来女子诗中所仅见。

053　近代才女之幼慧者当以潘飞声女道芳为最。道芳九岁能文，稍长锐志于学，著论立说，动中要害。上虞经莲珊刊《女学集议》初编，尝采其论女学当兴一文，上海《女学报》亦登其《七夕说》等文。曾随其父寓香港，入女子学校二年，故兼通译事，才华为时瞩目。惜年仅十五遽尔夭逝，时光绪三十二年也。遗诗二首，《夏夜祠前泛舟》云："花气银塘夕，长堤好放船。风枝荷影乱，摇月不成圆。"《春夜》云："筝雁声初歇，银蟾影未斜。春宵人睡早，闲煞一阑花。"

054　英国作家毛姆来华，至成都拜访辜鸿铭，辜曰："你们英国人，总以为我们中国最了不得的人，就是在你们洋行做买办的人。你居然还知道有我，使我非常之惊奇。"民国初年，辜任教于北大，时国立大学初招女生，辜见女生甚多，悄问工友，"这些堂客是哪里来的？"北平饭庄习惯，女客称堂客，男客称官客。工友告以今后有女生矣，辜摇头叹息，以为从此风化将成问题，一时传为笑柄。辜曾与一美国妇人辩论纳妾问题，谓只有一把茶壶用四只茶杯，未见一只茶杯用四把茶壶。

055　辜鸿铭虽保守顽固，然论中国情事，旁通曲说，颇解人颐。人皆知其论妾媵有一壶数盏之妙喻，而其论新旧婚姻之异亦有妙语。其言曰：中国旧式婚姻，譬诸置水于炉火之上而徐俟其沸，则过程中之温度有增无减；近代之自由婚姻制度，则譬诸已沸之水自炉而委地，未有不冷者。

056　刘文典号称近代治庄子第一人，陈寅恪序其书深赏之。曾任安徽大学校长，北伐胜利后，因面詈蒋介石系狱免职，北上任清华中文系教授。讲李商隐《锦瑟》，每周二时，四周始毕。讲《文选》一年只讲得两三篇文章，而必讲《文赋》，至少两月讲毕。尝于称赞某字时言：《文赋》有许多种讲法，讲一年亦可，讲一月亦可。例如此句此字，真乃一字千金。古人与我非亲非故，我何必如此捧之？"因病，早岁"奉旨"吸大烟，战时避难昆明，尤嗜云土。午后方起床，四时以后夕阳西下方上课。于课堂则携香烟一罐，且吸且讲，课间必骂新文学家，曰："他们不似你们幸运，你们今天在这里读书，政府请了我来教你们。他们可怜，他们幼年失学。世界上只有幼年失学的人最可怜！"语未毕，学生已哄堂大笑。

057　一代奇人黄摩西（人），室名"揖陶梦梨拜石耕烟室"，盖其平生最崇敬黄陶庵（淳耀）、黄梨洲（宗羲）、黄石斋（道周）、黄九烟（周星）。前三人皆大儒，九烟独为奇士。与章太炎同任教于东吴大学，尝同往市肆饮茶，会账时两人均身无分文，黄即返校取钱，适友人寄来诗文集，阅之入神。太炎不识道路，日暮始由茶博士伴送返校，给予茗资酬金。一时传为笑柄。

058　章太炎、刘师培、黄季刚，时目为三疯子。季刚先生以善骂名，弱冠留学东瀛，内急夜起，溺于楼窗，楼下居客夜读方酣，闻之怒骂，季刚先生当仁不让，久之互道姓字，知楼下客为太炎先生，遂折节称弟子。太炎劝早著书，答以待五十之后。一九三五年五十生辰，太炎有寿联："韦编三绝今知命，黄绢初裁好著书。"并注云："季刚劬学不倦，自云年过五十始著书，今正其时，书此勉之。"季刚见内含"绝命书"三字，为之惊愕。十月八日以暴饮吐血而亡。吴瞿安与胡小石往唁，小石云："三绝与知命并用，是绝命之显著也。绢亦绝字，裁亦不祥语，是绝命之暗示也。岂非谶语乎？"太炎亦因联语成谶，痛悔不已。

059　汪中有三畏，见周寿昌《思益堂日札》。季刚先生平生亦有三畏：一畏兵，二畏犬，三畏雷。尝与人争论音韵，击案怒辩。忽震雷遽至，先生不知何往。寻之，则蜷踞案下。问："何前之耻居人后，而今之甘居人下也？"先生摇手曰："迅雷风烈必变！"按：此语出《论语·乡党》，然颇疑此处乃联想及《三国演义》刘备与曹操青梅煮酒时所语也。

060　季刚先生常调侃胡适，因胡倡白话文，于讲课时盛赞文言简洁，举例曰："如胡适的太太死了，他的家人电报必云，你的太太死了，赶快回来啊！长达十一字。文言只需妻丧速归四字，只电报费就可省三分之二。"胡适著《中国哲学史大纲》，先出版上半部,全书久不见杀青。季刚先生于中央大学课堂说:"昔日谢灵运为秘书监,今日胡适可谓著作监矣。"诸生不解,先生道:"监者,太监也。太监者,下面没有了也。"一座大笑。

061　姜亮夫十九岁时作昭通方言考证四百多条,后刊《昭通方言疏证》,即其时所起草。就读成都高等师范学校,四年级时兼课一年,月薪三十元,后用一年薪水在昌福公司印林山腴(思进)、龚向农二先生之《中国文学史》《经学通论》,自命为平生第一件得意事。

062　吴昌硕耽游玩,常奋策衰惫,奔走戏场,昼夜不息,家人虑之。平生与朱古微交最密,朱不喜游而好谈,来辄滔滔竟日,缶翁敬畏之,朱留无敢言出。家人以是恒邀朱来。见戴鸣《桑阴随记》。

063　马君武喜奕,而不思虑,自称下"革命"棋,落子辄悔。尝与程善之奕,马悔一子,程亦悔一子,致连悔十、二十子。某局竟将盘面所下子悔尽。围棋家徐润周有诗咏其事云:"余兴枰边两社翁,考工革命未全融。随缘胜败随缘悔,细事真情识见通。"

064　马叙伦尝于北大讲老庄哲学,康白情上课每迟到。马严辞诘之,康对居甚远。马云:"你不是住翠花胡同么?一路之隔,三五分钟即到。何远之有?"康曰:"先生不是讲哲学吗?彼亦一是非,此亦一是非。先生不以为远,我却觉着远。"

065　新文学兴,印书改横排,时有称新文学家为"横文学家"者,见朱德裳《三十年闻见录》。

066　中国人于海外首获哲学博士者，为永安黄曾樾，弱冠毕业于法国里昂大学，其师使著《中国周秦诸子哲学概论》，著录于巴黎图书馆，得哲学博士学位。归国后从陈石遗游，曾记《陈石遗先生谈艺录》。

067　近代女词人吕碧城，姊妹四人，长惠如任南京两江女子师范校长，次美荪任奉天女子师范校长，次坤秀任厦门女子师范国文教师，碧城任天津北洋女子师范校长。姊妹均有文才，而皆任教于女子师范，三为校长，则尤奇也。

068　南社林庚白，自负诗才古今第一，杜甫居第二。妻亡后倡废止婚姻之论，同时有才女林北丽亦持此主张，岂意二人邂逅，竟情投意合，于一九二六年结为连理。北丽赋诗纪事，首曰"昔日曾同废婚论，于今循俗竟背之"，自作解嘲。

069　南社女社友唐群英，民国初年力倡男女平等，见宋教仁，以政纲未立男女平权一项，立掴宋颊。由此见当代女权主义较昔尚输一筹也。

070　一九二一年十月十二日，胡适之赴王彦祖宴。辜鸿铭在座，谐谑杂出，有云："去年张少轩（勋）生日，我送一联曰：'荷尽已无擎雨盖，菊残犹有傲霜枝。'"问胡解否，胡对："傲霜枝自是两位之大辫子，擎雨盖则何也？"答："自然是大帽子了。"见《胡适日记》。

071　胡适说陈寅恪是当时治史最渊博、最有识见、最能用材料的人，但他的文章实在写得不高明，标点尤懒，不足为法。见一九二二年二月二十二日日记。

072 陈寅恪游学诸国十余年，日常饮食喜牛油、面包、牛奶等，而衣装自青年时即着长袍，上课所需书籍、讲义等以布包裹提往教室，清华学生以此识先生。晚年移席岭南大学，领最高薪金，而听课学生或仅一人，人谓为最高价学生。后执教于中山大学，讲课时校内教授旁听者或多于学生，故有"教授之教授"之称。

073 刘节尝就读清华研究院，受业于陈寅恪，后任中山大学历史系主任。"文革"中，闻造反派欲斗陈寅恪，刘奋然愿替师上台挨斗，视为荣耀。

074 语言学家赵元任辨音能力极强，号称"世界最少的几对耳朵中的一对"。据姜亮夫追忆，清华研究院除夕晚会，赵元任尽数搜罗桌上茶杯，稍一试音，即能以若干杯子演奏乐曲。最拿手节目为单口相声《旅行记》，全国各地跑遍，到一地即操一地方言俚语，令人绝倒。

075 赵元任最惧内。清华罗家伦卸校长任，有提议留美学生监督赵元任接任者，蒋介石拟批准矣，吴稚晖适在侧，笑曰："那不如圈定杨步伟女士做校长好了，反正两个礼拜以后，赵太太掌权的。"终改任梅贻琦。

076 汪精卫以汉奸臭名昭著，然人称于中国史有必可传者三：一，追随孙中山推翻满清，冒险刺摄政王；二，所著《双照楼诗词》；三，丰仪与讲演。

077 有包某请人刻一印曰"孝肃后裔"，小说家包天笑见之曰："孝肃没有儿子。"某乃废印不用。此与古人笔记所载自称林逋裔孙者同一可笑。

078　吴定良（1894—1969），江苏金坛人，先后于普林斯顿大学、伦敦大学得统计学、人类学博士学位，一九三四年归国任中央研究院史语所研究员、院士，为中国体质人类学创始人。吴氏出身贫寒，治学刻苦，日常生活极为俭朴。时中央研究院院士无公车者均自购汽车，独吴氏在车行包一黄包车，每日出入研究院。

079　戚牧号饭牛，为丽则吟社诗友，喜作诗钟。主《国魂报》笔政，以饭牛嵌字格为题征诗钟。有人寄一联曰："丽则人才皆饭桶，国魂主笔是牛皮。"饭牛付之一笑，不介于怀。

080　范烟桥为报纸写专栏，专谈吴中食品，名曰"苏味道"，借用唐诗人名（即《正月十五夜》诗"火树银花合，星桥铁锁开"之作者），颇有妙趣。

081　张大千兄善孖最工画虎，兄弟曾同豢一虎，啸声起处，闻者惊惧。吴县金震（东雷）曾有诗咏其事云："园林长啸发，疑是北风生。避地多苛政，邻居不用惊。"

082　国人最初著中国文学史之林传甲，清朝解元，工诗，有集行世。观其《筹笔轩读书日记》，问学亦勤，然议论见地每迂腐后时。如谓"妇人夫死，有子宜节，无子宜烈"是已。且文学非其所长，陈石遗谓其长于算学、舆地学，盖即数学、地理学也。其时传甲二十八岁，文学史以半年之功而就，时人谓其"沟通新旧，颇得要领，罗列诸籍，皆能提要钩玄，可为治中国文学之导线，于初学极便也"（毛昌杰《君子馆日记》卷一，民国七年三月），亦甚奇矣。

083　周作人称己最得意之三弟子为谢冰心、俞平伯、冯文炳（废名）。

084　民国初年《顺天时报》日本记者厅花最爱京剧，每日各剧场所演辄于报端加以月旦，并著有专书，以探究京剧之派别源流。一时梅、尚、杨、余诸名伶，均为特设观座以礼敬之，恐其稍加訾议，即足贬损声价也。新出道女伶至有拜门墙认为义父，以求鼓吹誉扬者。中国社会科学院文学所藏清翰林史宝安自书《寅卯诗草》，有赠其诗云："多君高义赠新诗，歌部主盟绝妙辞。大吕黄钟排气势，蜃楼海市寄襟期。"厅花能诗，史宝安又有《庄邸招饮和日本厅花韵兼简尚伶小云》诗，前长序叙与其出入皇族之邸诗酒演乐之事甚详。是亦近代剧史未见人道之掌故也。

085　新月诗人林徽因才貌双全，堪称现代才女之冠。当时为之倾心者不一二数。徐志摩、金岳霖均在其中。后归梁启超长子古建筑学家梁思成，徐惘然久之，金终身不娶。徐志摩飞机遇难，追悼会林全身穿孝，恸哭欲绝。

086　徐志摩后夫人陆小曼之前夫，名王赓，中国毕业于美国西点军校第一人。

087　袁世凯像印于银圆，俗称袁大头。其孙袁家融为留学生，专修矿业，归国后任职于矿井，人称"毛钱"，意谓袁大头之孙也。

088　语言学家黎锦熙任兰州西北师范学院教授，尝戏署所居曰"土地堂",盖谓终日惟公公、婆婆二老相对也。

089 邓之诚斋名五石斋,或谓先生藏珍石五枚,故以名之。乃先生谓弟子王钟翰曰:"我四十以前能饮,量过五石。"先生四十以后不饮酒,以常饮过量而伤身故也。

090 中央大学教授、戏曲学家卢前曾任国民参政员,常戏称自己"卢'前参政'"。

091 任中敏名讷,以字行,号半塘。以专攻北宋词、北(元)曲,又号二北,为当代治声诗词曲第一人。晚年移席扬州师院,时予求学于此而未识荆。闻先生性极苛急,以年高体弱,有只争朝夕之心,撰述尤勤奋。无论日夜,睡醒即伏案读写。时指导博士生王小盾,甚爱之,而督之极严,录取时即嘱不可结婚。小盾时已届而立之年,遂于入学前先斩后奏。先生成事不说,然至寒假不许探亲。值除夕,忽谓小盾曰:"汝可归沪探亲过年。"小盾喜出望外,先生复曰:"初二返校。"小盾初入学,先生即为制订作息时间表,手书之使张于壁。平日或潜行至小盾窗下,视其学否。此闻之汪晖云。

092 傅雷以译法国文学著名,然毕生致力于美术研究,名片背面印有 Critique d'Art(美术批评家)。清华欲聘其为法文教授,而傅惟愿任美术史课,遂未谐。尝自苦译笔呆滞,熟读老舍小说。

093 古文字学家商承祚,为中山大学教授,晚年罹疾,神志不清,时有异举。一日,人觉校内熊猫形陶瓷废物筒皆不见。经觅俱集于一竹林中,盖商老半夜搬运者也,谓保护国宝云。

094　俞平伯谙音律，精词曲。夫人许宝驯亦工丝管弹唱，堪称琴瑟和谐。平老嗜昆曲，今北京昆曲研习社为其所创。平日亦自喜唱，然嗓音欠佳，有尝聆其腔者某云："谁若第一回听昆曲是听平老唱的，管保一辈子不想再听昆曲！"

095　"文革"中，俞平伯被抄家，红卫兵初不知其币藏所在。见夫人紧抱一匣，启视之，乃现金及存折数万元也，遂攫之而去。先生追而大呼："汝等持去，有利息乎？"

096　平老初下干校，夫人治菜畦一方，常苦鸡啄，乃造市市黍秸一捆，插以为篱。不意所插俄顷皆尽，复往市之，方插就，又有顽童拔而啃之。盖其所市而插者，甘蔗也。

097　平老买柴、买虾，皆以个问价。一日见活虾，问小贩几钱一只，小贩皆乐，戏以一角一只，竟以六元钱数六十只。闻陈友琴买花生，亦问人多少钱一颗。

098　人皆知中华书局版书为启功题签，而不知上海古籍出版社版书为女书法家周慧珺题签，予最喜其书元气淋漓，为时流须眉所不及。

099　林彪事件后，郭绍虞参加批判会，被邀发言。先生谓林彪胸无文墨，却要作诗，乃举其诗一首，批之曰："格巴里诗，韵亦勿押格（吴语）。"众乐，主持急止之，曰："郭老，不谈这些，不谈这些。"

100　杨明照晚年蓄须，鹤发童颜，步履劲健，一如老武师。一九八二年广州古代文论年会，先生主持会议，就坐于主席台，仰面捋须，意态超然，仿佛与会无涉，一种老天真之态可掬。而又频频起旋，盖肾疾也。

101　唐弢谙于文坛掌故，同辈人物，均能一一数其出处佚事，每令人莞尔。晚年收汪晖、王友琴一对弟子，倍加爱惜。汪晖云：尝随先生在国谊宾馆撰《鲁迅传》，一日在商品部见有《裸体艺术论》，取翻览数页而未购。又见有《十日谈》全译本，值甚昂，亦无意购耳。翌日，先生忽赠两册书，视之，即上二书也。汪晖笑，言弟子诚非无力致之，不欲耳。时汪晖欲往某前辈处拜访，先生谓："书先留此，明日带走，否则人见余以此等书赠弟子，岂不贻人笑柄？"

102　汪晖又尝侍先生出席电影界聚会，席间某刊编辑来约汪晖稿，丽姝也。晚间电影招待会，先生取电须刀，嘱汪晖剃须修饰而往。影散，未见彼姝。晚归临寐，先生忽喟曰："吾空使汝修饰矣！"

103　何其芳在干校时，司养猪之职，克忠克勤，有言曰"猪忧亦忧，猪喜亦喜"，一时脍炙人口。凤嗜鱼。一日，改善伙食，有鱼，持一大漱口杯盛之。既食而觉有异香，越吃越怪，挑最大块尝之，乃药皂也。

104　昔初行职称制，文学所一级研究员三人，何其芳、俞平伯、钱锺书，为何其芳所定。何为所长，俞为何业师，钱锺书时仅逾不惑，学术著作仅《谈艺录》一书，得迈诸尊长与何、俞二人同列，足见何其芳慧眼魄力。

105　美学家蔡仪在干校日，老乡子弟有留小辫者，蔡以糖诱之进屋,为剪之。老乡视小辫为命根子,寻蔡衅。管事责蔡何居心,曰:"不美。"

106　吴世昌在干校时,镇日挂一半导体于颈,钱锺书谓是宝哥哥玉牌,"吴世其昌"。

107　朱东润工书,曾见绍兴沈园有其手书自撰一联,笔力雄峻,非时流书家可及。先生执复旦大学教席,昔中文系教师陆树伦治古小说,常以论文质于先生。某日,先生阅其文毕,谓曰:"文尚可,唯字须练练!"陆色惭,先生复从容曰:"当然,亦不必花太多功夫,写到郭绍虞那样也就行了。"

108　钱锺书最敏捷。在干校时,一日闲聊,以姓名作对。有举陈全荣者,钱应声答蔡恒茂。皆文学所研究人员,不仅全荣、恒茂属对甚工,陈蔡均古国名,亦铢两悉称。或问钱锺书可对谁,答可对陈友琴,亦同所人,众皆以为妥帖。徐公恃(后改作持,《文学遗产》主编)问己名可对谁,即答:"阎婆惜。"其敏捷如此。

109　钱先生自干校归后绝意人事,日据案读书为乐。有老友吴忠匡过访,谢其访美归来寄赠英制烟斗,钱笑曰:"我自来不吸烟,好比阉官为皇帝选宫女,不知合用否!"

110　钱锺书与杨绛恋爱时,赠诗有云:"除蛇深草钩难着,御寇颓垣守不牢"。自许"用理学家语作情诗,自来无第二人"。其著作皆夫人杨绛题签,杨绛著作则钱先生题签。钱先生签名"锺书"二字极似一"铸"字。

111　钱锺书考清华时数学仅十五分，但中英文试卷均极佳，校长罗家伦惊为天才，破例取之。钱锺书读书之杂博，著闻于同学间。某次曹禺与吴组缃同饮咖啡，曹曰："钱锺书在那儿喝茶，还不叫他给你开英文淫书看？"吴遂请钱开三本，钱用一张英文书写稿纸，随手开出四十多本，写满正反两面，包括作者姓名、内容特点。"文革"中唯马列书可读，钱即取德文马列书信集读之，后对夏志清自称对马克思性生活有所发现，惜夏未追问为何发现。钱曾与朱光潜等先生同出席学位论文答辩，朱等指出该生论文中若干错误，钱最后发言，指出朱等所指"错误"中之错误。

112　无锡为钱锺书叔父基厚举行纪念会，钱锺书敬谢不与。答彭祖年书曰："三不朽自有德、言、功业在，初无待于招邀不三不四之闲人，谈讲不痛不痒之废话，花费不明不白之冤钱也。"刘永翔《蓬山舟影》溯此语之源，谓出明刘侗《帝京景物略》所载明天启中御史倪文焕等诋邹元标、冯从吾讲学为伪学，疏曰："聚不三不四之人，说不痛不痒之话，作不深不浅之揖，啖不冷不热之饼。"予阅朱彝尊《静志居诗话》、阮葵生《茶余客话》亦述之。

113　《围城》虽为小说，然其中情节皆取自作者经历，人物亦自有其原型。以至当年其书畅销于世，女读者来信对作者之婚姻深表同情者不乏其人，钱锺书绝以为得意。所谓三闾大学即一九三八年新成立于湖南安化县蓝田镇之国立蓝田师范学院，时钱基博任教于彼，钱锺书亦随往任教。据吴宓日记，书中挖苦最凶之空头哲学家褚慎明影指许思园，此公将汪精卫诗译成英文，汪遂送其出国；旧诗人董斜川指冒广生次子冒景瑜，与钱锺书游欧同归，唱和甚密。又，或谓"曹元朗"影指叶公超，同为圆脸,新诗人,都作"拼盘姘伴"。叶有文载《清华周刊》,内容竟与《围城》所讥者如出一辙,甚或遣词亦同。又《猫》中袁友春,吴宓谓暗指林语堂,曹世昌指沈从文。或谓"绝代佳人"李太太为林徽因,老先生为周作人。赵元任太太杨步伟亦其中一角,可聊当戏说。

114　钱锺书《谈艺录》博赡精深,空前之作也。尤可喜者,以严谨平实之书而嘲戏杂出,殊无学究冬烘气。先生之善谑而长于譬喻,已毕见于《围城》。此书冷嘲热讽,妙于形容,每令人忍俊不禁,掩卷而噱。如论赵孟頫以柔弱之才而作李杜壮语,适如"骆驼无角,奋迅两耳";论刘过七古伧野粗犷,"信似京东学究饮私酒,食瘴死牛肉,醉饱后所发";论佳对难求,"似朱起求欢,旷日经时,必得请于氤氲大使,好事方成";论钱载仿乾隆皇帝诗体如私室中行庭参,燕私时操官话;论白香山作诗欲使老妪都解,"而每似老妪作诗欲使香山都解";论袁枚《随园诗话》"无助诗心,徒添诗胆",凡此等等,尖利促刻,适可以楼昉一语概之:"刻薄人善作文字。"此语见《过庭录·文字》,《谈艺录》亦曾引之。钱之诙谐善谑,即于其书中洋名之译法亦可见一斑:图书馆 Bodleian 作饱蠹楼,诗人 T. S. Eliot 作爱利恶德(今译艾略特),精神分析学家 Freud 作父老爱夺(今译弗洛伊德)。

115　周瘦鹃善莳花木,所植盆景曾连得上海国际莳花会大奖。养金鱼,嫌其名俗,乃以词牌名易之,朝天龙改为喜朝天,水泡眼改为眼儿媚,翻鳃改为珠帘卷,堆肉改为玲珑玉,银蛋改为瑶台月,五色绒球改为五采结同心,上海市动物园金鱼部悉采用。

116　戴镏龄恋爱时,译莎士比亚十四行诗为情书,译一首寄一首,夫人保存全稿,后复经润色。惜毁于红卫兵之手,仅存《观察》所刊四首,为莎译一绝。

117　翻译家梁宗岱五十年代流落广西,专心研究草药,有"活神农"之誉。本所前辈学者蒋和森神经衰弱,挑住房时贴耳于地听隔音与否。业余喜修表,求者无有不应。

118　故北京大学教授熊伟,三十年代亲炙于海德格尔,毕生翻译研究海氏著作,而为学为人至淡泊。晚年病笃,适值苏梅克彗星将与土星相撞,先生虽已不支,仍关注天象,冥思不辍。谓弟子曰:"人向分自然史与人类史为二,是仍为人类中心论。人类史与自然史实为一致而不可分。人与自然分享共同命运,是为天命。"乃以为遗言。

119　一九九四年,报刊时兴"展望二十一世纪"话题,纷纷约名学者撰稿。或约史学家周一良撰文,先生谢之,曰:"以一篇千字文推算下世纪,每年才合十字,这文章如何写法?"

120　人谓周谷城有会必至,有至必睡,睡醒必歌功颂德。余读其晚年所著书,殊无好感。后见其一佚事而印象稍改,曰:某君名衡,著书呈周,告欲名以《中鱼集》,周曰:"还是以《外行集》为好。"同为趋骛者,有风趣终不如无风趣者更可厌,亦如同为金佞,有雅癖如康生者流,终不如无者更可厌也。

121　传漫画家丁聪年逾古稀,须发俱黑,或谓其染之,丁谓是己不白之冤。按《两般秋雨盦随笔》载陈句山(兆仑)年逾耳顺,须尚全黑。裘曰修戏之曰:"若以年而论,公须可谓抱不白之冤矣。"则前人已有此谑矣。

122 著《新文学家回忆录》之今圣叹,姓程字靖宇,名未详,或即《陈寅恪的最后二十年》中所述陈寅恪晚年所期许而终移民香港之门生程某也。书中叙民国间学者事多有趣,文笔亦活脱可喜,独言及陈寅恪最恭敬为尤异。惜心存一遗民之成见于中,褒贬之间不免唯情耳。

123 日本首位诺贝尔奖得主汤川秀树,人皆知之。其次弟贝冢茂树治中国史,幼弟小川环树治中国文学,亦一时名家,则知者殊少。尤异者,三兄弟皆为京都大学教授,有“京大三杰”之目。

124 游国恩将赴东瀛讲学,京都大学清水茂教授任接待之事。游先生江西临川人,清水茂先取方言书,研究临川音系之发音。迨面接,游先生乃操普通话。清水先生晚岁酒间为予述之,犹自觉好笑。然日本学者临事之谨重,亦可见一斑。

125 钱仲联工诗古文,少见赏于陈石遗。晚年日本某处汉诗比赛,日本友人请赐一短诗。先生情有不乐,以诗最短亦须二十字,遂填一词应之,乃《十六字令》也。曰:“愁,天外青山白了头。云一朵,寄尔最高楼。”

126 钱仲联“文革”中被批斗,问早年与汪精卫唱和之事,钱背诵当时所作诗赋,经查对一字不误。

127 全椒丘良任丈,经历坎坷,晚年执教于长沙水电师范学院,退休后就养京师。室悬大康书“补蹉跎室”,发愿辑历代竹枝词、宫词,撰《竹枝纪事诗》《历代宫词纪事》,皆以诗论诗也。二十余年,辑历代竹枝词多至六百万言,宫词亦甚夥,稿藏于家,以幅巨迄未能付梓。予居常慨然,欲以此事自任,虽多方商洽,终无善果,迄千禧之年丈以米寿而终。沉绵病榻之际,以平生所作诗词付予,予编校为一辑,付施议对兄刊于澳门《中华诗词集刊》。予昔呈丈诗,有云:"虫老鱼枯二十秋,丹黄千卷竹枝楼。年光寂寞书窗里,一帙编成雪满头。"盖实录也。闻竹枝词全稿某社已拟付梓,足慰丈在天之灵。丈平生无烟酒之嗜,无他玩好,日以读书为乐。早起书小楷一幅,即乘公交车往图书馆坐读,非风雨不辍。子曰:"十室之邑,必有忠信如丘者焉,不如丘之好学也。"(《论语·公冶长》)予谓当今之世,论学问之大,著述之勤,皆不乏其人。然求好学之笃,老而不倦,如良任丈者,则前辈中亦仅见也。性达观健谈,年八十余,耳目聪明,步履犹健。闻自幼泪病笃,未尝一至医院,亦甚奇也。

128　杨宪益以英译《红楼梦》著名,亦工旧诗,嬉笑怒骂,讽世入木三分,与散宜生诗有异曲同工之妙。有句云:"京城痞儿称王朔,浪子回头有范曾。老夫自在家中坐,晚年赢得好名声。"又云:"好汉最长窝里斗,老夫怕吃眼前亏。"甚传于时。

129　俗语云:"大树底下好乘凉。"然人傍大树亦或有受其累者。作家叶至诚自言,少时人介绍必称"圣陶老小公子",成婚后人介绍必曰"锡剧皇后姚澄夫君",及其子长成,人介绍必曰"作家叶兆言之父"。

130　史承谦《菊丛新话》多载清初文人逸事,云长洲顾嗣立(曾编《元诗选》者)最善饮,官京师日,人呼为酒皇帝,泰州缪沅为酒皇后。予同辈学人游从者皆能饮,而前辈学者善饮者颇不多见,文学所予稔知者有刘扬忠、陈祖美二先生,皆海量。扬忠先生著《诗与酒》一书大佳,非惟聊抒诗情酒兴而已,取材论析亦独具手眼。一九九四年襄阳词学会,每餐嗜酒者必聚一桌。刘先生倡行"一字飞花令",轮番说古诗词曲成句,句中必有花字,自下家数起当花字即饮。宿武当之夜,诸君尽兴而罢。同年十一月,予与钟振振复于新昌唐代文学会行之,亦甚欢。

131　读周亮工《与汪舟次书》:"近人诗皆尚气色,却作得不好,尚气色诗亦有好者,故略为数首好气色诗以敌之,见仆非不能为此等诗,向特不为耳。仆即降手为此等诗,亦便欲压倒诸公。此老夫狂态也。"忆一九九二年厦门唐代文学会议,赵昌平提交论文为《唐诗演进规律性刍议——"线点面综合效应开放性演进"构想》,内容颇异平日路数,私语寅:"今人专以此等题唬人,好似就他有理论,别人皆不会。我此度戏作一文,以见吾人非不能,乃不为也。"意同于周栎园之说。

132　陈尚君博闻强记,考据文献,堪称同辈学人中第一人。予言学术之当代性,必举君之考据学为例。盖古人考据,目标既定,或注一书,或考究一问题,毕生从事于斯。然其搜集材料或无范围,随见随取,有如临池垂钓,有一尾钓一尾,故每有没世而业未竣者。尚君则否,其补《全唐诗》,先画定唐诗材料范围,继而探明清人修书时所用文献,将其书逐一复核,已得馆臣遗漏者若干;复广考馆臣未及之书,所得益多。凡唐代文献所及之书涉猎已遍,非唯唐诗,举凡历史、文学、文献诸多资料俱入网罗,犹撒一大网,竭泽而渔,鱼虾蟹鳖,不胜拣择。以考据而言,即今日系统方法也。

133　大仲马小说《三剑客》脍炙人口,近代文坛人士亦每有"剑客"之名。戴望舒、施蛰存、杜衡于三十年代编《现代》月刊,鼓吹象征诗,人称"文士三剑客"。吴组缃、林庚、李长之、季羡林同出清华,各有所成,号称"清华四剑客"。四十年代初袁水拍、徐迟、冯亦代同出江南,驰骋文坛,亦称"三剑客"。五十年代中,台湾司马中原、朱西宁、段彩华均行伍出身,为"大兵文学"骁将,被目为台湾文坛"三剑客"。香港武侠小说金庸、梁羽生、陈凡亦被誉为"武侠三剑客。"九十年代广西作家鬼子、东西、李冯有"广西小说三剑客"之目。今治古典文学之韩经太、萧瑞锋、张晶三君,系吉林大学同年,陶文鹏先生亦目为"三剑客"。

134 钟振振师从唐圭璋先生治词学,博闻强记,述古贤趣事隽语,如数家珍。每晤,必有解颐语。一九九四年晤于武当山,席间言苦于居隘,日与幼子同室看书,作杂文乃署室名曰"鸡兔同笼斋",作随笔稍雅者则署曰"酉卯轩"。或谓酉卯皆属地支,无乃不伦。为解之,莫不大噱。时予所居傍立交桥,常苦喧噪,戏言欲署室名"车水马龙斋",钟言何不曰"车马喧斋",予服为一字师。

135 蒋述卓工书法,师从王元化先生,治古代文学理论有成。君读硕士时,与予同学于广西师大。值毕业实习,为本科生授课,甚得好评。时有日本熊本大学樋口君与予辈过从,亦往听课。一日课毕,樋口君趋前寒暄,问蒋老师是否教过书,答曾为中学教师。樋口连连道:"岂有此理,岂有此理!"蒋初愕然,继乃恍悟此君学成语不精,误以"岂有此理"为"理所当然"耳。

136 予就读南京大学,曾居六舍214室。同室为天文系冯珑珑、地质系翟建平,遂颜其居曰"三才居",取天地人三才之义(文学即人学)。徐州王继安为书一横幅悬室中,予复以粉笔大书于门。对门物理系二助教居一室,效之题二贤堂。识者大噱,知其误以三才为三才子也。

137　张伯伟名其子曰博,盖伉俪均千帆先生门下博士。夫人曹虹与予同级,一九八五年归伯伟时,予奉影集一册为贺,集《诗经》一联题于扉页,曰:"燕尔新婚,乐只君子;宜其家室,维此良人。"自喜尚工稳。

138　伯伟与某学者通信切磋,寄论文复印本。某欲酬以值,伯伟答:"何必曰利,亦有学术焉。"本孟子语:"何必曰利,亦有仁义而已矣。"

139　汪涌豪敏捷有才思,出语诙谐,每令人忍俊不禁。尝乘车甚挤,遇急刹车,一胖妇愠曰:"侬做啥拿手顶牢我腰?"汪曰:"啥人顶侬腰啦? 侬倒点拨我看看,侬腰勒嘎里搭?"胖妇大羞,急忙下车。

140　一九九○年往陕西山阳县锻炼,山阳僻处商南,地瘠而多山,居民饭食简朴。同遣诸君多就餐于县府食堂,常食面片、面条,幅甚宽,而少油水。遂呼面片为裤腰带,面条为鞋带。一日,食裤带毕,人口所王君玉海忽慨然曰:"裤带渐宽终不悔!"众大噱喷饭。盖下句"为伊消得人憔悴",王初未省也。

141　同窗王毅进修于华中师院(今师大)中文系,该系研究生某颇眷之。迨其结业归,某生寄明信片曰:"黄鹤一去不复返,白云千载空悠悠。"王难之,征答于予。时正治大历诗,为书刘长卿句云:"春风已遣归心促,纵复芳菲不可留。"王拊掌称绝,仍书明信片以报之。

142　余尝拟联云:"不忮不求,庶几免俗;有书有酒,何必成仙。"又云:"常书千卷,浊酒一壶,如斯足矣;陋室半间,良朋数

子,亦可怡然。"后见吕本中《紫微诗话》载杨应之题所居壁曰:
"有竹百竿,有香一炉,有书千卷,有酒一壶,如是足矣。"不意拙
句竟与古人偶合。

143　予初以为余名罕有人同者,不意古人中已见三人:一
明万历间人,王文进《文禄堂访书记》载其题跋;一字敬公,丹徒
人,顺治十二年进士,官至太仆寺卿,诗见《京江耆旧集》;一嘉庆
间人,字宾嵋,见宋翔凤《忆山堂诗纪》卷四《赠芷江尉蒋宾嵋
寅》、郭麐《灵芬馆诗二集》卷七《送蒋宾嵋寅之官楚中》。二
〇〇〇年,忽收一电子邮件,主题为"蒋寅致蒋寅",颇惑,阅之乃
广西师范大学某先生之女,与予同名,于网络知予而投书。复奇
者,广西师大予母校也。

卷二　学海扬觯

此卷多论晚近学术,采历代学者治学要言,益以管见,遂仿方东树《书林扬觯》之名以冠之。

001　孔子曰:"君子疾没世而名不称焉。"故自《礼记·月令》而有名士一词,司马懿目诸葛亮为名士,仰慕之也。然至末世,世之曰名士者,贬之也。诚哉方濬颐之言曰:"天下多名士,天下遂无真士。"其《名士说》举名士之种种状曰:"以记诵为淹博,以剽窃为精能,以倨傲为耿介,以孤僻为高尚,胸中本无蕴蓄而大言不惭,笔端小有才华而方家自诩。"是真今世名士之写照也。

002　禅法主不涉言诠,而于诸宗中言说最繁富。盖禅法出萨婆多,即一切有部,一切有部用力原多在文字也,见沈曾植《海日楼札丛》卷四。

003　唐人之学,尚博览百家而鄙守六经,治经则主究明旨趣而鄙视章句,此于唐人墓志中所见尤多。权德舆《河东裴府君神道碑》:"于经书泛为疏达,而不穷章句。"《唐故朝议大夫太子右庶子上柱国赐紫金鱼袋韦君墓志铭》:"通览书记,不为章句儒。"《全唐文》卷三一三孙逖《孙嘉之墓志铭》:"学该百氏而不为章句,文穷三变而尤工气质。"《千唐志斋藏志》卷六八八《张楚璋墓志》:"长而好书,尤善百家言,但详其旨趣,不穷章句,事有险易,可以智力取者,未尝不探其右。"卷七〇三《李景阳墓志》:"学不常师,郁为博物,文参大雅,超然独步。"卷九二〇《元真墓志》:"洎乎志学,博综儒书,百氏之言,六经之要,必穷旨趣,不假师资。"卷九四〇《张翊墓志》:"既博综坟籍,兼通子史,尤精意文章。"盖其意尤在泛览,取为诗文材料,如韩愈作《范阳卢殷墓志》所云"于书无所不读,然止用以资为诗"是也。

004　曾巩《南齐书序》,宋人许为可作一部十七史序读(《枫窗小牍》),其有言曰:"所谓良史者,其明必足以周万事之理,道必足以适天下之用,智必足以通难知之意,文必足以发难显之情,然后其任可得而称也。"予谓史学似不必亦不足以胜此任也,当界之哲学。

005　人知古有王弼以玄释儒,宋儒援佛入儒,不知儒者亦有以儒解佛老者。《山左金石志》卷十九党怀英《大金故醇德王先生(去非)墓表》:"有问以释氏之戒定慧、道家之摄生者,则对曰:《易》之寂然感通,《中庸》之中和,《诗》之思无邪,若是者非定慧欤? 孔子语颜渊视听言动勿以非礼,非戒欤?《易》之慎言语节饮食,《孟子》之养心寡欲,非摄生欤? 盖未尝深诋佛老,而其徒颇自弃其学而归焉。"

006　阳明《传习录》卷上:"萧惠好仙释,先生警之曰:'吾亦自幼笃志二氏,自谓既有所得,谓儒者为不足学。其后居夷三载,见得圣人之学若是其简易广大,始自叹悔错用了三十年气力。大抵二氏之学,其妙与圣人只有毫厘之间。汝今所学乃其土苴,辄自信自好若此,真鸱鸮窃腐鼠耳!'惠请问二氏之妙,先生曰：'向汝说圣人之学简易广大，汝却不问我悟的，只问我悔的。'惠惭谢，请问圣人之学。先生曰：'已与汝一句道尽，汝尚自不会。'"此等言语机锋，盖即阳明早年笃志释氏所得，此又以子之矛攻子之盾也。

007　明人无学识而又贪博雅之名，是以类书、杂钞之类尤盛于世，作者撰之，读者习之，无非稗贩古书，以邀速成之效也。明人作诗话，必自三百篇论及近世，似不如此不足以见学问，故多大言空论，英雄欺人耳。

008　明清人刻书喜施圈点，其间亦有定例。《赖古堂名贤尺牍新钞》吴第《与友》曰："凡著书如小品及教后学，独得自喜者，不妨略加圈点，以标新意。若经制大编，以呈君相，质师友，传之天下万世者，一用圈点，便成私书，转瞬异同蜂起矣。"明清间圈点之例，今不传，惟明末流寓日本之陈元赟于《升庵诗话》载若干例，谓李攀龙所定，又参己见，是亦可见其一斑也。

009　明末黄淳耀与弟书云："天下事不可为，可为者唯己分内事。"此真知道之言，后清初诸子力讲实学，皆此心此志也。郭菜《学源堂文集》卷十八《策略八》："凡欲正天下之文者，正天下之心焉耳矣；欲正天下之心者，正天下之学焉耳矣。"何也？学术最易移人之情性风尚。昔予亦尝著文，论学人欲改造文化，必自改造学风始。

010　黄以方所录阳明《传习录》有云："一日，市中阋而诟。甲曰：'尔无天理。'乙曰：'尔无天理。'甲曰：'尔欺心。'乙曰：'尔欺心。'先生闻之，呼弟子，曰：'听之，夫夫哼哼，讲学也。'弟子曰：'诟也，焉学？'曰：'汝不闻乎，曰天理，曰心，非讲学而何？'

曰：'既学矣，焉诟？'曰：'夫夫也，惟知责诸人，不知及诸己故也。'"按：此事见载于浮白主人编《笑林》，又见明刘元卿《应谐录》、清石成金《笑得好》二集。《笑林》文字近口语，末作"曰：'既讲学，何为相骂？'曰：'你看如今道学辈，那个是和睦的。'"

011　朱子论《易》曰："事无实证，则虚理易差。"阎若璩《潜邱札记》卷一引之，盖有清一代之考据皆从此言出也。

012　明初所收图籍多系古本，故《永乐大典》所收书多与世间传本异，子书尤多善本。四库开馆，辑出古书甚多，宋以前古籍稍稍流传于世，乾嘉考据学之勃兴与此不无关系。

013　作论而必详前人之说，袭用他人成说而必予说明，今人每举为现代学术规范而倡导之，实则吾国学者自来而然也。盖古人治学，于前人之说，耻一书不见，耻一说不知，今所谓学术规范者，古人固已严守之矣。许学夷《诗源辨体》凡例云："诸家说诗多采窃旧闻，混为己说，最为可鄙。予此书凡所引说，必明标姓字，或文气相碍，即以小注明之，庶无主客之嫌。"顾炎武撰《日知录》，钱大昕撰《十驾斋养新录》，凡其说见有他人已发，则焚其稿，意贵独创，语羞雷同也。顾炎武考《晋书·艺术传》戴洋言"昔吴伐关羽，天雷在前，周瑜拜贺"之误，谓周瑜卒于建安十四年，而吕蒙袭关羽在建安二十四年，时瑜亡十年矣。钱大昕作《廿二史考异》，所见略同，见亭林之说，遂删此则。王敬之《枕善居杂说》论梁灏及第之年，末云："此条脱稿后，见钱氏《廿二史考异》，所说相同，因敬之说较钱说加详，乃存之。"否则亦当删其稿也，其服善如此。桂文灿《经学博采录》卷二载许宗彦解经之说曰："《书·尧典》（今为《舜典》）'食哉惟时'，兵部谓篇中'惟时懋哉''惟时亮天工'两'惟时'皆属下读，不应此次独属上读。《史记》述此节,乃论帝尧之德,当以'钦哉'发端。食字当是钦字之误,篆体金字与食相近,钦字蚀其半,存其半,遂讹作食耳。兵部此说余闻之侯官林香溪,香溪闻之陈恭甫编修者也。"此著前人之说,必记其从来,不没其名,亦尊创获之意也。顾亭林《日知录》卷二十一"述古"条云:"凡述古人之言,必当引其立言之人。古人又述古人之言,则两引之,不可袭以为己说也。《诗》曰:'自古在昔,先民有作。'程正叔传《易·未济》'三阳皆失位',而曰斯义也,闻之成都隐者。是则时人之言,而亦不敢没其人。君子之谦也,然后可与进于学。"陈澧《引书法示端溪书院诸生》论引书之法有云:"前人之文,当明引不当暗袭,《曲礼》所谓必则古昔,又所谓毋剿说也。明引而不暗袭,则足见其心术之笃实,又足征其见闻之渊博。若暗袭以为己有,则不足见其渊博,且有伤于笃实之道。明引则有两善,暗袭则两善皆失也。"又论转引云:"引书必见本书而引之。若未见本书而从他书转引者,恐有错误,且贻诮于稗贩者矣。或其书难得,不能不从他书转引,宜加自注云不见此书,此从某书转引,亦笃实之道也。"(张舜徽编《文献学辑要》)此虽论引书之法,实亦与学术规范相通也。盖学术规范云者,要在确保发前人未发之创新,或深化前人之说也,故必先知前人之说。李绂《穆堂别稿》卷四十四《秋山论文》云:"为文须有学问,学不博不可轻为文。如治经者欲立一解,必尽见古人之说,而后可以折其中。治史者欲论一事,必洞彻其事之本末,而后可定其得失。"方东树《书林扬觯》卷下亦云:"昔人为文见胜己者,即辍笔焚草,非惟虚心服善,要是识真。今人不然,既不辨人之所至,而以必出于己为心,此徒见短耳。是为庸妄。"又云:"凡著书及为文,古人已言之,则我不可再说;人人能言之,则我不屑雷同。必发一种精意,为前人所未发,时人所未解;必撰一番新辞,为前人所未道,时人所不能。"然此境诚非易企及也。许学夷之言诚善矣,然观其卷十四有云:"初盛中晚唐之诗,虽各不同,然亦间有初而类盛，盛而类中，中而类晚者，亦间有晚而类中，中而类盛，盛而类初者，又间有中而类初，晚而类盛者，要当论其大概耳。"此论实承王世懋《艺圃撷余》，未见注明。今则每下愈况，操觚著述，岂止雷同不避，更有抄撮故书，窃人已发而诧为己说者矣，其学焉得及古人？

014　明吴麟征言："少年作迟暮经营，异日决无成就。"予谓以学问而言，点滴累积之实证研究，少年所当急务者也；贯通古今，发为宏论，迟暮之经营也。杨树达斋名"积微居"，有深意焉。今人每弃微细之积累，而务为宏论，终必应吴氏之言。

015　应㧑谦日记有云："章句训诂，致知之下学也；洒扫应对，力行之下学也。不屑为章句训诂，则穷高极深而不免晦塞；不屑为洒扫应对，纵勋业盖世而益增骄吝。"同时沈大珩与商榷曰："章句训诂既有朱子及诸儒之书在，后人亦不必复为此矣。明道先生云，学者多蔽于解释训诂，不须用功深。洒扫应对小学之事，若成人而有志于大学者，则亦不必沾沾洒扫应对矣。阳明先生曰：吾辈且静坐，可以补小学收放心一段工夫。"文见《应潜斋先生集》卷六附录。按：沈氏之论正沿明代学术之流弊。明学之坏，坏在学无根柢，复无实践之心。清儒有见于此，故倡以征实之学与躬行实践相结合，应氏所言固其职志也。

016　清初士大夫惩于明人"束书不观，游谈无根"之弊，皆尚实学，非唯顾炎武等一辈朴学家致力于经济之学，即应㧑谦、陆陇其一辈理学家亦然。读《三鱼堂日记》，足见其孜孜用心于地理、水利、天文学之勤。陈寅恪先生尝言："自古世局之转移，往往起于前人一时学术趋向之细微。迨至后来，遂若惊雷破柱、怒涛振海之不可御遏。"（《朱延丰突厥通考序》）清学若沿清初之经济倾向演进,则中国文化、社会之趋势殊难逆料。然圣祖固不欲汉人经济之学发达也,康熙十八年开博学宏词网罗天下名士,后屡开诸馆,命编艺文类大书数十种,康熙五十二年戴名世案后,文网日峻,清学遂一变为乾嘉之学。

017　亭林之学,以考据论固未臻精密,穷究之甚或未尽脱明人旧习。《日知录》中不无率尔未确之说,钱大昕、杨率皆有驳正。论《史记·货殖传》"尽椎埋去就,与时俯仰"一句,谓椎埋当是"推移"二字之误。钱大昕驳之曰,"椎埋,汉人语,不可轻改。先生亦微染俗学",诚是。然张扬汉学之疑经精神,开考据之实证方法,寓学问思辨于典礼制度之考究中,是亭林学术之真髓也。唐鉴云:"夫先生之为通儒,人人能言之。而不知先生之所以通,不在外而在内,不在制度典礼,而在学问思辨也。"是诚能见识亭林学问境界之大者。时贤或谓有强人就我门户之见,似非的论。

018　顾炎武《广师》曾言:"夫学究天人,确乎不拔,吾不如王寅旭;读书为己,探赜洞微,吾不如杨雪臣;独精三礼,卓然经师,吾不如张稷若;萧然物外,自得天机,吾不如傅青主;坚苦力学,无师而成,吾不如李中孚;险阻备尝,与时屈伸,吾不如路安卿;博闻强记,群书之府,吾不如吴任臣;文章尔雅,宅心和厚,吾不如朱竹垞;好学不倦,笃于朋友,吾不如王山史;精心六书,信而好古,吾不如张力臣。"平步青《霞外攟屑》卷七上谓本《东坡志林》刘原父语,钱锺书先生《管锥编》博举《管子》《吕氏春秋》《史记》以降先例,以为盖古来月旦人伦之匡格,甚确。钱先生未及亭林以后之例,予所见者,黄道周辞右谕德疏曰:"品行高峻,卓绝伦表,不如刘宗周;至性奇情,无愧纯孝,不如倪元璐;湛深大虑,远见深计,不如魏呈润;犯言敢谏,清裁绝俗,不如詹尔选、吴

执御；志尚高雅，博学多通，不如华亭布衣陈继儒、龙溪举人张
燮；至圜土累系之臣，朴心纯行，不如李汝璨、傅朝佑；文章意气，
坎坷磊落，不如钱谦益、郑鄤。"顾炎武《广师》篇殆效其语也。方
苞尝言于朝，曰："吾笔墨驰骋，不如邑子刘才甫（海峰）；学问详
博，不如姚南青（范）。"李邺嗣《送万季野授经会稽序》云："粹然
有得，造次儒者，吾不如公择；事古而信，笃志不分，吾不如充宗；
足以文章名世，居然大家，吾不如贞一；至若学通古今，无所不
辨，则吾不如季野。"杭世骏亦尝言："吾经学不如吴东壁，史学不
如全谢山，诗学不如厉樊榭。"见法式善《梧门诗话》卷十一。刘
逢禄《岁暮怀人诗小序》云："敦行孝友，厉志贞白，吾不如庄传
永；思通造化，学究皇坟，吾不如庄珍艺；精研易礼，时雨润物，吾
不如张皋文；文采斐然，左宜右有，吾不如孙渊如；议论激扬，聪
敏特达，吾不如恽子居；博综今古，若无若虚，吾不如李申耆；与
物无忤，泛应曲当，吾不如陆邵闻；学有矩矱，词动魂魄，吾不如
董晋卿；数穷天地，进未见止，吾不如董方立；心通仓籀，笔勒金
石，吾不如吴山子。"杨宾《大瓢偶笔》云："余书与时流相较，气概
不如宋射陵父子，间架不如冯补之，纵横不如褚妍震，姿态不如
陈子文，缠绵不如黄子先，儒雅不如姜西溟，跳脱不如金赤莲，秀
润不如汪文升，灵活不如查升山，严整不如何圮瞻，古奥不如八
大山人，厚重不如汪文漪，而瘦劲淳古，则余亦不敢让，不知当世
以为如何也。"则属以退为进矣。

019　王原《西亭文钞》卷三《订讹杂录序》云："明季吴郡洞
庭山有蔡蓝田翁者，精熟《文选》，畀州先生延之家塾，其所诵授，
闻者无不掩口葫卢，曰：'是翁不识字。'不知其所训皆古音也。
其学蓝本于闽儒陈季立氏。陈氏有《毛诗古音考》，本证旁证，援
引斑斑，然无一字无来处。其后昆山顾宁人著《音学五书》，谓
《诗》《易》皆有本音，以古音正《唐韵》，作《古音表》，厘定韵书，其

说更宏备。"据此,陈第古音之学在明末已流传于江南,顾炎武之留意古音学,固有其学术氛围也。

020　顾炎武谓《史记》"于序事中寓论断",其讽刺亦多寓叙事中。吴德旋《初月楼古文绪论》曰:"《史记》未尝不骂世,却无一字纤刻。"盖其藏锋不露,讽刺皆蕴藉。昔予博士课程,千帆先生嘱读《史记》,作业论《史记》之讽刺笔法,后查得《新建设》所刊谭家健先生同题论文,多先我而发,遂收箧中未刊布。

021　一联可尽其人生平,无如朱彝尊题山西顾炎武所营书院柱云:"入则孝,出则弟,守先王之道,以待后学;诵其诗,读其书,友天下之士,尚论古人。"真说尽亭林毕生事业、志向所在。

022　简朝亮《读书堂集》卷一《朱九江先生讲学九记》载朱语曰:"顾亭林读书亡明之际,抗节西山,《日知录》《遗书》疏体及用,简其大法,当可行于天下,而先王之道必不衰。"是诚能见亭林学之大端者。

023　朱九江又曰:"《明史》属稿有布衣万季野焉,史局诸臣鸿博选也,越六十年而书成,故史义之精独逾群史。"余谓《明史》义例之精,亦受惠于讨论之功多焉。观朱彝尊、潘耒、徐乾学、王渔洋诸家集,均有讨论修明史之问题可见也。

024　张履祥康熙六年与吕晚村书,劝勿行医,曰:"仁兄文章可追作者之林,德谊足希贤哲之位,先代传书既富,而生生之资又足,无求于人。年来徒以活人心切,哑哑于医,百里远近,固已为憔悴疾疢之托命矣。但自仁兄而论,窃恐不免隋珠弹雀之喻也。昔者大禹过门不入,为放龙蛇;周公仰思待旦,为宁百姓。

若夫颜之陋巷,泽不被于一夫,绩罔效于一业,天下归仁焉。儒者之事,自有居广居、立正位而行大道者,奚必沾沾日活数人以为功哉?若乃疲精志于参苓,消日力于道路,笑言之接,不越庸夫;应酬之烦,不逾鄙俗。较其所损,抑已多矣。况复絜长短于粗工,腾称誉于末世,尤为贤者所耻乎?"(《张杨园集》卷七)此论看似志在高远,实则为中国士大夫通病之根源,盖非独以精神贵族自居,更鄙视实业,凡躬行实践者,皆以为隋珠弹雀、大材小用。必坐谈心性、修炼道德,乃以为践行大道之所在,而天下可自治。终其世,非惟急难之际,慷慨赴义者少,社会亦终不得实在之进步焉。

025　六经皆史之说人皆知发自章实斋,实则明王阳明、王世贞、李贽皆尝言之。康熙间宁都易堂九子之一彭任《草亭文集》有《历代文约序》曰:"经以载道,史以记事,经即史,史即经也。后世之所谓经史,道其所道,事其所事,是以不惟道与事分,而经史亦遂截然分而为二矣。"钱锺书先生《谈艺录》第八十六则附论"六经皆史"之说,举证甚详,而未及此则。

026　魏禧《日录》卷二谓作论文有三不必:"前人所已言,众人所易知,摘拾小事无关系处。"当今学人多犯此三病。

027　清人乔钵言:"凡人不到著书处,不知胸中之无识。但落笔古人皆已道过。"诚深知著书甘苦之言。何义门云:"增一分才气,不若增一分识见。"识见者,多闻博览也。今人治学、著书每逞才气,洋洋洒洒之书满目皆是,而陈陈相因,了无识见,当味乎义门此语。

028　古人著书,必先立凡例。凡例之重要,韩梦周《理堂文集》卷一《纲目凡例辨》述之曰："凡例者,著书之纪纲也。凡例明则体要得,大义彰,惩劝昭;凡例不明则前与后殊词,首与尾异法,戾书体,乖名义,丛疑起争,著书之旨晦矣。"

029　汪琬《钝翁类稿》十八《与梁御史论正钱录书》云:"学者之读书也,不可以无和平之心,周详博大之识也,斯二者既具,而又能为之往复曲折于其中,然后作者之是非可得而论定矣。若但盛气以相攻击,而商榷未安,则必有偏驳之病;考证未悉,则必有卤莽疏漏之病。"此论学者之治学及讨论最为可取。

030　人才性有迟速,出手亦有迟速。顾炎武示弟子潘耒曰:"人最忌以未定之书示人。"焦循《说定上》非之,以为定"亦自以为定耳,而人之视人之书也,恒以为不足定",且"少时之作,壮而视之,或以为未定"。故主张"人之学自求其善而已矣,定不定己不能知,人亦不能知"。实则亭林之定,即求臻善之谓也,焦氏之言未中肯綮。一九三四年三月十八日,顾颉刚曾信劝谭其骧:"须知今日决不是乾嘉承平之世,……我们的不成熟的作品,并不是我们自己的罪过,乃是受了时世的压迫,不得不然。只要我们不存心欺世,发见了自己的错误就肯改正,那就对得起这时代。"予谓年谱、目录等功深积久之作,必待无书不观,无事不葺,则永无言定之日。以粗具规模之作出手,于己虽形轻率,难免见哂于方家,然于学术可收早日讨论、集思广益之效,亦得早为学界取资,此亦不无普罗米修斯盗火之公心焉。应㧑谦《沈朗思处士传》曾言文字流传太早,虽为朱子所悔,然以是之故,同时友人得以互见其失而切磋之,亦一乐也。诚哉是言。

031　李颙《二曲全集》卷十七《答许学宪》:"世道隆污由正人盛衰,而正人盛衰由学术明晦。故学术明则正人盛,正人盛则世道隆。此明学术所以为匡时救世第一务也。"此言可与陆世仪《论学酬答》参看，均见当时有识之士以振兴学术救亡图存之用心。盖每当世道转折之关头，读书人之策略大抵皆"欲挽世运，必先正人心；欲正人心，唯有讲学"（王守恂《仁安笔记》卷二）耳。

032　李二曲《四书反身录》卷二云："一切世味淡得下，方于道味亲切。苟世味不淡，理欲夹杂，则道味亦是世味。淡而不厌，非知道者其孰能之？"有味乎其言，当今真学者少，诚能淡于世味者少也。

033　《朱子语类》卷八论为学之道，有云："大抵为学虽有聪明之资，必须做迟钝工夫，始得。既是迟钝之资，却做聪明底样工夫，如何得？"李二曲《四书反身录》卷三亦云："大凡聪明自用者，必不足以入道。颜子唯其如愚，所以能于仁不违。"此言最中学理，盖成大学问者，必有聪明而不用聪明，前辈如钱锺书，同辈如张伯伟皆其例也。后见张舜徽先生《学林脞录》中亦有"治学贵能以愚自处"一则，专述此旨。

034　论学讲师承，论诗言家数，学者之常情，然所造既深，则二者亦无可谓矣。善乎清人刘一峰之言也，曰"学问不可无师承，议论不可无根据。学问深，议论正，师承根据泯于无迹，作者知之，览者不尽知也"（余成教《石园文稿》二集《郭与可诗序》）。

035　陈鹤《纪文达公遗集序》谓纪晓岚自校理秘书，纵观古今著述，知作者固已大备，后之人竭其心思才力要不出古人之范围，其自谓过之者皆不知量之甚者也。故生平未尝著书。然纪晓岚之学博综平正，自是平章学术、校雠提要之学。清人长于此者尚有张宗泰、吴名凤，《鲁岩所学集》与《此君园文集》中题跋文字,皆有四库提要之才,唯学稍有不及耳。

036　朱子注诗斥小序,元代吴草庐宗之,明人不敢议,至清人始敢驳之。陈祖范《经咫》曰:"穿凿附会,康成笺诗之病也;浅俗粗直,紫阳注诗之病也。紫阳《易义》宁略无繁,谓添一解譬如灯笼添一骨子,障一分光。其于注诗也亦然,自谓学孔子说《烝民》之诗,只下二故字、一也字、一必字,义便极明,而不自知其变风雅为村腔口号,穿凿附会之病虽去,而蕴藉深厚之美全失,一切托言反言远言,若有意无意而言,靡不抹杀。"见乾隆二十九年日华堂刊本《陈司业集》。

037　日本所传古籍与日本之经学,康熙间学者著作中尚不见提及。王渔洋《古夫于亭杂录》卷三至谓:"日本国重儒书,十三经而下无所不有,独无《孟子》。中国人有私携过海者,辄有风涛蛟龙覆舟之患。"至日本享保年间(1717—1735,当康熙五十六年至雍正十三年),德川吉宗命长崎奉行交唐船携山井鼎撰、荻生北溪补遗之《七经孟子考文补遗》回清,中土始知日藏古典籍之富及研究之切。至乾隆间,皇侃《论语义疏》与太宰春台所校《古文孝经孔氏传》传入中国,前者收入四库全书,两者又于乾隆四十一年为鲍廷博刻入《知不足斋丛书》第一集(二书为乾隆二十九年鲍属钱塘汪鹏购于长崎,见道光昭代丛书本《袖海编》沈林德跋),广为人知。时日本国内亦引以为荣,故京都相国寺诗僧竺常序市河宽斋辑《全唐诗逸》,即举《孝经》为例,以流传中土,刻入《知不足斋丛书》勖之。天瀑山人校刊《佚存丛书》收中土久佚之隋萧吉《五行大义》等,亦收入四库。迄嘉庆之世,吴骞《尖阳丛笔》载日本古刊本《孝经》及山井鼎《孟子考文》之说,知当时学界已对日本经学稍有知识,并予重视。中国社会科学院文学所藏李慈铭《鸿轩随笔》抄本卷一"海外文献"一则,述海外文籍回归源流甚详，书成于同治七年。

038　章学诚《乙卯札记》："或举何义门言王伯厚不脱词科中人习气，全谢山曰：'义门不脱纸尾之学习气。'其言甚痛快也。"按：纸尾之学谓批点题跋。实斋之学尚闳通，固鄙薄义门之饾饤，其自快于谢山之语，绝非为王伯厚抱不平也。究实斋于伯厚之学，殆亦视同赵云崧饾饤獭祭一流而已。观其《知非日札》有云："著述多则必不精，精则必不能多。前明如新都杨氏、郁仪朱氏，近代如西河毛氏、渔洋王氏，著述动盈箱箧，安在其有功于学术哉？但用功纂录札记，以为有备之无患，斯则王伯厚辈本以备应制之用，而转有资粮于后学。然则《玉海》《诗考》《绀珠》《汉制》诸编，谓之用功有益可耳，安可遽命为著作哉？"自注："近日风气，以王伯厚为不祧之祖矣。"然则其举谢山之贬何义门，欲收一石二鸟之效欤？

039　孙星衍少年才高气盛，王夫人辄以"千秋不易，来者难欺"为戒。凡为学者皆能存此八字于心，则必不为轻浮苟且、欺世盗名之事也。

040　人皆知崔述疑古辨伪，见识不凡，而不知其弟迈学识有过于乃兄。崔迈（1743—1781），字德皋。乾隆二十七年与兄同中举人，久试不第，又不见容于乡里，郁郁而卒。迈博学工文，著有《尚友堂文集》《寸心知集》《讷庵笔谈》等，辑有《大名文存》。遗著附刊于《崔东壁先生遗书》。观其《书方正学庞统论后》《书欧阳文忠公廖氏文集序后》《书屠隆鸿苞集后》诸文，议论风发，识见尤卓荦不群。其所著论，亦多辨识古籍真伪之说，崔述间有征引，袭其说而未注明者亦复不少，使其享年得永，成就正不可限量。惜三十七岁而徂，遂使兄独占其名。人之运命诚有不可以理诘者,悲夫。

041　余廷灿《存吾文稿》有所撰《戴东原事略》,述东原论古音学之业绩,举其《声韵考》论三十六字母之说,曰:"宋元以来,论反切之学,俱称释神珙传西域三十六字母于中土。君则谓反切之法起于孙叔然,叔然受学康成之门,人称东州大儒者也。《崇文总目》叙曰孙炎始作字音。深宁叟曰:仓颉制字,孙炎作音,沈约撰韵。此唐宋人论反切字,咸溯源叔然也。若珙之反纽图,唯五音声论列字四十,而不曰字母,今所传三十六字母乃定于释守温,又在珙后者也。尝详珙之自叙曰:昔梁沈约创立纽字之图,是珙图远在沈休文后。叙内又及元和韵谱,是珙更后乎元和。何释氏之徒既移反切之法于珙,又移珙于四三百载之前,冒入北魏,欲追而上之休文,以欺惑后世,而儒者数典自忘,亦且笔之于书,并口一谈也?"文成,求正于纪晓岚,纪晓岚告以:"东原研究古义,务求精核,于诸家无所偏主。其坚持成见者,则在不使外国之学胜中国,不使后人之学胜古人。故于等韵之学,以孙炎反切为鼻祖,而排斥神珙反纽,为元和以后之说。夫神珙为元和中人固无疑义,然《隋书·经籍志》明载梵书以十四字贯一切音,汉明帝时与佛经同入中国,实在孙炎以前百余年。且志为唐人所撰,远有端绪,非宋以后臆揣者比,安得以等韵之学归诸神珙,反谓为孙炎之末派旁支哉? 在东原博极群书,此条不应不见。昀尝举此条诘东原,东原亦不应不记,而刻是书时仍讳而不言,务伸己说,遂类西河毛氏之所为,是亦通人之一蔽也。若姑置此书不言,而括其与江慎修论古音者为一条,则东原平生著作遂粹然无瑕,似亦爱人以德之一端。昀于东原交不薄,尝自恨当时不能与力争,失朋友规过之义,故今日特布腹心于左右,祈刊改此条,勿彰其短,以尽平生相与之情。"余氏以为:"《隋书·经籍志》载《华严经》,每卷后附以三字母,母下纵列十三字,其第一卷第一行则阿俟鞿翁乌爌哀翳因安音谐讴阿十四字也，所谓以十四字贯一切音者，则凡举一字长言而咏叹之，其音必归于此十四字中也。当汉明帝时，已与佛经同入中国，其为反切滥觞，在孙叔然之前，固显白无疑者。晓岚先生据史以辨证等韵之孰先孰后，即有断断好同异者，谅亦百喙莫破坚城。"于是拟删改此条，并复纪晓岚书，言"当从友人处再借前书搜采，就东原所论古音者，剪截成片断，仍俟缮完，再请鉴定"。吾人于此可见历史话语之两重遮蔽，戴震之"不欲使西域之学胜中国"，乃学术文化中沙文主义之表现，而纪昀之不欲戴氏固见流传，又出于"为亲者讳"之结习。有此两重顾虑，历史话语之被遮蔽固不待言矣。然事有出乎意外者，同僚历城周永年见余、纪之文，曰："何如两存其说，一以见东原之博学淹通，未必不有武断；一以见先生之好古精核，至不肯背负死生，尚论尚友者，不可省括而知所从违乎？"余氏因仍存《事略》原貌，附纪晓岚札于后，而加案语详记其本末。一段将被遮蔽之学术史遂坦露无隐。焦循《雕菰楼文集》则有辨钱大昕事，盖亦不欲学术史之留有阴翳，致后人争呶不休也。

042　戴震所学甚博，而语弟子段玉裁，自谓"仆生平著述之大，以《孟子字义疏证》为第一，所以正人心也"。时以戴震与惠栋并称，以为惠之学求其古，戴之学求其是（任兆麟《有竹居集》卷十《戴东原先生墓表》）。焦循亦以为"其生平所得，尤在《孟子字义》一书，所以发明理道性情之训，分析圣贤老释之界，至精极妙"（《雕菰楼集》卷十二《国史儒林文苑传议》）。焦循为《孟子正义》亦重于阐发义理，文集中《郡县议议》一文，论顾炎武《郡县论》之迂阔不可行，胆识俱足，亦非学究之眼界可及。

043　焦循《辨学》论当时经学著书之派有五：一曰通核，二曰据守,三曰校雠,四曰撷拾,五曰丛缀。其论丛缀之学为"博览广稽,随有心获,或考订一字,或辨证一言,略所共知,得未曾有,溥博渊深,不名一物",清人所撰学术笔记多此类也。

044　胡培翚《研六斋文集》卷六《国朝诂经文钞序》论本朝经学为历代所不及者,一曰辨群经之伪,二曰存古籍之真,三曰发明微学,四曰广求遗说,五曰驳正旧解,六曰创通大义,各举例说明,谓之清代前期经学史之概论可也。

045《隋书·经籍志》前有清姚振宗考证,今有京都大学兴膳宏、川合康三两教授之考证,极为详赡可据。原其始则发轫于会稽章宗源,钱泰吉《甘泉乡人稿》卷五《跋章氏宗源隋书经籍志考证》载嘉庆二十三年戊寅钱仪吉自京归,箧中携此书,谓钞自何元锡,藏书家未有也。泰吉乃属表兄怀豫堂录副。惜其书仅有史部,三十年来访求全书,无知之者。道光二十七年丁未从朱绪曾借孙星衍《五松园文集》,录章君传于卷首。朱绪曾亦据钱泰吉抄录,著录于《开有益斋读书志》卷三。其书与王仁俊《汉书艺文志考证》同,而体例则异。

046　嘉庆一朝,士大夫以博洽闻于时者,北则张石洲穆,南则俞理初正燮。一时学人无及之者。

047　尚镕《持雅堂文集》卷五《读蓝鹿洲全集》云:"本朝顺治康熙之间,二曲讲悔过自新之学,亭林、南雷讲浩博无涯之学,勺亭、躬庵讲经济有用之学,然其学未见于施行,而亦未必尽利于施行也。唯陆清献、汤文正二公文学政事粹然而正,肫然而切,故能丕变一乡一国之俗,大揭古圣古贤之心。"此言虽不为无据,然思路殊谬。

048 尚镕《持雅堂文集》卷五《书鲒埼亭外集西河别传后》称"由汉而来,杂博无忌,敢为狂言以诋人者,在汉则王充子任,在唐则刘知几子玄,在宋则郑樵渔仲,在明则杨慎升庵,在本朝则毛奇龄西河。而横暴误人则以西河为最"。以今观之,则诸人皆一代学术所在,唯毛奇龄不足与前诸人俦也。学术之难有定论也如此,然后人自较当世所见为清晰,则诚无可疑者。

049 尚镕《持雅堂文集》卷五《书洪稚存太史逸事》载,宫铁桥自述从父宦于贵州,洪亮吉督贵州学时,先君命受学于门,时专攻举业,未以古学就正,后悔憾无及。予谓人生若抱顾亭林《广师》之志,随时随处皆有可师之人,徒知悔而不兴,则如泰戈尔诗所谓为错过夕阳而流泪,则又将错过群星矣。

050 古人著书以毕生精力为之,精益求精,不惮再三修订。不似今人一稿即定,甫杀青即付梓矣。尝见西北大学图书馆藏周寿昌《汉书注校补》稿本残卷,前七卷题"十五次写本",后二卷题"十六次写本",而删改处颇多,尚非定稿,可见修订之勤。

051 清末汪昶言:"立德必无所为,立言必有所为。使有所为而修德,其德必不纯;使无所为而有言,其言必无用。"其言似疏阔而实精当。

052 王树楠被赵元礼《藏斋诗话》推为近代一大诗家,著述甚富。光绪二十八年十二月成《希腊学案》四卷,是殆国人最初之西洋学术史。三十一年复成《希腊春秋》八卷。见王树楠《陶庐老人随年录》卷上。

053 一九一五年王国维于日本作《三代地理小记》,有云:

"吾辈生于今日,幸于纸上之材料外,更得地下之新材料。由此种新材料,吾辈得据以补正纸上之材料,亦得证明古书之某部分全为实录,即百家不驯之言亦不无表示一面之事实。此二重证据法惟在今日始得行之。"今人每以此"二重证据法"为王氏首倡之古史研究新模式,实则以贞石证史,以古器物订正古史之阙误、古书之误解,自古而然。后汉明帝时,公卿言五经驳异,请开吕不韦冢,谓是未焚诗、书前本,即以出土文献证今传本之滥觞乎?李富孙《校经庼文稿·金石学录序》云:"古来言金石者,以其可证经典之同异,正诸史之缪讹,而法物文章皆足为多识之助,故好古嗜奇之彦,莫不博搜而争宝之。"考李遇孙《金石学录》所载,魏孟康注《汉书·律历志》即据汉章帝时奚景于泠道舜祠下得白玉管,而断定古以玉作管,不但竹也,以证汉志之说不尽然。《南史·刘杳传》又载刘杳据齐鲁出土实物,与沈约论宗庙牺樽当为牛形而非凤尾婆娑形之佚事;宋赵彦卫《云麓漫钞》卷七载宣和中陕西出土永初二年讨羌檄文木简,谓"岁月与史不合,此史误无疑",是皆以地下新材料补正纸上材料之例也。盖金石之学昉自汉,昌于宋,极盛于清代,前人早有定论。惟宋人之金石学近于博古,复近于小学,如金武祥《粟香二笔》卷八所谓"自古金石之学或考尊彝,或访碑碣,为小学之一端"耳。然顾炎武读欧阳修《集古录》"乃知其事多与史书相证明,可以阐幽表微,补阙正误"(《金石文字记序》)。文廷式《纯常子枝语》卷三尝云:"李心传《丙子学易编》与黄直卿书云,古书与本义暗合者,妄意亦欲表出之。如汉玄儒娄先生碑云,父安贫守贱,不可荣以禄之类。直卿覆书云,古书可以互见,正当拈出,前辈考经,此类亦多。据此则以汉碑证经,宋人之旧学也。"然此学必至亭林本人"周览山川,考古今治乱之迹,证以金石铭碣"(《静志居诗话》卷二十二),而业绩始著。迨清中叶考据风炽,以金石证史益为学人所重。阮元固尝云钟鼎彝器所见"国邑大夫之名可补经传,偏旁篆籀之字可补《说文》"。朱一新《无邪堂答问》或问："金石有益经史,似可涉猎及之。"答曰:"石刻之益于史者,惟年月地理官制诸端。须史学通贯,乃能及此。其中真赝错出,宜加审定,未可全据也。"则据金石考史固有清一代史学所重也,特其时所出土之物时代皆后,未有如小屯所出甲骨之早且富者,又不如晚近出土古器之大且多(详王国维《二牖轩随录》),即有一二钟鼎彝铭考释,零星业绩,不足以耸动听闻。有殷墟书契而后上古史之研究得以付之实证,故曰"此二重证据法惟在今日始得行之"。然则古非无此法,特不具条件,不得行之耳。王氏于《最近二三十年中中国新发见之学问》一文已举史例,断言"中国纸上之学问赖于地下之学问者,固不自今日始矣"。今人归之于王氏所创,可谓数典忘祖。要之,王氏所言重点有二,一在上古史研究,二在今日,至于方法论之新创乃至自觉,尚不足言也。陈寅恪概括王氏学术之特点,曰"取地下之实物与纸上之遗文互相释证""取异族之故书与吾国之旧籍互相补证""取外来之观念与固有之材料互相参证"。前者已如上述,"取异族之故书与吾国之旧籍互相补证"则清儒获日本向井鼎《七经遗文》《孟子古注考》诸书,已取与中土古经互勘。然则寅恪先生所举三端,余谓惟后者乃为王氏所独诣者也。

054　简朝亮于光绪三十三年冬撰《病言》,有云:"借根之数,西人始不以告我,三十年来我使臣亦不得闻其至巧。苟译西书,果其书之尽告我乎?况又为东寇所译者乎?"此可见时人对日译西洋学问书之态度,相形之下,王国维之译介日本人文学书,非但有筚路蓝缕之功,而亦实有大勇气矣。韩梦周《理堂日记》曰:"为阳明之学者有二,其一学问空疏,不耐劳苦,乐其简易而从之;其一博览典籍,不知切问近思,勤而无得,见其立教专主向里,遂悔而从之。前者多高明之人,后者亦沉潜之士,皆有造道之资,乃陷于一偏,不复见古人之大全,可惜也。"按:前者明人之学,后者清人之学也。

055　近代才思敏捷而著书丰富无如刘师培,《刘申叔先生遗书》涉猎广泛,天假以年,所成当不可限量。辛勤庐丛刻中收郭象升《左盒集笺》小序论师培学术,谓:"仪征刘氏四世传经,申叔生丁改革之交,蒿目世变,辗转风波,故其精神意气过于前人远甚。然亦以此故,所言不能安和。"极为中肯。郭尝语师培云:"君家三世疏《左》,止于襄公二十三年,卒此大业,及君而谁?君今广心务博,乃束置《左疏》不谈,殊失海内之望矣。"师培曰:"君言是也,然此心移不到《左疏》上,奈何?心移不到,即小跋短引,尚将因循岁月,况《左疏》繁重,能无望而却步?虽然,此事终吾责也。自号左盒,所以识也。"郭象升字允叔,一作云舒,山西晋城人。光绪己酉拔贡生,历任学部京官、山西议绅医学馆馆长、山西大学文学院、教育学院院长。郭氏曾与师培同室而处者二年,能言其学术本末,其笺皆注明各篇原刊出处及改订之迹,间论定其得失,亦有足多者。如论《秦四十郡考》云:"海宁王国维《秦郡考》有前后二稿,云秦郡实四十有八,其云二十六年之三十六郡者,则据《史记》定其二十七,从《汉志》定其九,而不得有郯(即海东郡)。自此之后,又增之郡当至四十八也。余取刘王两家之文阅之数过,似刘说胜于钱、姚、洪诸家,王说又胜刘说。王用下网之法,刘仍垂钓耳。凡考据家征比证佐,有下网、垂钓二喻,此鄙人所造之词也。申叔固善下网者,然此考则以静安为备,既备矣,又视其断制如何。申叔此考,断制谨严,较静安胜一筹。特静安足以破其垒耳。二君当光绪戊申、宣统己酉庚戌间,均客于浭阳端氏,其考据精妙相敌也。顾无往来踪迹、酬答诗文,吾颇异之。"又论《六儒颂》中"历正麟经"曰:"麟经二字,元明科举家不典之言,而申叔文内一再有之,此太炎所决无也。《四库书提要》曾纠正此二字，申叔以其为骈文所恒用，遂忘其不可入古文也。太炎于此等小节打扫最净，故能不作考据之谈而自见其学。申叔则尚是两事，如凌次仲、阮伯元诸公，言学则不问文之何如，及至属文又不复熔铸其学以入字句，而但猎世士通用之词华以为之也。"此亦治学术史、文学史见微知著之谈。

056　瞿益锴(兑之)《修斋记学》谓王国维文"更于古人成式之外，罗列众证，时下己意，博而不芜，辞尚体要，其渊源出于高邮王氏而益致密，信乎其不可及矣"。

057　近代论学之书，余所见以瞿益锴《修斋记学》为深切著明，最可取益。其论学问之途，以为"考据特所假以为学之方法，词章者所自文饰于学问，皆不得即谓之学问。本末先后，甚不可以不辨也"。论学与功力之关系，举章实斋"近日学者风气征实太多，发挥太少"之言，以为"学不可以骤几，人当致攻乎功力则可耳。指功力以为学，是犹指秫黍以为酒也"。又论开讲不如坐谈，曰："公众讲学只可一人阐发，每苦学者有听受而无问难，即资质颖异之人，所得亦终有限。若咫尺之间，从容坐论，纵使学者并不发言，教者亦可于容色之间窥见其所领会者为何，所不能解者为何，随方引喻，务期相悦以解而后已。"是皆有助于教学者也。

058　学而不思则罔，思而不学则殆。然必先学也，学方足以启思。未有不学而知思者。方今之世，多思者而少学者，唯其思者多不学也，是以其思或无知而狂悖，或孤陋而陈腐，卒亦无所建树。

059　曾闻先师千帆先生云，陈寅恪著作引古籍遇同书同卷数，从不写"同前""同上"之类字，宁愿繁复抄写，以免出错。其至不用阿拉伯数字，必用汉字大写。寅按数目字用繁字，顾亭林云盖起于唐武后时，开成石经皆然。后代公文相沿成例。见金武祥《粟香二笔》卷一。

060　古来言学问著书之乐者多矣，而莫如袁嘉谷之言简而意赅。其《经说三》有云："今夫人自立之道，其惟学乎？自富之术，其惟书乎？自尊自乐之境，其惟著书乎？以一笔之微，达万理，记万事，行万里，垂万年。上有功于古人，中无争于今人，下有益于来人，视夫食万钱，封万户，雄万夫，优绌高下何如耶？"

061　傅雷《傅译传记五种》中《亚洲对托尔斯泰底回响》一文云："在亚洲各国中，他感到在思想上与他最接近的是中国。……但托尔斯泰一直要等到一九○五年方能和老子底国人交换第一次通讯，而且似乎他的中国通信者只有两人。当然他们都是出众的人物。一个是学者 Tsien Huang-t'ung，一个是大文豪辜鸿铭。"Tsien Huang-t'ung 傅雷译按："此人不知何指。"予谓据其读音，当是钱玄同。学者据史料考之，当为张庆桐，然拼音终究差异太大，不如钱玄同之近也。

062　一九三四年三月二十八日，顾颉刚复致书谭其骧，论办《禹贡》之动机，曰："我们若为自己成名计，自可专做文章，不办刊物。若知天地生才之不易，与国家社会之不爱重人才，而欲弥补这个缺憾，我们便不得不办刊物。我们不能单为自己打算，而要为某一项学术的全部打算。"予一九八九年筹划《中国诗学》时，亦此志也。欲汇志同道合者之论文于一编，以见今日青年一代学人之学术品格，而非谋一炮制滥作之"阵地"而已。

063　顾颉刚曾言："中国的学问是向来只有一尊观念而没有分科观念的"，"旧时士大夫之学，动辄称经史词章，此其所谓统系乃经籍之统系，非科学之统系也"(《古史辨》第 1 册 81 页)。然自昔经史词章亦自为分科，萧绎《金楼子·立言》："古人之学者有二，今人之学者有四。夫子门徒，转相师受，通圣人之经者，谓之儒；屈原、宋玉、枚乘、长卿之徒，止于辞赋，则谓之文。今之儒，博穷子史，但能识其事，不能通其理者，谓之学。至如不便为诗如阎纂，善为章奏如伯松，若此之流泛谓之笔。吟咏风谣，流连哀思者，谓之文。"然则当时之学为哲学、科学、公文、文学四科也。鲁曾煜《穆堂别稿序》举程子之说："古之学者出于一，今之学者出于三，曰道学也，经学也，词学也。"是宋人之学问分科也。宋濂《傅幼学字说》论后世之学，曰："士有以理财为学者矣，有以听讼为学者矣，有以治兵为学者矣，有以文章为学者矣，有以训诂为学者矣。"此则明人之学问分科。王荣《柔桥文钞》卷四《论学》："盖尝观古今天下之学术，大概有三，而其别有四，举业不与焉。曰性理之学，经济之学，训诂之学，词章之学。"曾国藩亦有义理之学、词章之学、经济之学、考据之学四科之别(《求阙斋日记》)，对应于孔门德行、言语、政事、文学四科。是犹限于正统学问。应㧑谦《应潜斋文集》卷四《万子充宗仪礼解序》云："今之世有经济之学，有禅玄之学，有诗赋之学，有四六之学，有刑名之学，有举业之学，而性命之学则未之见也。"此则分天下之学为七门，含今政治经济、宗教、文学(文秘)、法律逻辑、哲学伦理八科也。方以智《物理小识》总论引乃父孔炤《潜草》曰："言义理，言经济，言文章，言律历，言性命，言物理，各各专科，然物理在一切中，而《易》以象数端几格通之，即性命、生死、鬼神，只一大物理也。"此则分学科为哲学、政治经济、文学、天文律算、哲学心理学、自然科学六大科也。此可谓传统意义之学问分类，盖中国古代无自然科学之概念，今物理、化学、生物之学尽概以"物理"之名,然则其分科较之近代科学分类,无工、商、医、农也。要之,吾国传统观念,凡性理之学、经史之学、辞章之学为正统学问,书画之学、词曲之学、物理之学、天文历数之学、医药之学、律令之学,则为杂学。谓其非近代科学之系统则可,谓之无分科观念,殊未然也。

064　于无真大师之时代,称人为大师,无异于咒为死人,如今乐于咒人与挨咒者均夥其人。

065　有钱人骑马,无钱人养马,更贫者捡马粪。予谓今日治"钱学"者,上则为养马者,藉牵马而谋生;下则皆捡马粪者也。窃谓当代文化人中,学问之外更有嘉惠学林者,得二人焉:一为鲁迅,一为钱锺书。鲁迅在"十七年"中,令成千上万学人不致失业,汪晖曾戏言《鲁迅全集》每一字上都趴着一位学者。当今相仿者为钱锺书,钱致黄裳书,谓"国内外不乏无聊好事或啖名牟利之辈,欲借弟为敲门之砖,易米之帖",皆是辈也。至其嘱后辈:"尚望高着眼,远放步,如禅宗所谓舍筏登岸,过河拔桥,视拙著如刍狗可耳。"(致陈子谦)则无人切记。

066　热衷于撰文学通史者,不外两类人,一为年轻,一为教师。年轻读书未多,恒以为有独得之秘;教师需编教案,历有年所,自然成书。非是二者,则日见己所欲言,已为前人所道,即偶有独到发现,无教书之需,亦不屑重复他人,兼重复自己,则撰为一二论文足矣,何必汲汲于编文学通史?有此炒冷饭功夫,研究新问题,撰写新论文,岂非更有趣?

067　予博士论文《大历诗风》付梓时请赵昌平兄序之,而昌平兄逊谢,谓不足为拙著重。昌平兄治唐诗有得,于大历诗知之最深，且与鄙见不一。请其序者，欲其出己见以相质，俾读者有所参考也。昌平兄既辞之，予遂亦付之阙如，不更请他序焉。自此予日后所刊之书皆无序，仅自作绪言，略述缘起及思路而已。后读昆山王德森《岁寒文稿》，自序云："客有问于余曰：文必有序，子独无序。何也？余曰：夫文之所以必有序者，将以征信于人，为行远传久计耳。若自知其文之不足以行远传久，而必借当世名公硕彦一言之重，以欺贵耳贱目之人，则鄙亦甚矣。况彼名公硕彦亦未必肯尽应人之求而出由衷之语，即不可却而使人捉刀，则泛然作过情之誉，不曰韩欧，则曰曾王，无识者见而自负，有识者汗流浃背矣。今余之文既无义法，安有宗派之可言，譬比虫吟鸟语，自鸣自止而已，人而听之听之，人不听之亦听之，我无与焉，又何待于序哉？"此言先得我心。

068　古人笺注一书，必烂熟其文于胸中，然后读书可随时采录有关资料，日渐积累而成也。李绂《穆堂别稿》卷三十七《与方灵皋论笺注韩文字句书》谓"此非岁月之功可能也，欲为此事，须将韩文熟读，句句成诵，然后尽觅韩子以前经史子集，遇有所得，即札记之，大约非二三十年功力不可，盖书籍多也"。予昔撰《戴叔伦诗集校注》，读戴诗亦至烂熟，虽不尽成诵，然遇别本异文或典故出处，随时可知矣。故于北京图书馆善本室校明朱警刊《唐百名家诗》本，半日而就。

069　沈曾植《海日楼札丛》卷四引吴拙修语云："不干求易，不受人牢笼难，不受牢笼而仍不涉矫激尤难。"顾予平生无足称，而似独能不愧此言。

070　昔人云，唐人不善论诗而诗工，宋人善论诗而诗亡。前辈勤于治学，而不多谈论治学，故学益进而言益寡；今人疏于治学，而好谈论治学，所以学益退而谈益炽。予亦屡应刊物约谈治学，未能免俗也。

071　郭麐自论其文曰："志大而材薄，意广而力弱，泛滥驰骤，无所取裁。其思入而不深，其旨窒而不畅，其体杂而不纯。"（《灵芬馆杂著》张青选序引）予读此语，自顾为学至今适可当之，惊悚不已。

卷三　读史管见

此卷皆读史所感,随笔漫书,不足以观古今之变,成一家之言,聊取宋胡寅书名标其目。

001《周礼·媒氏》:"仲春之月,令会男女,于是时也,奔者不禁。"有陈警园者疑之,谓"注疏解奔为淫奔甚可疑,周公制礼,岂有淫奔不禁之理耶?"胡培翚《研六斋文集》卷四《与陈警园论奔者不禁书》先承认其所疑有理,然告之解奔为淫奔乃贾疏之失,郑氏不应受其咎。盖郑注曰:"重天时,权许之也。"七字只解经"不禁"二字,未言及奔,自贾疏有"自相奔就,亦不禁之"之说,于是此段经文屡招人诟病。按其所见,则奔应为《礼记·内则》"聘则为妻,奔则为妾"之义,谓"聘谓以礼娶也,奔则不备礼之谓,此经奔字当如是解,岂云淫奔哉?《昏礼》有纳采、问名、纳吉、纳征、请期、亲迎六者,康成注《礼》笺《诗》,俱以仲春为昏月之正,故谓当此时而有六礼不备者,许之,恐其过时则伤。"其说固辩,然不备礼岂非私奔耶?唐人解经犹识古风,清人每以儒教衡古俗,亦犹赵翼指白居易《琵琶行》为虚构,同一拘虚可笑。

002　中国人之思维,习以三、四、五、六、八、九之数模式化,且互相比附,是亦不足怪。如五一数,于自然为五行,于世运为五德,于空间为五方,于音韵为五声,于乐律为五音,于量器为五量,于兵刃为五兵,于金属为五金,于色彩为五色,于粮食为五谷,于滋味为五味,其辛辣者又谓五辛;于生物为五灵,神祇亦有五灵;于牲畜为五牲,于人生为五化,于人体为五脏,于人心为五情,于感官为五事,于人伦为五常,交相感通。《黄帝内经·素问》所谓"外内之应,皆有表里"也。而五常又每附会于万物,是为泛道德化。《五经通义》谓玉有五德:"温润而泽,有似于智;锐而不害,有似于仁;抑而不挠,有似于义;有瑕于内,必见于外,有似于信;垂之如坠,有似于礼。"刘孝标论五交,势交、贿交、谈交、穷交、量交。自《庄子·胠箧》盗跖论盗之五德云:"夫妄意室中之藏,圣也;入先,勇也;出后,义也;知可否,知也;分均,仁也。"后世多曲效之。元代《纂图增新群书类要事林广记》辛集下卷载陈大卿患疥疮,上官笑之,陈曰:"君无笑,此疾有五德可称,在众疾之上。"人询何谓,曰:"不上人面,仁也;喜传于人,义也;令人叉手揩擦,礼也;生罅指节骨间,智也;痒必以时,信也。"王肯堂《郁冈斋笔麈》卷四引之,文字微异。又谓猫亦有五德:"不捕鼠,仁也;足迹遍邻家,义也;同客饮馔,礼也;藏肴羞幽显处必得之,智也;寒辄煨灶,信也。"其最可噱者,莫过于《素女经》言男根亦有五常之道:"意欲施与者,仁也;中有空者,义也;端有节者,礼也;意欲即起,不欲即止者,信也;临事低卬者,智也。"

003　孟子"穷则独善其身,达则兼善天下",后人奉为圭臬。康乃心独曰:"今之天下奚由而善之哉,然则当易其语曰'穷则兼善天下,达则独善其身',庶几乎今时之宜也。"何以云然?《莘野文集》卷八《穷达说》云:"往与寅生论世道,以为读书之士出而为官,万难措手。欲以生民为怀,无过兴利除害二者。而今之利可兴耶,今之害可除耶?所云某吏贤,某监司贤,其为贤也何如乎?间有醇良自好者,不过布衣蔬食,廉于一身,如老禅枯僧,期断凤生血荤而已。地方有大沿革,不能也;民吏有大奸猾,如故也。

即或强项之士,毅然为之,顾不旋踵而以贪墨去矣。身之不保,何有于官;性命妻子之不保,何有于民,何有于国?虽圣主在上,高爵厚禄以待之,三令五申以迫之,不能也,亦不敢也。若然,则读书稽古,求科名,谭经济,亦云其理之应然,志之所在而已矣。"此论深中封建社会人治之弊,为官无保障,则士终不敢兴利除害,秉持正义也。

004 汉王吉上疏言世俗嫁娶太早,未知为人父母之道而有子,是以教化不明而民多夭。此中国提倡晚育之前驱。

005 刘沅《拾余四种》:"汉承成周之遗,士犹敦品,曹氏父子篡逆而工于文,后代袭之,德行日薄。"建安之世,实为古今士行嬗变之一大关捩,才德分为二途矣。周勋初师《魏氏"三世立贱"的分析》一文论之最为透彻。

006 阮籍广武之叹,何世不以同怀视之,而于今世为感慨犹盛也。

007 干宝《搜神记》载父婢复生事,论者皆以为迷信,然此类事古今皆有其例。傅向荣《儵游浪语》卷中载雇工挖幺得名之由,谓六岁时病殇,瘗后路人闻有哭声,掘而还之其家。自言途遇老人,抱以疾驰,忽觉身在土中,哭而获救。询老人之状,盖其亡祖也。

008 《晋书·谢安传》:"安本能为洛下书生咏,有鼻疾,故其音浊,名流爱其咏而弗能及,或手掩鼻以教之。"此又一东施效颦故事也。近代周信芳音哑而独成一格,后人学之,遂衍为麒派,事亦相类。

009　封孚幼而聪敏和裕,有士君子之称。南燕慕容德讨辟
闾浑,至莒城,孚出降,德曰:"朕平青州,不以为庆,喜于得卿
也。"北凉沮渠蒙逊平酒泉,得宋繇,历位通显而清廉,叹曰:"孤
不喜克李歆,欣得宋繇耳。"二事颇相类。

010　后秦姚兴如三原,谕群臣举贤。梁喜对曰:"奉旨求
贤,弗曾休倦,未见儒亮大才、王佐之器,可谓世之乏贤。"此与李
林甫事同而在前。

011　历史人物之命运诚有不可以理论者。窦建德与王世
充,一仁厚一暴戾,不可同日而语。然唐太宗不杀世充而杀建
德,王渔洋《古夫于亭杂录》深致慨叹,后杨际昌复有"非天讨之
公"之评,良有以也。

012　卢纶《送宛丘任少府》:"少年何所重,才子又清贫。"崔
迈《与李振文书》曰:"自古文人学士赋性恬澹者,大都慕简净,外
荣利,故闲居自得,谓之清福。"于今之世,则学人已无清福,而仅
有清贫。杨补塘曾曰:"只有咱们中国的文明,才有'清贫'之称。
外国人不懂什么'清贫',穷人就是下等人,就是坏人。"(杨绛《回
忆我的父亲》)诚有味乎其言。清贫之清,主不贪不枉,不忮不
求,能为某种理想忍受贫寒,其意固可嘉也。然外国甘为理想献
身者皆未沦于贫寒,是则士有清贫之称,当政者宜有愧疚乎?

013　唐人言释皆不与儒悖,孝之一字尤所不弃。姚合《送
僧默然》竟言:"出家侍母前,至孝自通禅。"可见当日世俗之
观念。

014　泛览所见自撰墓志铭者,唐有杜牧,见《樊川文集》卷

十。又有谢观,自撰《唐故朝请大夫慈州刺史柱国赐绯鱼袋谢观墓志铭》,见《千唐志斋藏志》;元有黄石翁,见顾嗣立《元诗选》二集;明有王西昌,见其《抑庵集》;明末桐城隐士姚休那、陈昉皆自撰圹碣、墓志,见姚永朴《旧闻随笔》卷四载;清有屈大均《翁山文外》卷八自撰圹志、吴肃公《街南续集》卷六《街南遗老吴晴岩暨配麻氏合葬墓志铭》、李绳远《寻壑外言》附《补黄村农生圹志》、李澄中《白云村文集》卷三《自为墓志铭》。

015　赵翼《廿二史札记》卷二十"五代滥刑"条:"五代乱世,本无刑章,视人命如草芥,动以族诛为事。"观朱全忠征战杀人之众,恐为历史之最,亦与此相关也。

016　两《唐书》优劣前人多言之者,而莫若清人杨椿《新旧唐书异同论》一文论之详也,文见《孟邻堂文集》卷四。

017　周密《癸辛杂识》别集卷上载朱子葬用悬棺法,术家云:"斯文不坠。"真巧舌如簧。

018　又云:"浙江临平明因寺,为尼大刹。往来僧官每至必呼尼之少艾者侍寝,寺中苦之。因专作一寮,贮尼之尝有违滥者,以供不时之需,名曰尼站。"

019　二十四史中《宋史》最为芜杂,近人王守恂谓"须得如司马迁删繁存要"(《仁安笔记》卷三)。历来删削者不乏其人,明柯维骐先有《宋史新编》之作,取原书删存为二百卷。江西吉水刘晋卿亦曾删之,尚有汴梁王损仲删《宋史》为二百五十卷,题作《宋史记》,目录乃汤显祖改定。王渔洋《蚕尾集》卷十《跋宋史记凡例》记汤显祖曾删《宋史》,殆即此本欤?清乾隆间李锴亦病

《宋史》冗杂，晚年开江兰社以理葺之，易箦时犹以书未竟为憾，见《通州志》卷八。王昶《湖海诗传》卷六称陈黄中少时即留心史学，晚年游幕归，病《宋史》繁芜，屡有删改而未成书，因将纪传表共改定一百七十卷，以不谙天文律历，各志尚阙如。殁后稿本存于吴下藏书家。是删《宋史》者已有五家矣。王书遭乱尽没于水，王渔洋见吴兴潘昭度家《宋史》钞本，涂乙宛然，即据王书录副者。朱彝尊《静志居诗话》亦言尝从吴兴钞得其稿，殆亦出自潘氏也。章学诚《家书》中言邵晋涵尝言欲重撰《宋史》，乃与论之。后邵力学不暇著书，欲删《宋史》数传，另撰数传，亦未果也。见其《南江札记》。

020　《宋史》之芜杂又以《艺文志》为尤甚，《四库提要》谓"史志中最丛脞"（《崇文总目》提要），诚是也。胡虔《柿叶轩笔记》云："《宋史·艺文志》最荒率，一王通《元经薛氏传》也，一入编年类，一入传记类（与家传别传并列）；一吴曾《能改斋漫录》也，一作吴曾《漫录》，入杂家类；一作吴曾《能改斋漫录》，入小说类。此皆亟宜芟正者。"余昔年从胡光舟先生受目录学，读《宋史·艺文志》，嫌其重出芜滥，尝逐条摘出，成一文刊之。

021　屠隆《娑罗园清语》一联曰："风流得意之事，一过辄生悲凉；清真寂寞之境，愈久转有意味。"清言煞是有味。乔钵《海外奕心》《野语》，直承晚明清言，语甚有味。有云："图书笔砚，几案法帖，精良端整，固是文人佳致；不如稍任狼藉，尤觉大雅。"此真深得我心。又云："穿破鞋，御老妻，吃自造酸酒，三者之乐最真。"可见此老风趣。吴梣《云庵琐语》，芟人道及，亦颇可味。余喜其一言曰："于万难自立之时，站定脚跟，才是好汉；当莫能自遣之际，放开眼孔，方称达人。"

022　明末为谏官者，人谓之"抹布"，盖只知去人之污，不知己之污也。

023　南明弘光帝于清入北京之翌年，宫中春联尚有"万事不如杯在手，一年几见月当头"之句，为钱谦益所书，其君臣之心肝如此。钱有杖，自铭云："用之则行，舍之则藏，唯我与尔有是夫。"明亡后，杖久失而复得，有人续曰："危而不持，颠而不扶，则将焉用彼相矣。"钱为惘然。见张可中《天籁阁谐钞》。

024　缪荃孙《云自在龛笔记》列朝二载："满洲完颜给谏阿什坦通经学，笃于践履。顺治初翻译《大学》《中庸》《孝经》诸书，刊行之以教旗人。时旗人多喜翻稗官小说，给谏上言学者宜以圣贤为期，经史为导，此外无益杂书，理当屏绝。又请严旗人男女之别，定部院九品之制，俱报可。"圣祖许为"我朝大儒"，此人于清初满人汉化实有重大贡献者也。缪氏笔记见邓实辑《古学汇刊》第五编下册，民国二年上海国粹学报社排印。

025　顾亭林耻为文人，尝于《日知录》及与人书中举宋刘挚训子孙语，谓："士当以器识为先，一命为文人，无足观矣。"此意黄淳耀已先发之。陈瑚《明进士陶庵黄公墓表》载，淳耀崇祯壬午举于乡，上座主王登水书曰："世儒舍性命而言事功，舍事功而谈文章，是以事功日陋，文章日卑，而诐淫邪遁之害侵寻及于政事而不可救益。盖天下之坏数十年于兹矣，某虽无知，其敢贸贸焉以文人自居，以富贵利达之习自陷也。"

026　顾亭林《军制论》云："法不变，不可以救今。已居不得不变之势，而犹讳其变之实，而姑守其不变之名，必至于大弊。"此论至为深刻，以衡今日之势而尤为中肯。

027　明清易代之际，遗民多逃于僧，其最著者则方以智名弘智，人称药地和尚；屈大均名一灵；钱澄之名幻光，又号西江半衲；金堡名今释，字澹归，别字冰还道人；周容名释茂三。五人后皆还俗。究其逃禅之由，盖顺治二年乙酉闰六月薙发令下，留发不留头，留头不留发。士人慑于儒家身体肤发受之父母，损毁为不孝之观念，或刚烈者以死抗，如魏禧《魏叔子文集》卷十七《许秀才传》："八月，下薙发令，王家慨然叹息曰：父母冠我时祝我为何如人，此发岂复可毁伤耶？……乃整衣冠赴河水而死。"其不得已则剃度出家，以避薙发之耻也。叶燮之父绍袁，《午梦堂集》附录《叶天寥自撰年谱·续纂》记顺治二年清兵南下，"薙发之令如束湿薪"，遂遁于僧，记其实也。陈去病《五石脂》记当时邑中逃僧者尚有多人。万寿祺字年少，明亡后易僧服，名慧寿，号明志道人。方授，桐城人，顺治乙酉祝发狂走方外，见佚名撰《冰庐诗话》卷八。他如名士归庄、阎尔梅、纪映钟、方孝标亦遁于僧。方孝标，名方空。王邦畿，释名今吼；陆圻，字丽京，释名今觉，与屈大均都为天然和尚函昰弟子，见《粤东遗民录》。吕留良于康熙十九年夏因清廷征山林隐逸，遂削发出家，释名耐可，字不昧，号何求老人。熊开元明天启进士，官南明文渊阁大学士，明亡后在苏州灵岩寺出家，法名正志，号蘗庵和尚；郑龙采，见知于何腾蛟，何卒后祝发于卞山，均见朱彝尊《静志居诗话》卷十八。何宏仁字仲渊，山阴人。官高要令，抗清失败后，入陶介山中随云藏禅师落发。见《魏叔子文集》卷十七《明御史何公家传》。余绍祉字子畴，婺源人，入清后逃为僧，名大疑。沈起字仲方，秀水人，入清为僧。董说字若雨，浙江乌程人。入僧号南潜，字宝云。见《国朝禅林诗品》卷一。《诗品》卷二尚载弘觉字梦破，俗名江浩，浙江仁和人。明亡后出家，有《蝶庵集》。黄宗羲《思旧录》亦载其事，称其法名义月。通荷号担当，俗名唐泰，云南晋宁州人。明诸生，鼎革后薙发结茅鸡足山，有《修园》《橛庵》等集。武林名士徐继恩（1597—1670），字世臣，崇祯贡生，国变后遁入空门为僧，法名净挺，字俍亭，号豁堂禅师。工书善诗，能绘山水，笔意苍秀，与王士禛、吴绮等名士交，有《云溪近稿》《十笏斋诗钞》，《渔洋诗话》卷下亦载其事。弘仁字无智，一字渐江，江南休宁人，俗名江韬，字六奇。明诸生，入清后为僧，居齐云山，善画山水，得倪云林法。铭起号墨庵，俗名沈起，字仲方，明诸生，乙酉后剃发于秀水东禅寺，有《明书绝笔》《又学园正续集》。正岩字豁堂，浙江余姚人，嗣法三峰，住净慈寺。有《同凡集》《屏山剩草》，沈德潜《国朝诗别裁集》作止岩，谓即徐继恩。正柏字庭慧，江西南昌人，甲寅兵乱父子出家于西山雷音寺，能诗工书画。潘问奇字雪帆，钱塘人，入清后寄食淮上，祝发于天寿山，有《拜鹃堂诗》四卷，见《小匏庵诗话》卷二。歙县王炜，出家名行愿，号不庵，著有《嗒史》，收入《昭代丛书》戊集续编。钱世熹鼎革后弃官为浮屠，后还俗为诸生，复中康熙庚戌进士，见余德水《熙朝新语》。《诗源》编者嘉兴姚佺顺治间出家，世称姚和尚。周茂源《鹤静堂集》卷十一有《晦山和尚过松惠示诗篇赋答》："离垢能超万象先，著书犹记义熙年。身投法海存忠孝（本娄东高材，甲申弃家），手辟灵山作圣贤。"汤来贺《内省斋文集》卷二十一《犀照和尚诗序》云："犀照禅师为诸生时有文名，痛甲申之变，遂弃举子业而隐于禅。"然则当时逃遁于释门者甚众也。曾灿《六松堂文集》卷十二《石濂上人诗序》："今石师之为诗，其老于浮屠乎，亦有托而逃焉者耶？观其剧饮大呼、狂歌裂眦之日，淋漓下笔，旁若无人，此其志岂小哉？"一语道破当时文士逃于方外之实情。吕留良《晚村文集》卷六《自题僧装像赞》："僧乎不僧，而不得不谓之僧；俗乎不俗，亦原不可概谓之俗。不参宗门，不讲义录。既科呗之茫然，亦戒律之难缚。有妻有子，吃酒吃肉，奈何衲褶领方，短发顶秃。儒者曰是殆异端，释者曰非吾眷属。咦，东不到家，西不巴宿，何不祖裳以游裸乡，无乃下乔而入幽谷？然虽如是,且看末后一幅,竖起拂子,一喝曰:咄,唠叨个甚么,都是画蛇加足。"是亦可见其逃禅之实际生活情形。

028　当明清易代之际,出处问题固关气节,为士大夫所重。然亦纯系乎个人,况明哲保身素为儒者处世之规,故仕清一事,褒贬存乎其人之所行而已,亦非有必不可者也。观陈瑚《确庵文稿·报李映碧廷尉书》云:"夫子曰危行言孙,诗曰明哲保身,圣贤之学,蠖屈龙蛰,以全其用。今吾党之爱阁下者,非虑回面易行,而丧其所守也,但恐制行太高,立身太洁,触要人之忌,成周章之局耳。谓宜相机观变,稍示委蛇。当事固请,不妨一见谢之,不必逾垣闭门,为已甚之行,此在阁下未为屈节也。"盖时有举荐李者,欲坚却之,陈瑚恐其贾祸,故示以权也。又宋征舆《林屋文稿》卷四《钱先生寿序》载钱谷工制举业,为有司所招,父语之曰:"与汝约,不十年不可以出。十年者,天道之周也。易象曰十年乃字,反常也,礼故国者如是而足也。"谷不敢违,十年乃出应试。

029　明清易代之际,士多以夷夏之防而仇视满清,顾亦有宁与清而不与李自成者。武石庵《旷观园诗集》卷一有《逆闯据太原伪试诸士题天下之士多就之者诗以志慨》诗,后继以《喜大兵至》,云:"咫尺并门望盛京,请缨无计恨填膺。天兵一夕从空下,迅扫欃枪乐荡平。"

030　清初文网之松,有非今人想当然所可妄度者。一则武力征服未竟,不遑文治;二则当时意识中以李自成为亡明之罪酋,清朝为天命所归之真主;三则遗民忠于前朝,眷恋故主,固传统伦理所奖劝者也。魏禧《明知龙溪县涂公家传》述涂氏父子拒降被杀,有云:"桀犬吠尧,未识天命有归;而邻妇詈人,彼诚各为

其主。夫孤竹傲周,犹曰义士;余阙祠庙,褒以忠臣。今天子肇
造区夏,轶驾前王,岂此罪眚,不逢浩荡。"是即当时褒忠悼明之
伦理依据乎?

031　吴仰贤《小匏庵诗话》卷四:"宋艺祖下江南,李氏诸臣
多负文章宿望,随后主入朝,颇怀怨望。廷臣以为言,艺祖乃辟
纂书之馆以处之,诸老投其所嗜,终日殚精毕虑,后皆槁死于其
间。此何等作用!金华方铁船户部元鲲《读史》诗有云:'六经磨
得英雄老,错计焚书是祖龙。'自是名论。"予谓清廷举博学鸿词
科,开明史馆招纳学者,同一机杼也。

032　康熙十七年博学鸿儒之征,名士固多不应者,然一时
奔竞者更夥其人。大臣初荐后,新任台省者又补牍续荐,时传举
一名价值银二十四两,见郑梁《寒村全集·五丁诗稿》卷二《告求
举博学鸿儒者》。然亦有如钱金甫之以詈骂而得荐者,见许元仲
《三异》卷一。

033　康熙十八年开《明史》馆,去年博学鸿词所取之士,尽
入史馆编纂,一人一部。艺文志为尤侗所编,食货志为潘耒所
编。《遂初堂集》卷四代人作《请广秘府书籍以光文治疏》略云:
"我皇上天纵圣明,孜孜念典,博综载籍,靡赜不探。现今内库藏
书连廊充栋,不为不多,目录卷数终非外臣所得而窥。臣特虑定
鼎以前曾罹兵火,四十年来未经校勘,得无有灭裂销毁,舛错涫
淆,部无完帙,帙无完卷者乎?臣观古来书目所载之书,今十亡
其六七,民间间有异书,流传不广,终归泯灭。至于元明诸人著
述,或存或亡,无从遍考。臣奉命充纂修明史总裁,考前史例有
艺文志,总载当时现存书籍,大要以内府书目为据。今修明史不
凭内府藏书,艺文一志亦难编辑。伏愿皇上及此百废俱举之时,

广征天下遗书充入秘府，或如史局新例，责成各直省督抚学臣采
访进呈；或仿古购书之法，敕下部议，中外臣民有献书若干卷者，
作何奖赏录用。将见奇文秘简萃于中禁，富有日新，不难度越前
代矣。书籍既备，则当分命儒臣，综理会通，校订舛讹，芟除重
复。若古秘书监丞校书郎直秘阁校理等，正今日词林之职。但
前代七略、七志、四部、四库等书，不过区分类别，编成目录，徒以
搜采广博为能，以校勘精工为贵，未有能审论作书之旨，辨其醇
疵，综其得失者。我皇上精一心传，折中协圣，当此群言淆乱之
时，尤当独出睿裁，剖判白黑。诸子百家之言，足以羽翼六经、阐
扬大道者，从而表章之；离经畔道、荒唐谬悠之辞，从而贬黜之。
崇正学以排异端，一道德以同风俗，其于世道人心非小补也。"是
即乾隆修四库全书之先声也，末段尤为四库全书禁毁之旨所出。

034　潘耒《遂初堂集》卷五《修明史议》有云："自唐而上，史
成于一人；自唐而下，史成于众人。成于一人者为之愈难，其书
愈善；成于众人者就之愈易，其书愈不能精。"此深中官修史书之
弊，今人集体编史亦诚不免也。潘耒论官修史书之要领云："搜
采欲博，考证欲精，职任欲分，义例欲一，秉笔欲直，持论欲平，岁
月欲宽，卷帙欲简。"此论甚精，然官家修书鲜有能实施者，今世
尤不可得也。潘耒任食货志之纂，其采集史料之勤谨，同卷《上
某总裁书》述之，试问今人能如此否？

035　世皆以中国自古无原罪意识，故亦无忏悔之习惯。然
观魏禧《述梦》诸文，是又不然。

036　世谓厚禄养廉，惟宋代为然，宋士大夫讲气节，是其效
矣。官吏之贪贿，清代最盛，清代之俸禄亦较薄也。据张宸《平
圃杂记》载，康熙间官吏以六品计之，"月米一石银五两，两长班

工食四两，马夫一两。石米之值不足饲马房金。最简陋月须数金。冬裘夏葛薪水僮仆诸费，咸取诸称贷。（宴）席费之外，又有生日节礼庆贺及公祖父母知交出都诸公分。借如一月贷五十金，最廉五分起息，越一年而即成八十金矣。况贷时有折数，有轻平低色，又未必能一年即还。别贷以偿利，一二年间即成二百金矣。此一月最约之数也，稍稍宽纵其数，又不止是矣。即以此数论之，以一岁而计，每岁应积债二千余金矣。"道光间梁绍壬《两般秋雨盦随笔》卷二亦云："余屡次入都，皆寓京官宅内，亲见诸公窘状。领俸米时，百计请托，出房租日，多方贷质。偶阅《宋稗类钞》，章伯镇学士云：任京职有两般日月，望月初请料钱，觉日月长；到月终供房钱，觉日月短。可见此风自古已然矣。"然清官俸禄终非宋比也，其士风之卑下亦势所必然。

037　计东游邺吊谢榛墓，属当事为封土立碣；又过顺德，忆归有光有厅记二篇，求无所在，乃于郡署旁废圃中设瓣香流涕再拜而去。此二事素为人艳称，予昔见之亦心仪其人。后及观《改亭集》，乃知二事出其《又与宋牧仲书》自述，书末云："九月浪游，赖有此事，庶几不虚此行，可为知己告。度宋子亦必以计生为可与言者也，幸为作纪事诗相赠，伫望伫望。"予谓凡奇言独行，如阮籍途穷而哭，米芾见石而拜之类，无心出之则真而雅，刻意为之则伪而俗。夫二事者，当其所行之时未必矫饰，然其后汲汲以为意，乃至索诗相赠，亦未可谓脱俗矣。

038　计东文议论最奇警，其《与周鹿峰书》论知己曰："世之称知己者，其最则怜其才，称誉之，援引之；其次则深忌其才而必欲杀之；其最不能堪者，视其人无足轻重，任其人自生自死自贫贱，且老于天地之间，一不介于胸中也。魏相公叔痤荐公孙鞅于惠王，谓王：'若不能用，必杀之。'鞅曰：'王不能用臣，又安能杀臣.'夫天下能杀天下才士之人,即能怜才士之人也。故凡欲杀我者,皆我知己也,可感也。"此说似诡实精,意不待深求,即以曹操杀杨修一事可验。

039　计东又分处士为三等,一为性不慕势利,才不耐世事,乐寂静以养生,就闲旷以适意者,其人即生圣人之世,去轩冕若敝屣然;一为有迫于事会,有激于志节,毅然入深山不顾;一为性既不慕势利,其才又足以济天下之用,而又不屑仕宦,时时与贤公卿大夫游处,间一出其思惟论说,可使贤公卿大夫名重于朝廷,不尸其功,又不洁其迹。甫草于前者,曰斯世或有其人,我未之见;于次者,曰我见其人,而心有所愧;于后者,则曰熟知仅陈胤倩一人。予谓第一类真处士,最少;第二类非处士,乱世多有之;第三类乃古代士人理想之处士,亦即其理想之人生位置,所谓致君尧舜之帝王师也。

040　清初徐日久《复友人书》云:"仆好读书恨愚,好山水恨俗,质任恨弱,坦怀恨疏,乐从游当世名公,恨见人辄面热,惟喜功名而数不偶,则不恨耳。"三复其言,顾予性颇近之。尝读放翁诗,爱其"天为念贫偏与健,人因见懒误称高"一联,亦于心有戚戚者也。

041　傅山《霜红龛集》卷二十五《家训》云:"无至性之人不知哀乐,有至性之人哀乐皆伤之;有至性之人多妨于道,无至性之人又不可入道。"有味哉斯言。

042　顺治六年,钱牧斋辑《列朝诗集》成,翌年绛云楼即毁于火,此书以先付梓而免于回禄,是犹不幸中之大幸也。《明史》百卷则尽荡于祝融矣。牧斋暮年自以一身任文献之重,尽瘁心力于国史,一旦毁于火,其惨痛绝望可知也。其与人书三复此意,无怪其回观世间语言文字如空花过眼,直归于幻灭而已。

043　应㧑谦日记云:"阳实阴虚。阳为气,阴为形,故气实而形虚也。形能受气,气不能受形。"按:此言皆合理,而杂以中二句则欠通。盖以虚实论,则气虚形实也。必易以"阳为形,阴为气,故形实而气虚也",其理始顺。

044　彭士望《树庐文钞》卷九《长洲旧文学顾君生圹志》云:"古人有笃嗜者必有深癖,有深癖者必有至性。"张潮《幽梦影》有"人无癖不可与交,以无至情也"。二说相反相成。

045　清末北京海波寺街顺德会馆旧为金太傅第,龚鼎孳、朱彝尊、黄虞稷、周篔、蒋景祁先后居之,龚鼎孳手书"古藤书屋"匾额,至乾隆间犹存,见李调元《雨村诗话》卷七。后为赵吉士所居,名曰寄园,见查慎行集中。孔尚任有诗云:"太傅吟诗旧草堂,新开蒋径自锄荒。桐花不是梧桐树,却得年年栖凤凰。"乾隆四十六年十月,吴锡麒移居之。法式善《梧门诗话》卷三称:"今为余竹西国观所有。宋芝山葆淳为画《古藤书屋图》,刘澄斋锡五检讨题诗云:'此是当年栖凤树,等闲蜂蝶莫轻飞。'盖用东塘语。"后为王昶赁居,颜曰蒲褐山房,赵翼《瓯北集》卷十二《题述庵蒲褐山房册子》,自注:"地本家天羽给谏寄园故址也,己卯、庚辰间,余曾与君比邻而居。"此乾隆二十四年前后事也。乾隆五十九年甲寅春王昶予告归里后,为赵怀玉所居,有诗纪事,未几复迁铁厂。管世铭《韫山堂诗集》卷十六《题赵味辛舍人移居古藤书屋诗后》云:"金风亭长旧游曾,岁久名流少盍朋。今日诗人重扫径,一杯先与酹青藤。"张问陶亦有《题味辛古藤书屋图》诗,题下自注:"即竹垞旧寓。"嘉庆二十四年为黄钊兄在庵所居,见黄钊《读白华草堂诗》中。同治五年夏张鸣珂与朱采过此，爱其幽寂，将移榻居之。同人咸谓荒废已久，不宜侨寓，遂止。二十八年后，鸣珂再入京，已为李慈铭所居。李折简招饮，至则门庭堂庑修治一新，傍舍植花木，蔚然深秀。

046　康熙时鄞人郑梁有言："男女皆人也，自先王制为内外之别，于是一切修身正心以及齐家治国平天下之务皆以责之男子，而于妇人无与焉。一若人生不幸而为女，则凡人世之所可为者皆不得为，此固天地间不平之甚者也。"此吾国女权主义之滥觞，乃出自须眉之口，亦足为抱索赔态度之女权主义者思之。

047　王安石谓《春秋》为断烂朝报，清初杨大鲲言"经学易，史学难。史学非难，直不足信耳。读二十一史者，当作《琵琶记》观。"乾隆间清凉道人撰《听雨轩续纪》云："天地本一幻境，古今来真凭足据之事，皆与传奇小说等也。"此即今日史学"历史即叙述"之谓也。王原《西亭文钞》卷三《读史偶得序》云："一人之事有迹然而实不然者，徒执乎其迹以论其事，不可也；两人之事有迹同而实不同者，徒执乎其迹之同以概其人之事，不可也。人不生乎古，不亲见古人之行事，灼知其所以然之故，而欲据简策之所传闻以施其论断，非愚则妄尔。然生乎后世，而欲考往古之迹，舍简策无由矣。概信简策之说，以为是皆实录，与概疑其书，以为不足信，均非善读史者也。善读史者，然其然，否其否，揆乎时势，折衷乎圣贤之训，纵不必其尽得古人之实，而据其迹以深思而精察之，庶乎仿佛也。"此则质疑求历史真实之可能性，可见吾国至清初史家，已有取消历史真实性之观念。

048　鲁迅曾云正史传记多不可信，此论前人亦已发之。刘静修有诗云："纪录纷纷已失真，语言轻重在词臣。若将字字论心术,恐有无穷受屈人。"汪琬《钝翁类稿》卷二十六《东都事略跋序一》:"先儒有曰,史家多取诸志状,全是子孙门人掩恶溢美之词。又曰,因官文书纪事,往往是非失实。由是言之,予非敢妄肆褒讥也,亦欲哀小说,述异闻,稍吐其胸中之一二,以与此书粗相发明,庶于后之君子有志史学者不无小补云尔。"按:汪琬所谓先儒之言,最早见《群书治要》引桓范语,后《魏书·甄琛传》、宋王应麟《困学纪闻》皆引申其意。盖汪琬夙有志于宋史,其得《东都事略》,喜其质而不俚,繁而不秽,至于蔡京、王黼诸传,尤能推原祸乱所由,流连反复,三致意焉。故凡三校其书,复忆平生所得,略疏于诸纪传之后,俾学者观其异同,不致为史家之词所蔽也。余读丁国钧《荷香馆琐言》,适得一事为例。丁云:"《广阳杂记》载洪经略承畴入都后,其太夫人犹在也,自闽迎入京。太夫人见经略大怒骂,以杖击之,数其不死之罪,曰:'汝迎我来,将使我为旗下老婢耶?我打汝死,为天下除害。'经略疾走得免,太夫人即买舟南归。按《明季南略》附洪行状,言顺治丁亥迎母至江宁,奉养四载,母以老思故乡,乃归,数年卒云云。则《杂记》所载殆非实事。"此即轻信行状也,余则宁信《广阳杂记》。

049　宋濂《严陵汪氏家谱序》云:"谱者,记其名以传,不亡其先之义也。"然家谱之伪滥不可据信其来久矣,盖颜师古已言之。予昔撰文,言家谱记古代先祖往往攀附名贤,不可轻信,举《戴氏迁杭族谱》为例,其中所列戴遁祖、父辈名讳,与《世说新语》刘孝标注引《戴氏世传》异,知必出于杜撰也。后读李慎儒《鸿轩随笔》卷三"补撰家讳"条云:"《梁书》载侯景僭位,当立七庙,祖以上讳不复记忆,王伟为制其名位,后世以为笑。《宋史》载刘廷翰官贵当封三代,大父以上忘其家讳,太宗为撰名,亲书赐之,后世以为荣。美恶不嫌同辞,因乎其人而已。《十国春秋》:南唐太祖李昇,欲祖吴王恪。有司议以恪孙祎有功,祎子岘为宰相，遂祖恪。自岘至父荣五世，荣父志，志父超，超早卒，志为徐州判官，卒官。其名率皆有司所撰，盖假托唐室宗支，以见得统之正也。"然则此风亦不始自晚近之世矣。六朝时谱学最盛，隋唐间谱牒沦亡，后修谱者不得其世系，惟有杜撰耳。中国社会科学院文学所藏《归衡轩诗集》，有《吴江宗人与京刻新谱见寄余因持昆山旧谱往访之有赠三首》，其三曰："太仆当年修谱慎，止详近世阙其余。子虚无是今淆乱，怪杀吾宗不读书！"注："近有子京者妄以宋朝无稽姓名混入，幸未流传耳。"又阅马星翼《东泉诗话》，卷一记邹县孟氏谱载孟浩然子云卿、庭玢，庭玢子郊。是亦贪心太甚，殆欲将有唐孟姓诗人悉数网罗乎！宋濂《题寿昌胡氏谱后》云："族之有谱，所以纪所自出，实则为尊祖，伪则为诬其先而乱其类，不孝莫甚焉。近世之士，不察乎此，多务华而炫博，或妄为字名，加于千载以上不可知之人；或援它郡异族之贵显者，以为观美。其心非不以为智，卒陷于至愚而弗悟也。"王阳明《重修宋儒黄文肃公家谱序》云："有征而不书，则为弃其祖；无征而书之，则为诬其祖。兢兢焉尊其所知，阙其所不知，详其所可征，不强述其所难考，则庶乎近之矣。"如上诸谱，皆至愚而诬其祖者也。

050　杨际昌《兰室丛谈》议论甚佳，无论论人说史，不迂不刻，自具见地。如云："君臣相得，必其志气相投。汉文帝非不知贾谊，武帝非不知董仲舒，而皆不获用，则志气不投也。使贾生武帝时，董生文帝时，其大用可必。"此见似近实远。又如陈眉公云："待贫贱人不难于有恩，难于有礼；待富贵人不难于有礼，难于有体。"人多赏其精到，而杨氏复谓"下二语确不可易，上二语尚当活看。鄙吝之夫礼或可伪，恩则难强也"，可谓更透一层境地。

051　陈梓《陈一斋先生文集》卷五载"诸先生遗言""亡友遗言"最真切有味。记陈祖陶语曰："笔墨贾祸，不可不谨。吾辈每动笔，辄作一想：当今当国大臣可看得否？然后落稿，方可免害。否则稿虽成，不可不付祝融收掌也。"此可见乾隆后文网之峻，而文人畏葸之貌。

052　张杨园之学重于彝伦上躬行实践，故尤重葬，此由陈梓所记可见。范北溟（鲲）曰："世俗培坟冢，余却不培封而培地，地愈厚则葬愈深。此良法也。"此论葬而通于学理。

053　今日之世，文化人地位低下，举世轻之，文化人亦自轻之。读张云璈《简松草堂文集》《毁文士论》、《毁文士后论》二文，慨古今一概，有足令人叹息者。

054　清人或调诸学官，谓"志在春秋"，初不解，询之乃春秋二祭也。按：刘廷玑《在园杂志》卷二谓四字多用于关帝庙殿额，刘峒取以自嘲，曰："此四字似可移书苫蓿斋中，专为吾辈而设。吾无奢望，惟望二丁祭得肉食耳。是亦志在春秋也。"

055　释惠洪《冷斋夜话》卷九载彭渊材生平所恨者五事：一恨鲥鱼多骨，二恨金桔多酸，三恨莼菜性冷，四恨海棠无香，五恨曾子固不能作诗。朱国桢《涌幢小品》卷十引之，复述己亦有五恨：一恨河豚有毒，二恨建兰难栽，三恨樱桃性热，四恨茉莉香浓，五恨三谢李杜诸公多不能文。钱振锽所恨三事：读史见小人痛杀清流，一也；见道学人排斥天下有才有气之士，二也；见迂腐不通人论文法诗法，三也。

056　张翼廷《寄寄山房丛钞续集》："人必一钱不入方是清，

立锥无所方是贫。我辈有屋有田,每每受人书帕,岂可言清言贫?只是不饶裕不醍醐而已。若侈然自命而曰我云云彼云云,宜其招怨而贾祸也。"此亦读书人善自宽解者,然终未免自欺复欺人也。

057　又云:"讲闲话可以远口舌,读闲书可以文寂寥,此老废人上上补药,少年学此则败矣。"

058　范伯达被召,问于藉溪,藉溪久不应,再三扣之,藉溪云:"凡学者治继述,商量义理,可以问人,至出处二字不可与人商量也。"予谓世间另有二事不可与人商量者,择业、恋爱。

059　张可中《天籁阁诗话》云:"京师前三门,中曰正阳,东曰崇文,西曰宣武,元亡于至正,明亡于崇祯,清亡于宣统,已奇矣。而明亡于文,清亡于武尤奇。可见天下事皆有定数也。"按:清末北京盛传此谶语,《虞初广志》卷二叶楚伧《壬子宫驼记》云:"都中盛传谶语,谓明亡于崇祯,清亡于宣统,崇文、宣武二门,早启明清结局之兆。"吴瞿庵先生《登武英殿观古器物》诗小注亦云:"京城南向三门,东曰崇文,明亡于崇祯;西曰宣武,清逊于宣统。而大清门居东西华门之中,今易门中华,尤为巧合。"

060　国人倡马尔萨斯人口论者,世皆知为马寅初,而徐珂于民国十四年所刊之《大受堂札记》中已宣扬萨氏人口理论、山格夫人限制生育之理论,并言节育之于女子自身有三大利:"一因生育而致痼疾或戕身之事可免,一保抱乳哺之劳可减,一自营之职业可不废。"然至以节妇不改嫁有益于节育,则入魔道矣。

061　一九一九年八月二十七日孔子诞辰,祭典颇隆重。时有名孔令仪者亦来祭,自称南宗,言曲阜之衍圣公为北宗。谓靖康时衍圣公随帝南渡,其弟留守。兄迨宋亡不归,居浙江为南宗。元封衍圣公,即封其弟,承袭至今。令仪持有孔子夫妇像,皆楷木制,言是端木子贡所刻,人见形容局促,似古时殉葬木偶,不及吴道子所画像道貌岸然,现于面目,皆疑其附会,决非真迹。

062　王静安之死,或谓殉清,或谓殉文化,均发其大义,盖不外乎受陈寅恪影响。姜亮夫先生曾于王氏自沉前夜见之,据云神色惊惶,以为叶德辉被杀,革命军进城,己必不免,故自绝耳。时静安主清华讲席已两年,去清之亡盖已十五年,其果否殉清实不足言。寅恪先生撰墓铭,无非借他人酒杯,浇自家块垒。"独立之精神,自由之思想"云云,实当时知识人之常谈。熊十力亦尝倡言"今日所急需者,思想独立,学术独立,精神独立",盖一时风气如此。吾人读陈寅恪之文,以为夫子自道则可,以为王静安必如此,则不免高叟之固矣。

063　傅向荣字鹤岑,一字璧琴,监利人,历任各地法官二十年。民国十五年丙寅于凤阳法院任职时撰《鯈游浪语》三卷,追忆平生所亲历之案件,兼及风俗人情时政,议论持重。所载案例以奸杀案居多,傅氏谙于史籍,能举古书所载案例与今案比照,以见古今案理之合。内有据验尸经验纠传统法医学、解剖学之谬者,又论民国初法律条文照抄日本法律,语法颠倒,难以卒读之弊端。凡此诸端,皆治法治史者不可不读也。卷上载于安庆得萧穆未刊稿四卷,引《书庐江李子鹤事》,不见于《敬孚类稿》。书末云"此书义主劝戒,著者并无版权",是亦仅见也。

064　鲁迅云:"辱骂和恐吓决不是战斗。"然于无民权、无言论自由之地,必只剩辱骂与恐吓。

卷四　艺林伐山

予自幼喜艺术,虽手不能操弦索,目不能识线谱,而观览游听之乐,殆无虚日,读书所及诸艺逸闻,必录存之。此都为一卷,或愚者百虑,必有一得乎,取明周履靖书名冠之。

001 "文学"一词虽出自《论语·先进》,然自古所用皆取学问之义。《汉书·西域传》:"乃者以缚马书遍视丞相御史二千石诸大夫郎为文学者。"颜师古注:"为文学谓学经书之人。"今所用之内涵则本自日语。一八三〇年梅德哈斯特《英和、和英语汇》以文学为 literature 之译语,则当时"文学"在日本为人文、文献学之义。万延元年(1860),仙台藩玉虫左太夫出使美国,其《航美日录》记在夏威夷与一中国药店主名丽邦者笔谈之语,云:"(玉)现今文学之盛,唯贵国与我国。而近来洋学流入,大害圣道。贵国亦不无此患欤?(丽)现下文学,唯贵国与我国同。而西洋之学大悖伦常,殊无足取。所虑近世人心厌常喜新,间有附和者。是亦为世道人心之变,秉圣教者堪为感慨。"此所谓"文学",犹指文化而言,中日两国均然。有贺长雄之《文学论》倡"保合"之说,其"文学"概念亦谓文化。而西洋 literature 作美文用始见于一八一二年,直至十九世纪后期仍常用为写作学之旧义。明治初英和辞书则译为"文道""文字",可见 literature 本身之含义固定于今日之所谓文学,亦为时甚晚。日本明治十年(1877)

后渐以"文学"指诗歌、戏曲、小说等,明治二十年(1887)后渐趋固定(矶田光一《译语"文学"之诞生》,《鹿鸣馆之系谱》文艺春秋社 1983 年 10 月)。据铃木修次《"文学"译语之诞生与日中文学》(《中国文学之比较文学研究》)一文考,以"文学"为 literature 之译语始于明治八年(1875)文部省报告 21 号"开成学校课程表"(东大),翌年始普及于社会。中国则为明治三十一年(1898)康有为作《日本变政考》介绍东京大学学科,始予介绍,三十五年(1902)梁启超《格致学沿革考略》亦沿用,至民国初经胡适、林传甲使用,始渐固定。

002　中国至近代无相当于今日"文学"之概念,而以"文章"一名为创作文体之总名,诗亦属文章之一也。曹丕《典论·论文》已见其例。宋王应麟《困学纪闻》卷十七引汪藻云:"左氏、屈原始以文章自为一家,而稍与经分。"单言亦作文,宋林景熙《郑中隐诗集序》亦云:"诗,文之一也。"元郝经《陵川集》卷二十四《与撒彦举论诗书》:"诗,文之至精者也。"清毛奇龄《勤郡王诗集序》、吴之振《瀛奎律髓序》亦云:"诗者,文之一也。"徐子苓《敦艮吉斋文钞》卷一《言卓林诗序》云:"诗者文章之一事。"左暄《三余续笔》卷四"文笔"条云:"夫文以足言,理兼诗书,别目两名,自近代始耳。"旨哉其言。然文章终究不曾作为独立对象予以讨论,《文心雕龙》文章之学后世乃成绝响。陈斌《白云古文初集》、张士元《嘉树山房集》皆有《论文》,焦循《雕菰楼集》有《文说》,皆论古文,非文章也。至陈美训《南湖文集》卷九《文论》,余廷灿《存吾文稿》中《原文》一篇,则文明、文化之义也,此足见昔人言文,义有广狭之分也。

003《庄子·逍遥游》云:"夫水之积也不厚,则其负大舟也无力。""风之积也不厚,则其负大翼也无力。"此言非谈艺也,今人论庄子文艺思想亦无及之者,然古人每据以发挥诗文修养之说。焦袁熹《答趾肇书》引此言,谓"是在养其生气而已矣。夫诗与文亦有异乎?"温蕙《读书一间钞》亦发挥其义。信乎文史哲之相通,有由来矣。

004 袁枚《随园诗话》卷七云:"诗文集之名,始东京。《隋经籍志》曰:'集之名,东京所创。'盖指班史某人文几篇,某人诗几篇而言。后人集之,非自为集也。齐、梁间始有自为集者:王筠以一官为一集,江淹自名前后集是也。有一人之集,止一题者:《阮步兵集》五言八十篇,四言十三篇,题皆曰《咏怀》;应休琏诗八卷,总名曰《百一诗》是也。"章学诚《乙卯札记》则云:"东平王苍集,见(范史)本传。云诏上建武以来章奏及所作书、记、赋、颂、七言、别字、歌诗,并集览焉。此集字之始也。"按:袁枚之说本自《隋志》,实斋之说见《后汉书》,皆后出之书,不足为据;且章所举集字殆为动词,谓集前述各类文章也,非集之名。予谓必如萧梁普通中阮孝绪撰《七录》,有"文集录",云:"顷世文词总谓之集。"《世说新语·文学》谢万作《八贤论》条刘孝标注:"万集载其叙四隐四显,为八贤之论。"此梁时有别集并其名之确证。赵翼《陔余丛考》卷二十二固尝言之矣。

005 司马迁《史记》或称《太史公书》,或称马史,或称迁史,清人乃有称《腐史》者,如柴绍炳《柴省轩先生文钞》卷六《李卓吾评定小说序》、薛时雨《藤花馆诗删存》卷一《秋窗悼逝诗》),则有欠雅驯矣。

006《鬼谷子》一书,今人鲜有道及者。晚清张裕钊《濂亭遗集》卷二《读鬼谷子》云:"鬼谷晚出尤怪谬,七术纵横安可语。仪秦挟持游诸侯,赤舌烧城焦九土。"刘毓崧《通义堂文集》卷十一《从横家出于行人之官说》谓"其文辞甚为奇横,即观于篇目,或以捭阖转丸为名，或以揣情摩意为名，皆修辞之要旨，后世论文者莫能出其范围。盖古者行人之官，本以辞命为职，故行人之任必以文彩为先。"是亦独有见地。

007　秋胡戏妻事见古乐府，后演为戏曲，仇福昌诗话举十四条理由辨其不可信，此与堂吉诃德战风车同一可笑。

008　隐士生活之于鱼鸟，或言亲之，如《后汉书·逸民传序》"亲鱼鸟，乐林草"；或言愧之，如陶渊明《始作镇军参军经曲阿作》"望云惭高鸟，临水愧游鱼"、谢灵运《登池上楼》"潜虬媚幽姿，飞鸿响远音。薄霄愧云浮，栖川怍渊沉"；或如《后汉书·仲长统传》载长统《乐志论》曰"钓游鲤，弋高鸿"，曹植《公宴诗》曰"潜鱼跃清波，好鸟鸣高枝"，应璩《与弟君苗君胄书》曰"弋下高云之鸟，饵出深渊之鱼"，王昌龄《独游》曰"手携双鲤鱼，目送千里雁"，杜甫《中宵》曰"择木知幽鸟，潜波想巨鱼"，吕本中《兵乱后杂诗》曰"云路惭高鸟，渊潜羡巨鱼"。凡古诗文以鱼鸟对举者，看似无心，而实皆源于《诗·大雅·旱麓》"鸢飞戾天，鱼跃于渊"，又《大戴礼记·易本命》亦有："鸟鱼皆生于阴而属于阳，故鸟鱼皆卵。鱼游于水，鸟飞于云。"后皆流为隐逸生活之符号，毋须作写实看也。

009　木兰诗本事不详，后世戏曲皆作花姓，谓唐初人。明田艺蘅《留青日札》卷十云："木兰乃朱氏女子，代父从征。其词有可汗之语，盖非晋即隋唐也。今黄州梁安县，即隋木兰县，有木兰山，在黄陂县北七十里，上有将军冢、忠烈庙焉，足以补《乐府补题》之缺也。"许缵曾《宝纶堂稿》卷六《木兰诗跋》同。常茂徕《石田野语》卷一引元统二年六月侯有撰并书《孝烈将军祠像辨正记》，云木兰姓魏氏，亳之谯人也。又李文泰《海山诗屋诗话》卷六载刘树君云：完县有木兰祠，俗称将军庙，元至正间建，碑记谓姓魏，名木栾，亳人。父名应，汉文帝时单于侵境，代父成十二稔，有殊勋，谥孝烈。完即其所成之地也。范士楫《橘洲诗集》卷二有《木兰庙》诗，自注："在完县，额孝烈将军。"此虽晚出，可备一说。

010 《文心雕龙》一书自古不受重视，引用及评赞者绝少。读祝德麟《悦亲楼诗集》卷十六有《书文心雕龙后二首》，皆五古长篇，对《文心雕龙》评价甚高，末云"谁能续雕龙，余其再拜登"，恨其无继起之作也。祝德麟所交皆一时老苍，袁枚、赵翼、吴锡麒事迹集中涉及颇多。

011 古今文人类好作大言，杜甫其尤也。至其临事制断，则见识议论颇迂腐。欲举古代胆略见识过人，而又最具实际之政治才干，其唯唐陆宣公陆贽乎！汤鹏尝曰："汉以后作者，或专攻文辞，而义理不精，经纶不优；或精义理，优经世，而不雄于文，克兼之者，惟唐陆宣公、宋朱子耳。"（钱基博《近百年湖南学风》第 6 页，岳麓书社 1985 年版）至其文章，则魏禧云："古今排俪之文，能使事情剀切者，惟陆宣公耳。"（《魏叔子文集》卷二十二《读宋李忠定公集》）赵翼云："陆宣公奏议，虽亦不脱骈偶之习，而指切事情，纤微毕到，其气又浑灏流转，行乎其所不得不行也，岂可以骈偶少之？"（《廿二史札记》卷二十）堪称的论。

012 文章有体，自古皆然，而墓志一类独有例，凡名氏字号、家世里贯、科第爵禄、学行著述、生卒墓葬、婚配子女，孰先孰后，皆有布置。潘昂霄、王止仲两家书尝据唐宋名家之文括其例而论之。然作者撰述每有独创，故古来《墓志铭例》之类，悉为举例性质，后出后补。黄宗羲辑《金石要例》即补二家书未备者甚多，郭麐复有《金石例补》，作于嘉庆七年，郭麐《灵芬馆诗二集》卷八《初夏斋居杂诗八首》述其旨。胡浚源《雾海随笔》卷十有"墓志"条，考证墓志缘起。刘宝楠有《汉石例》，序见《念楼集》卷五。李富孙有《汉魏六朝墓铭例自序》，序见《校经廎文稿》。赵坦《保甓斋文录》卷上有《拟撰碑碣例条例》，专论汉魏碑志例。此外余所知散见于各书者，如汪琬《尧峰文钞》卷三十三《与人论墓志铭篆盖书》，朱文翰《退思粗订稿》卷二《论墓志不书妾例书金石要例后》《重宗重嫡论再书金石要例后》泛论古今书名之原则；陈祖范《陈司业集·掌录》谓铭无定格及夫妻同时葬题只称夫无及妻者，郑献甫《补学轩文集》卷四《处士冯君开业墓志铭》谓唐以前志墓书子不书孙，王宝仁《旧香居文稿》卷一《答问志传书生年》《答问书异母子女及庶母所出》论志中特殊内容书法之例。柳宗元撰《独孤申叔墓碣》，末述其友韩泰等十三人，查慎行《得树楼杂钞》卷十谓变例也，《墓铭举例》所未载。李涂《文章精义》谓"退之墓志篇篇不同，盖相题而设施也；子厚墓志，千篇一律。"是亦未然。范晞文《对床夜语》谓韩柳作墓志不相假借，是矣。丁国钧《荷香馆琐言》卷上谓："唐人碑志涉及妇女动用丽词，如《萧俱兴墓志》中美萧夫人有云'洛浦之姿，巫山之质''丰肌南国，美貌东邻'。又大将军吴文残碑，云夫人李氏'圆姿替月，润脸呈花'，此类不胜缕指。然有可异者，据王天墓志，其夫人雍氏卒年已八十八，而有'河阳花白，凝出阁之新妆；天上星飞，缀承权之媚颊。凤去楼静，鸾飞镜空'诸语，志寿母而为此艳词，毋乃不伦？"又谓符载撰亡妻李氏墓志自称孤子，亦金石例中逸闻也。王元启《祇平居士集》卷二十与人论墓志例诸书亦有可取。然前人所见墓志究少，今世所出唐志最夥，而唐志篇幅遽增，书法亦多变，苟据《唐人墓志汇编》一一考之，得诸家未载之变例必多。唐以前墓志体例，日本大学已有学者研究。唐人墓志之例，尚有待考究也。

013　潘昂霄《金石例》十卷，有柳道传序、张东海跋，卢本未刻，《云自在龛随笔》卷四引之，其说亦有可取者。墓志铭之作者，两汉以来皆为门生撰述，唐有润笔，乃托之名公。其间变化，彭绍升《与王念丰》一书曾论之，见《二林居集》卷四。

014　赵烈文日记跋《方望溪文集》云："望老为人作墓碑，常恐死者家之言不足信，篇中俱为疑惑不定之辞。夫人之愿有先生之文，以其人之言足重也；为之文而不复信之，斯言复何贵乎？谀墓虚文固足耻，必如州县取甘结，亦可笑也。"见封思毅编《天放楼书录》第155页，台湾商务印书馆1981年版。

015　叶庆炳《从我国古代小说观念的演变谈古代小说的归类问题》谓《隋志》小说类书籍入史部各类者特多，"可能是因为隋志采四部区分法，经子集三部在汉志七略中均有旧底子可资依傍，而史部却是新创的，需要多找些书来充实，于是明知其为小说，也只好找一些勉强和史部各类沾到一丝边的来充充门面了"。又云："自从隋志把小说类书籍的归属弄得一团糟，后来的两唐志、宋志及郡斋读书志、直斋书录解题等也就大致沿袭着这些错误。自然也有若干的改进，像旧唐志把隋志分入杂类的博物志改入小说类；新唐志把隋志分入杂传类的列异传、述异记、搜神记、续齐谐记等若干志怪书改入小说类，都是显著的改进。可惜的是都没能把隋志的错误全部纠正过来。一直到清乾隆间纪昀等所纂修四库全书总目，才对古代小说的归类有了合理的安排。"（《晚鸣轩论文集》第195页，大安出版社1996年版）此论大体允当，予一九八三年撰《从目录学看古代小说观念的演变》（《广西师范大学学报》1991.1）），以历代目录著录分合考其时小说观念，则诚以新唐志部居归属最精当，《四库提要》仍有重蹈前人覆辙处，未尽合理也。

016　吾国古代艺术之观念,不同艺术体裁凡体制、风格之互涉,皆有方向性,要之以古入近,以高行卑,即较古之体制、风格可行于后出体裁,反之则不可。沈德潜《说诗晬语》卷下:"乐府中不宜杂古诗体,恐散朴也;作古诗正须得乐府意。古诗中不宜杂律诗体,恐凝滞也;作律诗正须得古风格。与写篆八分不得入楷法,写楷书宜入篆八分法同意。"胡曦《湛此心斋诗话》记伊秉绶语宋湘曰:"读君诗,每以乐府句参之。夫近体杂乐府法可也,若乐府杂以近体句语,亦是四十贤人着一俗子矣。"宋然之。按:此犹篆可杂以钟鼎,隶可杂以篆,而篆绝不可入隶意,隶绝不可入楷意也。张潮辑《友声新集》卷一徐时夏《与张山来》云:"古文与时文原迥然不同。今之举人、进士侥幸厕名花榜,便自以昌黎、柳州,辄纵笔为人作序作传作碑铭,而人亦以其举人、进士也,重而求之。殊不知以古文之笔为时文,便妙不可言;以时文之笔为古文,便成笑谱。"亦同理也。

017　文章"穷而后工"之说,古人常谈,顾亦有不然者,然仅于穷是否果益于文上讨论也。谢堃《春草堂集》卷二《与诸弟论诗八首》其二云:"今人每论诗,愈穷而愈工。殊不知穷字,不与贫穷同。穷乃穷其源,经史须博通。吾侪岂不知,沿袭已成风。"此将穷字作别解,理固是矣,然奈不合欧公原旨何。

018　宋代文论最重体制,主"先体制而后工拙",是为文体论之自觉。王安石观东坡《醉白堂记》,戏曰:"文词虽极工,然不是醉白堂记,乃是韩白优劣论耳!"是即先体制之意也。

019　唐伯虎人知为明代吴门画家,而北宋亦有一唐伯虎,为眉山唐庚兄,名瞻,字望之,后名伯虎,字长儒,见《宋史·文苑传》。曾有墨迹流传,末书"元祐五年眉山唐伯虎题",人皆以为赝物，宋既庭博学多识，独取而藏之。田同之《西圃丛辨》卷三十"同姓名"条尚有宋全州进士唐伯虎，仕梧州推官。

020　周密《癸辛杂识》别集卷上载侯峰和尚《狗蚤颂》云："摸不着时寻不见，十二时中绕身转。若还离得这众生，除是不挂一条线。"语有禅机，而甚滑稽。又，除是作除非亦通，此为汉语之别有趣处。

021　多情者不可与定人之妍媸，易感者不可与论文之美恶。

022　宋人对联有极滑稽者，周密《齐东野语》卷十七载数对曰："司马相如，蔺相如，果相如否；长孙无忌，费无忌，能无忌乎？""夫子，天尊，大士，头上不同；宫妃，宦寺，官人，腰间各别。""邹孟子，吴孟子，寺人孟子，一男一女，一不男不女；周宣王，齐宣王，司马宣王，一君一臣，一不君不臣。"尝见楹联书又有"蔺相如，司马相如，名相如，实不相如；魏无忌，长孙无忌，此无忌，彼亦无忌"一联，与上联似而工巧过之。

023　相传古今绝对，无人能对者，为"月月有月，独赏中秋月"。

024　日本诗圣松尾芭蕉俳文最有名者曰《幻住庵记》，吾国元代智觉禅师明本，号中峰，四处游历，居无定址，若入山脱笠，即结茅而居，俱名曰幻住，自作《幻住庵记》。其居东林时，冯海粟为炼泥，赵松雪为之搬运，和尚自为泥壁。芭蕉之文或即效中峰而为之也。

025　郑庆祜辑《扬州休园志》卷三彭孙遹《晚香词序》云："余谓词虽百家，派惟三种，有以情胜者，如李周秦柳是也；有以气胜者，如苏辛陆刘是也；有以雕镂胜者，如温韦姜史是也。"此较豪放婉约之分殊胜。

026　刘銮《五色瓟》卷五载明宣德以来器用之精者，有欧罗巴画，然则时已贵西洋画矣。卢见曾辑《国朝山左诗钞》卷五十赵念曾《西洋画》云："四海更四海，九州复九州。平生山水意，每欲恣冥搜。奇绝西洋画，瞥见豁双眸。远山横苍翠，原野麦盈畴。泠泠一泓水，咫尺沧江流。嘉树不知名，槎枒丛生稠。树中樵采子，发卷髯亦虬。相去数万里，人物殊不侔。侧闻古里国，古道颇率由。道路相揖让，稍稍教化修。安得穆八骏，驾言远遨游。"

027　陆游《幽居书事》："正欲清言闻客至，偶思小饮报花开。"明清所谓清言正幽人闲居之言也。

028　张潮《心斋聊复集·古世说序》："善清言者莫如晋，临川王以妙笔承之，勒成《世说》一书，其旨远，其辞隽，遂尔脍炙今古。"然以余见，清言实为明、清一代文学之灵秀所钟，以余所阅者，屠隆《娑罗馆清言》、叶镶《散花庵丛语》、张潮《幽梦影》、许友《贫贱快活》诸集，尤赏心者也。

029　明神宗好览《水浒传》，或谓："此天下盗贼萌起之征也。"张献忠起兵，日使人说《水浒》《三国》诸书，其埋伏攻袭咸效之。

030　董其昌喜购佳纸笔，或谓善书者不择纸笔，董曰："此谓无可无不可,下此惟务其可者耳。"成上上境者,常自奉此在下心,故得臻有成也。此论艺可通于治学。

031　明末林之蕃有《雪谱》,盖顺治十三年丙申正月福州忽大雪三尺,为百年未见。因"忆自古明君良相、义士忠臣忧勤惕励,多于雪中见之,而豪杰因以建功,儒者因以修业,贤亲孝子、良友高人每于雪中表芳轨,以垂不朽,诚不负此雪矣"。遂取古十二贤人故事作为《雪谱》。十二人者,周宣王、曾子、羊角哀、苏武、袁安、焦先、陶侃、孙康、朱百年、李愬、韩愈、杨时。此亦善标新立异者也。

032　明陈璸《旅书》"诗文"条历数古来诗文递变之势,谓诗至曲,文至通俗演义,能事尽矣。"后之作者唯有撷前人之菁英,砥流俗之波靡,为古诗文作一功臣而已。故自唐虞三代以迄宋元,诗文代有新制,至于明二百八十余年,文章之士辈起,不能别出体裁,自擅一代之长,岂非能事既尽,虽有才智不能不为之受成,而循其变迁而返于正始,是在于有志学古之君子"。此退化论文学史观,于文体演变最为悲观。至清人则以为文体之变无有穷尽,不可预料也。李家瑞《停云阁诗话》、邱炜萲《五百石洞天挥麈》皆有其说。

033　窦克勤序李来章《礼山园文集》曰:"若礼山之文,语本性情而言归经济,斯为根深枝茂,非与世之徒为绮靡而于理道毫无补益者可同日而语也。"予谓清初人之文学观念可以此"语本性情,言归经济"八字概括之。

034　李来章《礼山园文集序》卷八《西游记别编跋》称黄芦船有《西游记提纲》,高洁(玉如)见之而作别编。又谓:"《西游记》,性命之书也。以性命之微不可以言语曲为诠释,且以言语诠释性命而聋聩者之益多也,于是祖《大易》《南华》之旨,为之假象设譬,如唐僧、行者、八戒、沙僧、白马诸人物如灯之影,如屦之迹,虽非正身,皆有精义可案,故昔人目为奇书,近又有更其名为《性道书》者。然自有此书,而守株刻舟,印定耳目,无异痴人说梦,妄以为真,又不得不庄言之以祛其沉惑。此玉如高先生《别编》之所以复作也。先是吾乡黄芦船有一纲,先生之继作别编,虽所见各殊,同归于正。"此亦足为治小说史者广异闻也。

035　以王朝为文学史分期之依据,今人或病其与文学发展之实际方枘圆凿,不相密附。此诚有之,然予谓王朝概念非空洞符号也,一王朝必具其政治制度、社会性质及文化精神之统一性,足以维系臣民之文化认同与心理皈依,此由易代之际士人对自身身份之选择明白可见也。钱澄之《藏山阁文存》卷三《与汪辰初书》云:"主上以神宗之嫡孙,称号十有六载,天命虽移,人心犹系,虽僻处天隅,实正统所在也。鼠狐聚一日不迁,则正统一日在周;崖门舟一日不覆,则正统一日在宋。"时钱氏年七十余,当康熙二十年,时明祚已绝,而其言及当时情形,意犹拳拳,足见一朝正朔维系人心之力也。

036　中国古代始终未有职业作家,李笠翁亦只可言准职业作家。盖其经济来源非仅藉刻书卖文,常时仍须打秋风也。其《旅况》诗曾述其难堪云:"为我乏生计,累人输俸钱。捧心殊自作,休咏伐檀篇。"然此亦门面语而已,其实彼心中自是心安理得。《粤归寄内》云:"黄金诚有命,壮士复何求?为语机边妇,徒归未足羞。"《答家人问楚游壮否》云:"载满无非月,囊坚不是金。杖头还勾汝,一夕且同斟。"此则打秋风不成而打肿脸充胖子;若稍有沾润,便眉开眼笑,乐不可支。看他《谢江郡守分俸赠舟兼

免关吏诛求之苦》何其感戴："糇粮能几许,堪阻石尤程？地主无
难色,穷途少叹声。情随江水阔,德载故人行。更颂贤关吏,推
乌免暴征。"欣快之余,连带关吏亦恭维一番。

037　钱牧斋之为人,予甚鄙之,然读其诗,诵其文,不能不
服其才之浩无涯际,愚意其文犹胜于诗也。惟暮年与人作序必
道息心空门,拨弃文字之状,而又百计解嘲,刺刺不休,是为可
厌耳。

038　清人书札如《友声集》《赖古堂尺牍》之类,多名士语,
或论学,或言情,吐属风流。而其日常书札极家常者,概不阑入。
读海纳川《冷禅室诗话》,载傅山与子眉一札云:"老人家是甚不
待动,书是两三行,眵如胶矣。倒是那里有唱三倒腔的,和村老
汉都坐在板凳上,听甚么飞龙闹栏,消遣时光倒还使得。姚大哥
说十九日请看唱,割肉二斤,烧饼煮茄,仅足受用。不知真个请
不请。若到跟前无动静,便过红土沟,吃两碗大锅粥也好。"此极
家常书札,如父子对面说话,语气最是生动。于以见当时口语,
竟与今日相去不远。

039　魏世效《屈翁山文外序》:"文章之道曰气曰法曰格,气
之至者,法与格生焉。"气,在乎心者也;法,运乎手者也;格,成乎
文者也。

040　晋陆机作《文赋》,唐司空图作《诗赋》。清会稽董子长
作《画赋》,毛奇龄序之,称"上自庖牺,下逮今兹,穷搜极探,旁及
无象。其按部繁而譬类赜,造言多迁而寄旨斯约,该举咸有,归
于一致"。

041　民国十六年资研社刊《清代名人书札》载李渔一札云："刻下即有远行,将有经年之别,初八日屈过茅舍,一话离惊,兼令侍儿演新剧呈政。薄暮始至,竟为达旦之欢。窘极之秋,五簋亦不能备,蔬蕨之外无他馔也。非果腹而来,恐难免于忍饥之厄。先此奉订。此集唯二三心交也,他友不与,万望密之。弟渔顿首。"此请人吃饭观剧,而先告以无馔肴之备,欲人先果腹而来,是亦见此老之真率也。

042　古今言梦之文学颇多,前人集中纪梦诗文亦所常见。然就个人而言,偶一为之而已。韩程愈《白松楼集略》卷九有《梦严子陵陶靖节》《梦游浮丘》《梦游商园》《梦独游终南》《梦永明莲池二大师》《梦西禅寺出家》诸文,殊罕见。

043　王渔洋《古夫于亭杂录》卷一:"黄山谷云,论文则《文心雕龙》,评史则《史通》,二书不可不观。明王侍郎损仲惟俭,作《雕龙》《史通》二书训故,以此。二训故援据甚博,实二刘之功臣。余访求二十余年始得之,子孙辈所当宝惜。"渔洋藏书后多归黄叔琳,黄叔琳撰《文心雕龙注》及《史通训诂补》,盖以老师夙重之,又适得所藏二书也。惟俭亦能诗,《送霍临渠少府守河州》结云:"羌戎亦赤子,休使塞烟惊。"难得有此胸襟。

044　中国文论之结构理论以一"脉"字尽之。惠周惕《砚溪先生遗稿》卷下《论文十则》有云:"先辈论文既曰法,又曰脉。脉者何?生气也。人有脉而后荣卫有所灌输,地有脉而后山水有所凝结。故会于太渊,循行于十二经络中,而浮沉迟数有定数焉,反是则病脉也。发于昆仑,纵横于五岳四渎间,而起伏断续有变化焉,反是则绝地也。"

045　方苞批沈廷芳文后云：“南宋元明以来，古文义法久不讲。吴越间遗老尤放恣，或杂小说家，或沿翰林旧体，无一雅洁者。古文中不可入语录中语、魏晋六朝人藻丽俳语、汉赋中板重字法、诗歌中隽语、南北史佻巧语。老生所阅，《春秋》三传、管、荀、庄、骚、《国语》、《国策》、《史记》、《汉书》、《三国志》、《五代史》、八家文，贤细观当得其概。”此其艺术宗尚及师承所出也，见《隐拙斋集》卷四十一《方望溪先生传》附记。

046　吾国自宋代始有年谱之作，至明清而极盛，惟女子年谱则不多见。陆继辂《崇百药斋文集》卷二十有《先太孺人年谱》，载其母行事，间及杨伦、赵怀玉、洪亮吉、孙星衍等受学于父事，约撰于嘉庆十四年。

047　汪森《小方壶存稿》卷三《故篚集长短句序》：“词本盛于北宋，然或失之妖艳，或间杂俚语，或出以粗豪。至南宋姜白石始扫除殆尽，称为独绝。”此可与《词综序》合观，其说发自王渔洋《花草蒙拾》。

048　袁枚云辑人零章佚篇如收拾残骸遗骨，最是积德。然古人自家编集，删汰少作唯恐不及，辑佚者复网罗之，岂非如发人隐私，暴人之短？汪琬《钝翁类稿》凡例云：“古人自存诗文，初不论工拙，尝读《居士集》，系六一翁手定，有文不甚工而录者，有文甚工而不录者。今吾从前所作不下五六千篇，所存止此，其他散失虽多，戒勿寻访以求附益。”郑板桥亦诫人勿辑其佚文，谓死后将化厉鬼击其脑，皆可见其志矣。

049　民间画有剪彩贴绒为之者，始于清代乾隆间江苏如皋女子石学仙。学仙为进士为崧女，归诸生沙又文。著有《冰莲绣阁诗钞》。《闺秀正始集》卷十二称"学仙善琴精奕,性巧慧,近世剪彩贴绒为人物花鸟,自学仙始",本自袁枚《随园诗话》补遗卷三。

050　杭州筑镇海楼成,题匾额,梁山舟以乡人不敢以书家自命,敦请王梦楼至杭书之。王馆于其家,日习书三字达数月之久,稿积千余纸,复与梁互相商酌,而后定稿。古人矜慎笔墨如此,虽大家不敢率尔操觚。事见甘熙《白下琐言》卷四。

051　清代工指画者,清初有陶篆,见毛奇龄有《陶篆指头书画引》。李佳《左庵一得初录》谓八旗中乡先辈多工指画,而以高其佩名最著。震钧《天咫偶闻》卷四言李世倬(谷斋)、傅雯(凯亭)、瑛宝(梦禅)所存画迹多为指头画。又有西蜜扬阿,字文晖,满洲正红旗人,工指画,山水苍浑有气势,杂卉尤佳。高其佩后一人而已。瑛宝号问庵,尤精指墨,亦谓高后首屈一指。江苏巡抚庆保工花卉、蝴蝶,亦工指画。朱伦字涵斋,康熙十一年武进士,少年工画,伤右手中指,治愈后指甲独厚而锐,有微凹能容墨,遂以指代笔。与高其佩同时有宣城人刘期侃,亦工指头画,吴湖帆题其《花鸟树石册》,谓出南阜之右,见陈仁涛《金匮藏画评释》卷下。又有福建长汀人上官周,乾隆初布衣,工画时装人物,亦见同书著录。单烺《大嵼嵛山人稿》卷三有《朱赤谷指头画歌》:"一躯缀五官,洒洒动天理。如何假异物,掷去毛锥子。磨墨千铤满一斗,微吟循檐但负手。秋残日淡万籁寂,天地寥廓复何有。墨花忽翻紫海澜,天外巨灵一伸肘。以手蘸墨纵横涂,雷电轰驰蛟龙走。侧身回望三万六千年,不闻有此人,不闻有此事。此事绝端倪,真不可思议。亦闻吾邑高司寇,凭将造化作游戏。妙慧辟鸿蒙,瓣香唯尔寄。独怪突兀泼墨时,使我惶骇魂迷离。数尺冰雪凝绢素,信手一挥翻疑误。不知画水与画石,遥见尔身堕烟雾。尽泄元气掩化工，真宰不诉天应怒。"同书卷四又有《凯头陀指头画鹰》云："曾见且园高氏指头画角鹰，睥睨青冥轩欲去。素练飒飒生霜风，今之此图亦其庶。"时有满洲人傅凯，与郑板桥交最密，亦工指头画，不知即其人否。傅氏有三十二应真像，藏法源寺中，神气飞动，后有摩者，皆不能肖。见法式善《八旗诗话》。诸联《明斋小识》卷四又载苏虚谷（廷煜）、约庵工指头画。彭维新《墨香阁集》卷十有《赠傅苍霖》诗，题下注："作巨幅指头画。"卷九又有《赠指画吴生》。嘉庆时则有李青崖、吴照工其技，见吴照《听雨斋诗集》。又有指头画家罗清，号雪谷，见金武祥《粟香三笔》卷四。

052　今残疾人艺术家有所谓口书，盖以口衔笔而作书画也。清代有人以舌作书作画，见宗室遐龄《醉梦录》卷上。

053　万后贤《贮香小品》卷二"借资"条："美人有文韵，有诗意，有禅机，匪独捧砚拂笺足以助致，即一颦一笑皆可以开畅玄想。彼临去秋波那一转，正今时举业之宗门，能参透者，文无头巾气，诗无学究气，禅亦无香火气。"尤侗以"临去秋波那一转"为题作八股文，盖非但开畅玄想，竟付诸行文矣。

054　古人著述每有梦与相应，自刘勰《文心雕龙》有纪梦之言，顾嗣立选元诗竣，见古衣冠数百人来谢。汪端《明三十家诗选》亦有"记梦"一篇，述梦入古寺殿中，拜见宋濂，因述集中未选宋诗之由。

055　顾诒禄，字禄百，号花桥，又号缓堂。长洲人。乾隆间贡生，工古文骈体文，沈德潜晚年应酬文字多其捉刀。《吹万阁文钞》中骈文甚可讽。清人作骈体文铺张学问，驰骋书卷，能用长而不能用短，缓堂独妙能用短，一气清空，《春日将之都门留别吴中亲友诗引》《送湘潭张岂石之无锡诗引》《自题吹万阁图诗引》《沈怡亭看剑引杯图题词》诸作，饶有唐人小序意。

056　人皆知曹雪芹贫困，然当时雪芹犹有贵公子好客下士之风。郭麐《灵芬馆诗话》卷二载："苏延福啸厓，金陵尚衣公子也，好客下士，有成容若、曹雪芹之风。"郭麐生乾隆、嘉庆间，其言必有据。

057　飞鸿堂藏印，后为柞溪沈淮购得千余方，汰其伪者，作《求是斋印谱》。见宋咸熙《耐冷谭》卷十。

058　彭宝姑字月遗，成都彭县人。平武教谕维植女，守贞不字。著有《妙莲诗萃》，曾撰《续红楼梦》等书，见王增祺《诗缘》正编卷十。人皆知顾太清有续《红楼》之作，不知彭氏已着先鞭矣。同卷载遂宁张问端《阅红楼梦偶和女采芝》云："奇才有意惜风流，真假分明笔自由。色界原空终有尽，情魔不着本无愁。良缘仍恨钗分股，妙谛应教石点头。梦短梦长浑是梦，几人如此读红楼。"据此可知当日《红楼梦》之普及，闺阁中人亦多寓目焉。

059　《湖海诗传》卷二载楼俨尝与杜诏同修《钦定词谱》，辨析体制，考订源流，驳正万树《词律》百余条。又以张綖《诗余图谱》、程明善《啸余谱》及毛先舒《词学全书》率皆谬妄错杂，倚声家无所遵守，因自订《群雅集》一书，以四声二十八调为经，而以词之有宫调者为纬，其无宫调者依时代先后附于其下。朱彝尊序之。盖其体例于古谱中为最善也。惜以卷帙浩繁，无力付梓，至乾隆间已不传于世。

060　秦瀛《小岘山人诗集》卷七有《题徐霞客小像》一首，称："遥遥思其人，风流仅仿佛。何期见斯图，玉貌俨面觌。果是餐霞侣，飘摇有仙骨。"惜未言何人所绘，今亦不知其传于世否。

061　吴昆田（？—1882），原名大田，字云圃，号稼轩。山东清河人。道光十四年顺天乡试举人。历官中书舍人、刑部河南司员外郎，年七十五卒于清河崇实讲舍。从潘德舆游，有名于时。著作毁于兵燹，存者编为《漱六山房全集》。卷六载《朝鲜使者金永爵笔谈记》一卷，于中国人著作中甚少见。

062　张九龄《钱本草》揭孔方兄之本质，尽滑稽之能事，最是犀利，后人多效其体，宁楷《修洁堂集略》卷十六《妇人本草》则咒妇人之毒莫此为甚也。

063　永贞维新中柳宗元、刘禹锡、韩愈之是非，田雯、冯景、王鸣盛皆有公正之论。至于韩愈《顺宗实录》之偏颇，余见以陈祖范《陈司业集·文集》中《记昌黎集后》一文最为明快，吴文治编《韩愈资料汇编》未收。祖范集中诗序最佳，《王次山诗序》先述不乐叙次山诗之意，再述就诗以存次山之意，情深意挚，至为感人。《素风和尚诗集序》先述释子为诗之难，再论释子为诗之不难，议论风发。

064　赵翼《瓯北集》卷九《赠说书紫髯翁》题下注："姓黄，名周士，以说书游公卿间。"此柳敬亭一流人物也。郭麐《樗园消夏录》卷上载当时说书名家，吴江有沈建中，杭州有鸡毛陈六。又言扬州有善说皮五辣子者，至则满座倾倒，然皆操其土音与其地之谚语，他方之人不能通知。皮五辣子至今仍为扬州评话中经典之作。

065　大兴沈道宽诗文书画篆刻琴弈无所不工,《话山草堂遗集》所收,诗钞有《论词绝句》四十二首、《论书绝句》五十二首,杂著中有《六义郛郭》论声律之学,订正赵执信《声调谱》、周春《杜诗双声叠韵谱》二家固陋之处,《操缦易知》论琴法乐理,《八法筌蹄》述书学源流,《六书糠秕》校正《玉篇》《广韵》隶变笔画之讹,审定古今音变而改正反切音注,皆有功于学也。

066　罗振玉影刊《昭代经师手简》皆王怀祖家收藏乾隆间名学者手札,卢文弨一札抬头写卢文弨敬候怀祖老先生近安,下钤朱长方印,文曰"相约从古,但各称名"。

067　自古文价因人因时而异。宋李觏作《新成院记》,得润笔十千钱,释无尽谓"田翁不知价",见吴聿《观林诗话》。黄炳垕《黄梨洲先生年谱》康熙三年载,四月梨洲同吕留良、吴之振至常熟探视病笃之钱牧斋,牧斋曰:"顾盐台求文三篇,润笔千金。使人代草,不合我意,知非兄不可。"即导梨洲入室,反锁其门,梨洲急欲出,二鼓而毕。是牧斋三文千金也。然三文必数千字,尚不到一字一金也。徐文长为胡中丞作《镇海楼记》,胡酬以一字一金,其待遇之厚固逾牧斋矣。梁邦俊《小庢诗话》谓:"汉唐重文字,《长门》一赋寿以千金。皇甫作序,千缣犹少。龙溪郑亮卿琮《放歌行》云:'古人爱才重文藻,金帛区区何足道?谁知此事今不然,万字何能值一钱!纵使掘坟起屈宋,饥肠枯窘难为妍。'有慨乎其言之矣!"此嫌稿费低也,今人尤能体会之。

068　南方多淫祀,闽地尤甚,其最骇人听闻者,为李家瑞《停云阁诗话》所记齐天大圣殿,云:"干宝《搜神志》不可尽稽,亦有《搜神志》所不载者,人神之,则亦既神然矣。闽人信神甚于吴楚,其最骇人闻见者,莫如齐天大圣殿之祀孙悟空。自省会至各郡邑皆盛建祠庙,神猴形虎冠,手执金棒,气象威猛,亦屡著灵异。虽缙绅士类明知为《西游记》之寓言,然奉祀维谨,罔敢亵也。"梁绍壬《两般秋雨庵随笔》卷一又载杭州清泰门外有时迁庙,窃儿多祭之。

069 李调元《雨村诗话》称乾隆中善书者以昌平陈浩为第一,单条尺幅,价等兼金,而今名不甚著。又,同治间四大书家为祁寯藻、许乃普、赵光、陈孚恩,称同治四家。今除祁外,赵、许、陈三家亦无甚知者。

070 姚椿《秋树读书楼遗集序》:"古之人才聚于幕府者为多,而于诗人为尤盛。盖其见闻繁富,阅历广博,凡欣愉忧愤之情,身世家国之故,其于人己晋接,皆足以征性情而抒才藻。"友人戴伟华曾著《唐代幕府与文学》,论唐代文学与幕府之关系甚详。然后世之幕府则关乎文学者微,袁枚《随园诗话》卷十三尝云:"古名士半从幕府出,而今则读书不成,始习幕,此道渐衰。"实则源于文士与幕主关系之变异也。喻文鏊《红蕉山馆文集》卷二《从弟宫声赴江西学幕序》云:"唐世士人初登科,或未仕,多应诸藩府辟置,曰幕职。初亦撰书辞,具马币,其实属也;今之幕则友也。以为属则职卑而其事劳,以为友则体优而其事逸。今之官虽至卑,必命于上,于是自督抚司道至府厅州县,非有如古置幕府得举辟者,莫不延友于廨,相助为理,曰幕友。为之友者必盛有学问闻望,为时所推挹,而大吏之客,赞画之功亦得荐用于朝。近则不必文学之士,皆可以奏技。文学之士往往穷年矻矻,不得一温饱。而习幕者涉猎律文,依附成案,辄平揖公卿,高自标置,主人供张资送必极丰腆,鲜衣美仆,为邻里光。文学之士往往甘于矻矻穷年,明知彼所得优甚,而不以易此,岂不以一经讲肄文法,势且务为刻深而不长厚,惧其濡染成性,非士君子之所乐哉？幕之在学使者不然，学使者位虽甚尊，专主管学事。所谓学事，审所部生员之优劣，童子之去取，而取决于文艺。其幕之友亦当佐之，校所部生员与其童子之文艺，听审定于使者，而优劣去取之。故朝廷所差遣必文学之臣，其友必文学之友。虽其供张资送不足当督抚司道府州县幕十之一二，固往往乐为之。岂不以束发攻诗书，至于罢老，尚幽冥莫知其原，幸相与参检旧学，虽或出于迂愚，而犹得守其素业，不致虑为文法深刻之习之所濡染哉？"据其所云，唐幕府从事为官职，需承担具体事务；清朝幕僚乃宾客身份，与府主谊属友朋，不受职务约束，故得从容为学。是即古今幕僚身份之异也。清末湖南人刘蓉、郭嵩焘入曾国藩幕府，即相约"服劳不辞，惟不乐仕宦，不专任事，不求保举"（见钱基博《近百年湖南学风》第 44 页，岳麓书社 1985 年版），诚有以矣。

071　就影响文学之程度而言，清幕府远逊于唐，然清幕府之于学术则关系甚大。顾清初以修武偃文，封疆大吏多武人，虽不无文士入幕，然幕府文章学术之风尚未开也。必至乾隆以后，朝廷锐意修文，封疆开府者多文臣，如毕沅、朱珪、卢见曾、阮元等幕下广罗文学之士，校刊古籍，编纂丛书，幕府学术遂成风气。金武祥《粟香三笔》卷四载，王昶曾语陶梁云："名士可为而不可为。诸君虽负时名，皆非华国之器。人须青云自致，即一官一邑，亦足自展所长。若终身登王粲之楼，弹冯谖之铗，途穷日暮，恐遭路鬼揶揄。吾子藻彩飞扬，兼饶温厚和平之致，当不以名士终也。"当时陶与钱侗、史赤崖、彭兆荪、郭麐等在王昶三泖渔庄编《金石萃编》《湖海诗传》《湖海文传》等书，郭戏语陶云："我辈是货，卿乃肆中人耳，非货也。"陶应之云："君等货则货耳，非遇肆中人，能售此货耶？余愿作肆中人，不愿作货，亦自知不配作货也。"此亦见当日主客之关系。

072 晚清李长荣《茅洲诗话》卷四载佛山琼花会馆优伶每年身价二千余金，诗人谢里甫遂感叹，"人生读书不若演剧，身入词馆，掌教书院，一年多则千金，少则五百，何尝有至二千之数？"是犹为古风也，今则名优一曲之入，已逾数十万，抵读书人数年薪金矣。

073 明安城刘元卿撰《应谐录》云："沈屯子偕友入市，听打谈者说'杨文广围困柳州城中，内乏粮饷，外阻援兵'，蹙然踊叹不已。友拉之归，日夜念不置，曰：'文广围困至此，何由得解。'以此悒悒成疾。"此俗语所谓"听评书掉泪，替古人担忧"者也。"打谈"之名甚新。

074 清代翻书房某公，满文书法第一，为恭、醇二亲王扇书东坡《前赤壁赋》，满文无干支字，因壬属水，满文谓水为黑，戌为狗，起句遂作"黑狗之秋"。王阅之大怪，顾谓童研薇曰："古来文字从未有黑狗二字起者。"童虽不谙满文，略知谓水为黑，应声曰："当是《前赤壁赋》耳。"见金武祥《粟香二笔》卷三。

075 潘奕隽曾以"臣东邻有女窥臣已三年矣"打一句唐诗，悬赏古铜器若干，月余竟无人敢问津，后为江南一士人射得，盖李白句"总是玉关情"也。谜语有极可笑者，"玉皇神牌"打《毛诗》一句，曰"上帝板板"。"秀才一桌"打《礼记》二句，曰："其数八，其味酸。"咸丰朝因铜钱缺乏，京师尝行钞票，既而价渐低落，至不能值半价，户部犹不罢废，入市购物，无人肯收，遂相率以充婚丧馈礼，谓红白分子。有以此作表，打《毛诗》四句，曰："云不可使，得罪于天子；以云可使，怨及朋友。"

076 清人之文好讲师法格调，至晚清有方濬颐者，年六十以学古文,其文乃由时文出,主时文与古文相通之说,任心直书,故得之甚易,自言为杂文及碑版文字,一年得四百余篇,较之同时为人撰碑版或数年不得成者,实有天渊之别。顾其文实有可观,朱铭盘评其文,每谓其屏弃旧格,自出机杼。观其寿序诸首可见矣。

077　陈用光《太乙舟文集》卷六《方彦闻俪体文序》:"本朝之为俪体文者至众,而讨论之精,则后来者往往轶出前人之上。"盖清代尚学问,作者富于书卷,作骈文自易出前人之域。

078　缪荃孙《常州文录例言》云:"古人总集约有分代分家分类分体之不同。分代主于世运,分家主于流别,分类主于比例,分体主于法度,各擅所长,不可偏废。"此论总集之类型及所长,最言简而意赅。盖世运者,通古今以见朝代之升降也;流别者,罗巨公以见家数之区别也;比例者,列同题以见手眼之高下也;法度者,尽一体以见结构之异同也。

079　诗钟盛于近代,有笼纱、嵌珠两格。笼纱者,取绝不相干之两事,以上下句分咏之,如朱祖谋咏山谷、蠹鱼云:"诗派纵横不羁马,书丛生死可怜虫。"嵌珠者,任取两字,平仄各一,分嵌于第几字。如李岳瑞作臭、珠云:"臭如兰蕙交如水,珠辟尘埃玉辟寒。"大致笼纱易稳而难工,嵌珠难稳而易工。

080　林琴南之译法国小说,庞德之译汉诗,皆天下头号荒唐事。林氏据人口述大意敷衍,庞德则据日本文学研究者费诺罗萨遗稿中汉诗注释笔记,而二者均对新文学思潮之兴起影响至巨。

081 《品花宝鉴》之人物皆有原型，屈道翁为张问陶，侯石翁为袁枚，梅铁庵为铁梅庵，其余亦各有所指，张可中《天籁阁小说》曾言之。此书评近代著译之小说，涉及面颇广，然未见今治小说史者引用。

082 古传奇志怪之书，欲令其事真实可信，必以先设定叙述者之可信资格为叙事策略，或友人亲历，或有功名之士转述，以见述者非妄诞之人。法官傅向荣《儵游浪语》卷中引薛福成《庸庵笔记》所载朱伟度牧东平时验老妇尸，老妇魂附其妻体之奇闻，谓"先生学贯中西，断不肯为附会迷信之言，此事自属实在"，亦其例也。

083 王国维《人间词》得力于《花间》，工小令，又每于抒情中寄寓哲理，如《鹊桥仙》"人间事事不堪凭，但除却无凭两字"，《鹧鸪天》"人间总是堪疑处，唯有兹疑不可疑"，于近代词中别开一境界。此固为人所称道者，余则喜其善作情语，如《蝶恋花》"已恨年华留不住，那知恨里年华去"。《蝶恋花》"最是人间留不住，朱颜辞镜花辞树"。《蝶恋花》"若是春归归合早，余春只搅人怀抱"，皆其佳也。《临江仙》"可怜开谢不同时。漫言花落早，只是叶生迟"，颇有古乐府风。读长沙沙窑瓷器上诗有云："君生我未生，我生君已老。君恨我生迟，我恨君生早（原作老，应为早之误）。"则前人已发此意，惟不如王词蕴藉耳。

084 曾于南京栖霞寺见一联曰"千古英雄浪淘尽，天下名僧山占多"，不觉莞尔，窃谓当作"天下名山僧占多"。后见吴从先《小窗自纪》引曰"天下名山僧僭多"，谓名山高僧方许住得，僭字有趣，谈言微中，惟不知其何所据耳。康发祥《客邠上偶成》又有"多少名山尽占僧"句，亦异曲同工。

085　昔读钱锺书《人·鬼·兽》,有云李太太美而无子,人谓之绝代佳人,为之绝倒。后见王增琪《诗缘樵说拾遗》卷五载谜语,已有用绝代佳人打《左传》一句,即"美而无子"也。是此谑不始于钱锺书矣。

086　罗素访华,屡作讲演,一九二〇年夏在教育部讲演,题为中国走向自由之路,有云:"中国之美术与希腊遗传者不同,道德风俗皆耗几许之心力构合而成,异于西方。华人宜自解决一切,不当求助于外,勿全采西洋之物质文明,勿专守己国之旧文明。中国真改良家,必当如是。"见徐珂《大受堂札记》卷一。

087　舒伯特以德国诗人缪勒诗二十四首为词,谱声乐套曲《冬之旅》,其第十六首曰:"树上的残叶屈指可数/我常望着它们陷入沉思/我凝视着其中的一片/将希望与它联系/每当寒风将它动摇/我的心都不禁颤栗/倘若它一旦飘堕,我的希望就随之消失。"欧·亨利短篇小说《最后一片落叶》即敷衍此意也,构思或得此启发欤?

088　陈廷敬母读杨慎《历代史略词话》而悦之,谓其以一人之声歌隐括全史之事迹,有声韵而无关目,不若人各举其事,人自言其情,写兴亡之踪迹,促古今于须臾,尤为感人之深也,乃改订之。此将弹词改为剧本也,亦闺秀文学之足纪者。惜书未成而亡。

089　日本小说家中,余最爱芥川龙之介,其小说情节甚简,而自具一种神秘感,《秋山图》一篇即其例也。其本事出处,见恽寿平《瓯香馆集》补遗《画跋》之二节内容,芥川润色而周旋之。其小说之阴冷情调最近李贺诗,其本国论者称为"鬼才",良有以也。

090　明治三十年田口卯吉序古城贞吉《支那文学史》,述其大要,有曰"列叙支那文学上下三千年事迹,萃精拔粹,以考核其所以推移消长之理",此谓叙述事实,标举大家杰作,阐明文学演变之因果,文学史之能事毕矣。

091　古人自传文,京都大学川合康三教授撰《中国的自传文学》一书论之,闻先生欲汇集古代自传文,尝举所见若干寄之。后复见应㧑谦《应潜斋先生集》有《无闷先生传》,郑献甫《补学轩文集》卷二有《拟自寿序》,孙燮《愈愚集》卷六有《愈愚子传》。其见于载籍者,尚有曹度自撰《罍耻民传》,见吴骞《拜经楼诗话》卷三;萧德宣自撰《嗤嗤先生传》,见《虫鸟吟》卷十《丙辰春初自撰嗤嗤先生传稿成感赋》。

卷五　典籍丛札

此卷皆记历代书籍版刻、收藏、流传之迹，凡古书聚散分合、真伪考订暨校雠辑佚之什，皆入此卷。

001　古书真伪之考定，有虽细节而确不可易者。如《管子·小称篇》："毛嫱、西施，天下之美人也。"王渔洋《池北偶谈》十九引程良孺《读书考定》谓，"自管子至吴越二百一十三年矣，如果一西施，不应先及"。是《小称篇》不出于管子之手明矣。

002　今本《文选》无夏侯泰初《乐毅论》，周必大题《乐毅论》云欧阳引《文选》所载，今无之。则宋时《文选》已有残缺，今传本与古钞本篇目次序有异，盖非原貌矣。

003　《文选》李善注，一厄于五臣之合并，再厄于尤袤之增删，五臣阑入李注者犹可考，非五臣而阑入李注者无由正也。惟一准乎善注之例，寻流而溯源，庶几可条分而缕析之，张云璈《简松草堂文集》卷八《文选注例说》论善注之例颇核而可据。

004　唐杜兼藏书后题曰："清俸写来手自校，汝曹读之知圣道。坠之鬻之为不孝。"后藏书家印章多镌购书艰难、诚后人勿鬻之语，而其凄厉剀切未有如万斯同者，其藏书印曰："吾存宁可食吾肉，吾亡宁可发吾椁。子子孙孙永无斁，留此直可供饘粥。"

005　瞿蜕园、朱金城《李白集校注》卷三十"诗文补遗"中收《建丑月十五日虎丘山夜宴序》《冬夜裴郎中薛侍御宴序》《郑县刘少府兄宅月夜登台宴集序》三文，实皆独孤及文，见《毗陵集》。此系黄锡圭《李太白年谱》据《四六法海》《古今图书集成·考工典》台部误收，《校注》复承其误也。

006　余昔撰《戴叔伦诗集校注》，《题净居寺》一首唐宋文献无征，列于备考。其词云："玉壶山下云居寺，六百年来选佛场。"据此，诗题应作"题云居寺"。偶见普济《五灯会元》卷十九"径山宗杲禅师"载："圜悟归蜀，师于云居山后古云门旧址，创庵以居，学者云集。（中略）又徙小溪云门庵，后应张丞相魏公浚径山之命，开堂日，僧问：'人天普集，选佛场开。祖令当行，如何举唱？'"据《嘉庆余杭县志》载，杭州径山丛林创于唐法钦禅师，后以弟子崇惠名盛，代宗召见，赐号国一禅师，诏杭州即其所居建径山寺，南宋时为名禅师克勤圜悟所主，僧徒云集，号为宋元间禅林之冠。《嘉庆余杭县志》卷八载明代慎蒙《游径山记》云："考其寺之所由建，则自唐和尚名法钦号国一者，问其师曰：吾欲建选佛场以卓锡，将何归？答以遇径则止。"《五灯会元》卷二道钦传载此事，略有不同，盖历来传闻有异同耳。诗云"六百年来选佛场"，应即用此。自唐以降六百年，正当明洪武年间，则此诗亦明初人诗也。

007　或谓南宋方岳"一帘新雨杏花寒"乃袭戴叔伦"一汀烟雨杏花寒"，非也。戴句实为明人汪广洋诗，见汪广洋《诗集》，今本戴集误窜入也。

008　李肇《国史补》："李益诗名早著,有《征人歌》《早行》篇,好事者画为图障。又有云:'回乐峰前沙似雪,受降城外月如霜。不知何处吹芦管,一夜征人尽望乡。'天下亦唱为乐曲。"《旧唐书》本传本之,作:"每作一篇,为教坊乐人以赂求取,唱为供奉歌词。其《征人歌》《早行篇》,好事者画为屏障。"《新唐书》本传:"每一篇成,乐工争以赂求取之,被声歌,供奉天子。至《征人》《早行》等篇,天下皆施之图绘。"后计有功《唐诗纪事》卷三十、郭若虚《图画见闻志》卷五、尤袤《全唐诗话》卷二、辛文房《唐才子传》卷四全袭其语,以《征人》《早行》为诗篇名。晁公武《郡斋读书志》卷四载:"每作一篇,乐工以赂求取,被声歌供奉天子。《征人》《早行》篇(陈伯海、朱易安编《唐诗书录》所引标点为《征人早行》是),天下皆施之图绘。今集有从军诗五十篇而无此诗,惜其放逸多矣。"沈德潜《重订唐诗别裁集》卷四亦云:"张澍《李尚书诗集序》:《征人》《早行》诗,最推为杰作,今已失传,知其散逸不少。"万曼《唐集叙录》李益集叙录称检《全唐诗》不见其诗。今按:《国史补》所谓《征人歌》《早行》篇,实即集中《送辽阳使还军》一首也,诗云:"征人歌且行,北上辽阳城。二月戎马息,悠悠边草生。青山出塞断,代地入云平。昔者匈奴战,多闻杀汉兵。平生报国愤,日夜角弓鸣。勉君万里去,勿使虏尘惊。"盖首句"且行"讹作早行耳,《文苑英华》则误"歌且"作"欲旦",知自宋代已讹。然《永乐大典》所收王谠《唐语林》尚不误也,作"有征人歌且行一篇",惜周勋初先生《唐语林校证》未取,而据陶珽刊《说郛》本、齐之鸾本、李栻刊《历代小史》改作"有征人歌一篇",失之眉睫。

009　邵懿辰《四库简明目录标注》于司空图《诗品》一卷标注有《夷门广牍》本。或谓《夷门广牍》全编赫然在世,并无《诗品》,而疑其著录不确。案:丛书之刊行,往往随刻随售,若非有序跋明载,传世之本或竟不知其是否为完帙。山东图书馆藏《格致丛书》卷首有胡文焕万历三十七年序,称收书一百四十种,而首都图书馆藏明万历三十一年胡氏刊本《格致丛书》残本七十九册,内《事物纪原》一种,及仓石武四郎《述学斋日记》载于来熏阁得格致丛书本《广雅》,均为《丛书综录》所不著录,即其例也。又有黄秩模辑《逊敏堂诗话三种》,收明徐泰《诗谈》、清蔡泳《诗韵辨》、宋大樽《诗论》,疑即黄氏木活字摆印本《逊敏堂丛书》之零本也,考《中国丛书综录》细目仅有宋书在,盖亦非全帙矣。《夷门广牍》疑邵氏所见之本实有《诗品》其书。

010 《直斋书录解题》分四部书为五十三类,视晁公武《郡斋读书志》为精,其书元代以来不传于世,乾隆间编四库全书,由《永乐大典》中辑出,以聚珍版印行,读者珍之。四库全书校纂此书者为邹炳泰,见所著《午风堂丛谈》。

011 《古学汇刊》第三编下收吴骞等录《阳羡摩崖纪录》有隶书题名"至正六年正月八日会稽杨维桢领客富春吴复□七人来游"三行,在张公洞口左侧。吴按:"铁崖《游张公洞诗》'五月八日记游仙',此正月疑五月记忆之讹。"予谓此石刻当时所镌,诗为日后所刊。只可据石刻订诗集之讹,焉可据刊本疑石刻也。

012 《资治通鉴纲目》五十九卷,宋朱熹撰,南宋乾道八年刊大字本,中国社会科学院文学所藏。每半页八行,行十七字。左右双栏,白口。残存卷三十四一册,四十六、四十七各两册。原非一套,卷三十四为黄麻纸印,为清代著名藏书家黄丕烈旧藏,有"百宋一廛"印。余四册为白麻纸印。书口下方均有刻工姓名,所见有王正、刘兴、魏全、余才、虞金、蔡仲、吴中、蔡宗、共友、刘遂、何文、刘中、赵秀、李元、大亨、江文、亮、涣、智、永、范、徐。

013　辑《全唐诗》者，人皆知始于胡震亨，实则明代前有浙江乌程范汭已辑《全唐诗》千余卷，未竣病卒，年四十四，见《列朝诗集小传》丁集下。而《全唐诗》补遗之作，今存者始于日本市河世宁，至陈尚君而至极。然唐诗辑遗工作由来甚早，见于文献者自清代康熙间秀水徐嘉炎《唐诗辑遗》始，见其《抱经斋诗集》康熙三十八年跋。跋列举所著书十五种，称："诸籍或已成书，或未成书，或方在要终，或尚稽托始，天假我年，尚可藉翰墨以传后人，要亦不敢自必耳。"时《全唐诗》尚未编，其书亦不传。后又有刘钟英辑《全唐诗补遗》十二卷，见孙雄《道咸同光四朝诗史》乙集卷四著录。刘钟英字芷衫，直隶大城人，同治癸酉拔贡。著有《青照草堂诗钞》。其书亦不传。

014　明山阴祁彪佳澹生堂藏书，入清散出，吕留良得三千余册，留良有《得山阴祁氏澹生堂藏书三千余本示大火》诗云："阿翁铭识墨犹新，大担论斤换直银。说与痴儿休笑倒，难寻几世好书人。""宣绫包角藏经笺，不抵当时装订钱。岂是父书渠不惜，只缘参透达摩禅。（祁氏参曹洞宗）"晚近以来，黄裳收祁氏著述及藏书颇多，见其《前尘梦影新录》。

015　读书人皆爱藏书，然书多或不读，更有专以收藏为务者，自亦无可非议。然黄宗羲戒子弟曰："当以书明心，无玩物丧志。"足为学者戒。朱子藏书橱字号铭曰："于穆元圣，继天测灵。出此谟训，惠我光明。永言宝之，匪金厥籯。含英咀实，百世其承。"是亦仅三十二橱而已，徐乾学传是楼藏书多至百二十橱，所谓虽多亦奚为者。

016　清初刻书以江浙为盛，晚清乃移至江西、广东。然至乾隆间广东刻工已较他地为贱，故李绂《穆堂别稿》中与庞副使

书再三商议在广东刻其著述事。金武祥《粟香三笔》卷四云："书
板之多，以江西、广东两省为最。江西刻工在金溪县之许湾，广
东刻工在顺德县之马冈，均以书版多者为富。嫁女常以书版为
奁资。惟字每草率讹误，以锓版半用女工耳。"

017　清朝京师书市先在慈仁寺，王渔洋笔记多记得书于慈
仁寺事。后渐移厂甸，吴蔼《吴学士诗集》卷四有《新年杂咏》有
《游厂肆》一首云："倾城锦绣压成都，九市菁华萃一衢。坊贾夸
人书满屋，山妻谪我米如珠。纷来燕地衣冠谱，谁仿吴兴士女
图。独有慈仁名刹废，日高野鼠绕楹趋。"自注："国初诸老买书
多于慈仁寺，昨过之，榛芜塞径矣。"时为嘉庆十五年，则慈仁寺
市之废在嘉庆之前也。法式善《陶庐杂录》卷一："京师庙市，向
惟慈仁寺、土地庙、药王庙数处。后直郡王建报恩寺，兴市不数
年，王禁锢即止。康熙六十一年勅修故崇国寺成，锡名护国寺，
每月逢七八日，亦如慈仁诸市。南城游人，终尠至也。重建隆福
寺，每月逢九、十日市集，今称之为东西庙，贸易甚盛。慈仁、土
地、药王三市，则无人至矣。若《古夫于亭杂录》候慈仁书摊故
事，久已绝响。惟琉璃厂火神庙正月上旬犹有书市及卖薰花零
玉者。"慈仁寺今名报国寺，犹有古董市存焉。

018　据文昭《紫幢轩诗·松风支集》所收《丁未王正琉璃厂
买灯并国初诸家全集》诗，知雍正五年丁未琉璃厂已有书市。潘
际云《清芬堂集》卷四有《琉璃厂》诗云："细雨无尘驾小车，厂桥
东畔晚行徐。奚童私向舆夫语，莫典春衣又买书。"诗作于嘉庆
十三年戊辰。萧德宣《虫鸟吟》卷三有赴选时所作《琉璃厂》："长
安好春色，争说琉璃厂。百货丛集人声沸，车碾红尘飞十丈。"
"杂陈百戏箫鼓喧，文物辐辏是皇州。"可见其时市肆之隆盛。潘
焕龙《卧园诗话》卷一记道光间京师骨董市，曰："今则东城隆福

寺以九、十日开市,西城护国寺以七、八日开市,所交易者不过金玉锦绣,唯琉璃厂火神庙以正月初三日开市,十八日始撤,颇有古书可购。"然李文藻《南涧集》中《琉璃厂书肆记》所载书肆,至清末已无一存者,李岳瑞《春冰室野乘》尝言之。

019　《永乐大典》至乾隆中存二万二千八百七卷,一万一千九十五册,目录六十卷,已有阙佚。清乾隆三十八年二月,命大学士刘统勋等将大典内散篇纂集成书。总纂翰林编修纪晓岚、刑部郎中陆锡熊(耳山),纂修三十人,郎中孙士毅(补山),吏部主事程晋芳(鱼门),国子监丞侍朝(鲁传),中书舍人张能照(若临)、朱钤(韬六),山东督粮道曹锡宝(容圃),陕西布政司王太岳(介子),进士胡荣(遵才)、吴绍灿(澄野)、程嘉谟(雪坪),征君邵晋涵(二云)、周永年(书仓)、余集(秋室),举人戴震(东原)、杨昌霖(秋厓),浙江教谕张羲年并改授馆职,日于原心亭校纂。旋有旨下各直省采访遗书,先出内府秘籍及臣僚所进,并各督抚采进之书,命词臣纂辑四库全书。于经史子集四部内分别应刻应钞应存目三项,并撰各书提要。续派总裁、总阅、总校、分校等官,悉心校订。至四十七年七月告成。计书三万六千册,缮写四份,特建文渊、文溯(盛京)、文源(圆明园)、文津(热河)四阁庋藏。四十七年七月,又命于扬州大观堂建文汇阁,镇江金山寺文淙阁,杭州圣因寺文澜阁,发帑续缮四库全书各一部安贮,俾江浙士子得以就近观摩誊录。

020　罗振玉影刊《昭代经师手简二编》皆王引之收藏乾隆间名学者手札,汪喜孙一札向引之进刻书寿世之法,曰:"若刷印廿本,一付陈石甫交与吴门书市,与日本书舫易群经治要诸书,一付琉璃厂书坊,听其易高丽书史,一上之阮督部藏之。匡庐、西湖、焦山三书藏,督部所置也。一贻衍圣公府,一藏徽州(托胡

竹村)、苏州(托陈石甫)紫阳书院,江宁钟山书院(托温太史葆
淳),一藏天一阁,一藏家庙,仿欧阳文忠集之例,板留数百年。
其余寄广东洋舶、江浙书肆,定以善价,易书数十百种。此千万
世之长策也。"

021 仿宋体铅字为钱塘丁三在所创,即"八千卷楼"丁氏。
时欲刊尊人修甫遗稿《小槐簃吟稿》,以世行铅字平庸无古致,乃
创仿宋体活字,初拟木刻,以工费甚贵,乃改用铅刻。其创制手
续述于《考工八咏》。其铅字后让于上海中华书局,印行聚珍仿
宋字诗文集,风行一时。

022 丘南藏板本《尧峰文钞》扉页有牌记云:"本坊精选新
旧足册好板书籍,倘有残篇短缺,认明兴贤堂书铺唐少村无误。"
此即当时印书广告语也。

023《清史稿》卷七《圣祖本纪》二康熙三十八年:"十一月乙
巳,上谒陵。壬辰,以马齐、佛伦、熊赐履、张英为大学士,陈廷敬
为吏部尚书,李振裕为户部尚书,杜臻为礼部尚书,马尔汉、范承
勋为兵部尚书,王士禛为刑部尚书。壬寅,命满汉给事中各四员
侍班。"考陈垣《二十史朔闰表》,是月乙未朔,月内无壬辰日。
《清圣祖实录》卷一百九十六、《渔洋山人自撰年谱》卷下,载此事
均作初五日,则壬辰应为己亥之误。盖壬寅乃八日也。乙巳亦
为乙未之误,乙巳则十一日耳。

024 上海古籍出版社版《归庄集》收历来版本序跋颇备,而
遗漏陈玉璂康熙十一年壬子一序,文载《学文堂文集》序十,应补
入。序记二人交往及论归庄诗文皆有可取。又《结邻集》卷十三
收庄崇祯十六年癸未《与翁季霖》一书,亦集中失收。书言五月

出留滞江北,九月归昆山,可补年谱之阙。钱谦益《初学集》卷四十有《归文休七十序》:"崇祯十六年,文休年七十,以除夜为悬弧之旦,其子继登、庄,将具椒盘岁酒,遍召亲知,欢饮上寿,而请余为宴序。"周茂源《鹤静堂集》卷十有《酬归元恭赠别之作次原韵》次于《戊申元旦》之前,为丁未年作,康熙六年也。诗云:"送尔片帆南浦外,荻花枫叶任孤吟。"时为秋间。侯玄汸《月蝉笔露》卷上载:"辛亥秋,予从金陵还,恒轩问曰:'谒孝陵有诗乎?'曰:'有。'请观之,曰:'无。'恒轩曰:'何居,愿闻其指。'应之曰:'吾不得复效公等拾冬青余唾,将徐为之耳。陵殿岿然,中奉高皇帝后神牌,帷幄深严,陈设具备。予率子侄于槛外行四拜礼,乃趋明楼,履声如行钟鼓上,叩头于宝城之下,瞻览四围,垣墙尚固,松柏新栽,郁葱交映。出繇神道,遍视石人兽,或立或仆,仰读神功圣德之碑,亭犹壮观也。予己丑冬过此,兵骑充斥,伐树撤屋,如不崇朝,不意犹见今日也。为之喜幸,旋忆先银台为吏部郎,当甲戌、丙子间,春秋上陵,金门以入,至于殿陛,则其剑佩趋跄之地也。神楼之上,则中官所呵护,从臣所不敢入也。予今至此,却望拭泪,堕马几殆。予作是诗,将欲颂美新朝之盛德,是列祖之心,亦遗臣之职也。故徐徐耳。'出箧中所折柏枝验之,相与叹息而别。"据《归庄集》卷三《虞山先哲图序》末云辛亥十一月寅嘉定,则晤侯记原即其时也,可补年谱之缺。莫友芝《郘亭书画经眼录》卷三著录《倪云林江南春画卷》,有归庄题云:"倪云林先生《江南春》二词,文衡山先生为绘图,吴中名彦皆返和之,文、沈乃至三和,词章书画,并妙一时。诚珍玩也。据诸跋识,此卷初属袁氏,后曾属之亡友许茂勋,今为翁子季霖购得之。丙午冬,余至山中,季霖出以相示,照强余和,辄不自揣,效颦二首,殊不免珠玉在前之愧耳。麋鳌矩山人归庄题。"此亦为文集、年谱失载。

025 张潮辑刊《友声集》，收同人书札甚富，如孔尚任、王渔洋、邓孝威、杜于皇数札均为集外逸篇，甚可宝也。批《金瓶梅》之张竹坡，除《幽梦影》评语外，世不传其文字，此编载其数札，亦吉光片羽，弥足珍贵。其书札往来所述，皆为《昭代丛书》《檀几丛书》二书之辑刊，保存当时出版、印刷资料极为丰富。其书随到随刻，以次编年，然今传北图藏本前后十集，封面序跋皆亡，不明其刊刻年月。余三复其书，得悉其各卷起迄年月，姑记于此，俾读是书者有所参核焉。甲集起康熙十九年至二十二年间，乙集约康熙二十三年至二十七年间，丙集约康熙二十八年至三十年间，丁集止于康熙三十年秋，戊集康熙三十年秋至三十二年夏，己集康熙三十二年夏至三十三年底，庚集康熙三十四年春至冬，辛集为康熙三十五年春至冬，壬集为康熙三十六年春至冬。

026 和松庵存札一卷，宋荦辑存之友朋书札，裱本折页，有"荦""牧仲"印，北京国家图书馆藏。收札计昆山顾炎武一通、吴江钮琇一通、宜兴陈维崧三通、新城王士禛三通、安丘曹贞吉二通、常熟冯行贞一通、上元纪映钟一通、吴江计东一通、张嘉胤二通、广济张仁熙二通，后有张仁熙跋。按：此集所收诸札，多各家佚文，仅计东书见于《改亭文集》。顾炎武札云："久未奉为歉，嘉兴李分虎年翁，乃武曾之胞弟，今日之云间二陆也。特为介与见话，执事惟赐接见幸甚。弟炎武顿首。"张仁熙（1610—1693），字长人，湖北广济人。诸生，有文名，与刘醇骥结五经社于里中。幕府交辟，坚不起。卒，乡人私谥介节先生。有《藕湾诗文钞》《藕湾诗集》。事迹见金德嘉《居业斋文稿》卷十《介节先生传》。同书卷二《张长人文集序》云："壬戌余会试京师，则大司成新城王公、比部郎商丘宋公、詹事黄冈王公相见辄劳问张长人起居。"是张仁熙交宋荦之证也。湖南省图书馆亦藏有宋荦金抄本一卷，有张仁熙题识，殆据此本录副者。

027　芥子园所刻书，黄强《李渔研究·芥子园新探》考得二十六种，余所见尚有乾隆四十九年刊明余邵鱼《新刊史纲总会列国志传》十九卷，中国社会科学院文学所藏。又曾于潘家园地摊见崇祯间芥子园刊本《周礼正义》残本一函，以索值过昂而未取。据黄强考，芥子园建于康熙七年，然则此又一芥子园乎？

028　上海古籍出版社一九七八年版《清诗话》上册第一三四页张实居语：“宋文公谓学诗当从韦柳入门，愚谓不尽然。”宋文公当为朱文公之误，即朱熹也，语出《朱子语类》，原作“学诗须从陶、柳门庭入”。或作宋代文公解亦通，然三字不得通标人名号矣。

029　清版佳椠之美，黄裳先生著有专书论列。予浏览所经眼清集版刻之精美者，亦足举数种。

　　○姚培谦《松桂读书堂集》，乾隆五年刊本，板幅小而天地宽大，疏朗豁目。京都大学文学部图书馆藏永清朱玖聘旧藏本，系初印之本，墨色极光鲜。

　　○蔡世远《二希堂文集》，雍正刊本。

　　○伊秉绶《留春草堂诗集》，光绪二十三年无锡邓元鏸翻刻本，刻工极细，疏雅有致，为晚清刻本中精品。

　　○秦恩复《石研斋集》，嘉庆初扬州家刊本。小板窄行，有古拙之风。《小匏庵诗话》卷五：“江都秦敦甫恩复，乾隆丁未进士，官翰林院编修，精校勘，延顾千里于家，共相商榷，多搜古本刊之，号为秦板。后半毁于火。”

　　○王又曾《旭华堂文集》，乾隆十六年山西刊本，白口无鱼尾。

　　○陈祖范《陈司业集》，乾隆二十九年日华堂刊本，《经咫》《掌录》《文集》有御批，用盘龙印形朱印，共五则，盘龙图案微有不同,视文字多少而定。

　　○《据梧诗集》,武进管槲著。管槲字青村,为宋荦所选《江左十五子诗》作者之一。此集刻于康熙末或雍正初,字体为康熙中吴下刻书风格,而字略小,是以有雍正之风。有"诗龛鉴藏""诗龛居士存素堂图书印""存素堂珍藏""时帆鉴赏""梧门所珍",又有"张□藏书""培经堂印""梦生庵主人茂南氏过眼书画之章""老茂最得意之物",今归京都大学文学部图书馆。

　　030　清人集中有词不能成卷而杂于诗中者,如中国社科院文学所藏黎景义《二丸居集》抄本卷三收《水调歌头·咏史》《风流子·即事》二阕,沈荃《一砚斋集》载《均台杂稿》附钞《大江东去》《满江红》各一首,王宓草诗稿中附录有《卜算子·送别》、曹寅《摸鱼儿·渔湾留宿》,见郭麐《樗园销夏录》。周茂源《鹤静堂集》卷十四收诗余三十三首,王戬《突星阁诗钞》卷七收《卜算子》、卷十收《摸鱼儿》各一首,郑梁《寒村全集》《高州诗集》卷下收《山花子》《如梦令》各二首,《浣溪沙》一首,余缙《大观文集》卷十一收词二十一首。文学所藏何承燕《春巢诗选》抄本后附《春巢词选》,李铸《次青小阁诗集》卷下收《玉楼春》二首、《渔家傲》《江城子》各一首,周元镛《石榴花馆附稿》收《蝶恋花》一首,宋顾乐《愿学集》收《忆江南》《长相思》《浣溪纱》《菩萨蛮》诸词,蔡和霁《餐霞仙馆诗词稿》收《长相思》《浪淘沙》各二首,兀鲁特·锡缜《复复轩随笔》卷二收其词,《曹逸园先生诗稿》收《卖花声》《凤凰台上忆吹箫》《浪淘沙》《如梦令》,章鋆《望云馆诗稿》有《浪淘沙》《西江月》是也。方薰《山静居诗话》载冯法唐《浣溪纱·今年》《踏莎行·蝶》二词及《闺怨》句,数首。李兆元《十二笔舫杂录》载胡枫舲、汪应培词,吕善报《六红诗话》卷三载何鼎《惜分飞》、张玉谷《雏女撷芳》,林昌彝《海天琴思续录》卷四载许赓皞《萝月词》多首。

031《吾炙集》一卷,钱谦益辑,光绪三十三年张兰思南诚草堂排印本。钱谦益晚年辑此编,专收同时人之作。时值鼎革之初,遗民每寄故国之戚于诗咏,牧斋网罗于集中,又秘不示人,仅传钞于亲族、门生之家,故世颇珍视之。光绪十七年辛卯赵藩于周季贶斋头见钞本一册,凡四十七页,收诗二百四十五首,因录副存之,后至四川成都,值唐鸿学刊怡兰堂丛书,遂付之刊于其中,世乃有通行之本。今四川省图书馆藏有唐氏怡兰堂抄本一册,或即其底本。南诚草堂排印本,作者二十一人,其中钱曾十二首,黄翼二首,邓汉仪六首,龚鼎孳二首,沈祖孝一首,庐山光熊一首,西江半衲澄之六首,唐允甲二首,赵嶷一首,王天佑一首,旧京孤臣一是一首,吴时德七首,僧幻光六十八首,胡澂三首,梅磊一首,杜绍觊二首,张项印三首,黄师正四首,王潢六首,何云八首,许友九十九首。其中西江半衲即僧幻光,故实际作者为二十人。光绪三十三年丁未,南诚居士张兰思以王应奎传钞本合丁丙蘜藏原属《吾炙集》中王应奎钞本许有介诗,并校以李敬与所藏叶树廉照牧斋所录原钞本,以活字印行。附录康熙二十七年戊辰七月廿四日王应奎跋云:“是书编次先后,诸本微有不同,而许有介诗亦有不编入者,盖为牧翁未成之书也。余此本从钱遵王家借钞,而许诗则又得之亡友侯秉衡者。适见曹彬侯处有冯定远手录本,而点阅则出自牧翁,甚为可玩。余因借归临之,凡一日而毕。时馆太原含芳斋。”此本所收诗人与赵藩本同,惟赵疑作赵嶷,杜绍觊作杜绍凯。王应奎《海虞诗苑》卷四钱曾小传言“宗伯晚年撰《吾炙集》,以君《宿破山寺》诗为压卷,并书其后”云云,即据此本为言。关于王应奎钞得之《吾炙集》,《柳南文钞》卷一《洞庭吴不官诗集序》曾言及:“前明三百年间以诗名者,蔡九逵、葛震甫而外,辄推吴不官先生。吾邑钱宗伯尝叙其集,称许甚至。而宗伯《吾炙集》之选,颇极矜慎,虽当时雄长词坛者不敢望片字采获。独于先生诗选至数首。(中略)今岁乙卯,晋友介友篆书,渡湖访余,将求钱宗伯所选诸作入之集中(按指吴不官诗集)。"乙卯为康熙十四年,然则王应奎借钱遵王藏本钞录尚在康熙十四年前也。后王应奎《柳南随笔》卷五载所抄《吾炙集》之内容云:"钱宗伯《吾炙集》,所采皆名章秀句,可入团扇屏风者。集无卷帙次第,总计仅二十一人,为钱后人曾遵王、东海何云士龙、太仓黄翼圣子羽、南阳邓汉仪孝威、合肥龚鼎孳孝升、勾吴沈祖孝雪樵、庐山光熊幻住、宣城唐允甲祖命、梅磊杓司、庐陵赵蕤国子、秦人王天佑平格、旧京孤臣一是、橘社吴时德不官、瓮城宗人饮光、旧京胡潋静夫、楚江杜绍凯苍略、江上张项印大玉、建昌王师正帅先、旧京王潢元倬、西江半衲澄之、侯官许友有介。此选疑为公未成之书。按:公尺牍中,与黄庭表与坚云:往从行卷中得见新篇,珠光玉气,涌现于行墨之间,辄为采录,收入《吾炙集》中。时人或未之许,久而咸以为知言也。今《吾炙集》具在,并无庭表诗。又《渔洋诗话》云:顺治辛丑,方爰山文自虞山过广陵,言牧斋近撰《吾炙集》,载阮亭诗数篇。今集中亦并无王诗,未知何故。"此所载作者与今传本悉同,知王应奎日后无所增补。然疑窦既启,后人益加推考,遂皆信此本非完帙。徐剑心跋云:"《吾炙集》非完帙也。王渔洋《古夫于亭杂录》称以诗贽虞山时年二十有八,其诗皆丙申年少作也,先生欣然为序之,又采入所纂《吾炙集》。余尝有诗云:'白首文章老巨公,未遗许友八闽风。如何百代论骚雅,也许怜才到阿蒙。'今集中无渔洋诗,证一;陈确庵诗钞有钱梅仙五十赠言诗云:'著述谁宗匠,虞山有巨公。登龙声气合,斟雉本源同。考牒知昭谏,题辞重太冲。尚传《吾炙》句,一日满江东。'自注:'梅仙与虞山同系武肃,虞山序其诗,手书其警句入《吾炙》编,寄示京师各家。'今集中无梅仙诗,证二。《鲒埼亭集外编·周征君墓幢铭》:鄞山先生周姓,讳容,字茂三,浙之宁波府鄞县人也。少即工诗,常熟钱侍郎牧斋称之,谓如独鸟呼春,九钟鸣霜,所见诗人无及之者,录其诗于《吾炙集》。今集中无郧山诗，证三。《柳南随笔》载牧斋尺牍，与黄庭表与坚云：'往从行卷中得见新篇，珠光玉气，涌现于行墨之间，辄为采录，收入《吾炙集》中。时人或未之许，久而咸以为知言也。'今集中无庭表诗，证四。"然而徐氏经对勘诸本，断定"其所采撷率皆板荡之余音，黍离之变调。盖遗民故老怆怀旧国，其零篇剩墨，可歌可泣，令人流连咏叹，凭吊歔欷而不能自已。然则集中无渔洋、梅仙、郧山、庭表诗，毋乃与虞山选诗之旨不合，故始取之而终舍之欤？而柳南此本又安知其非实为完帙欤？"按：中国社会科学院文学所藏张进钞本《吾炙集》，有康熙五十五年丙申三月"老潜馆客"跋云："康熙戊辰秋，从冯丈补之借得此《吾炙集》第一卷，约以阅五日即还。属余以积雨留汪氏延古轩不归，亡妻太原孺人手自钞之。比予归，则已届五日之期矣。太原迎予，谓吾辍针纫为君传得此书矣，勿失信于长者。今去戊辰已将三十年，太原之亡亦十二年，灯下展视，百感交集，识此，使寿余他日见之，知手泽杯棬所存，永永珍惜也。"又雍正元年张氏跋云："右《吾炙集》一册，乃是牧翁所选同时人及门下士诗，大略欲续《列朝诗》之意。雍正癸卯重阳，假馆过义门书塾，见此书于乱纸中。敬读吾师后跋，知是师母王孺人手钞，字画端楷秀劲，颇效虞山冯氏书法。因向小山二世叔借归，展玩累日，即于灯下传钞，其圈点亦皆仍之。潦草涂抹，他日尚当以正书重录。九月十三日夜石湖张进书于月吟楼。"据此，是卷乃传录自何焯夫人王氏钞本，老潜馆客即何义门别号也。冯补之名行贤，冯班长子，事迹见《海虞诗苑》卷八。其藏本不知是否即王应奎所称冯班手录本，其借书时间则与王应奎同为康熙二十七年戊辰秋。而何义门跋称，其所借仅为《吾炙集》第一卷，则今传本非完帙可知，后人种种猜测不攻自破。其实《牧斋有学集》卷十九《题交芦言怨集》已云："余年来采诗撰《吾炙集》，盖兴起于遵王之诗，所至采掇，不能盈帙。然所采者多偃蹇幽仄、幺弦孤兴之作，而世之通人大匠掉鞅词坛者顾不与焉。……于时才笔之士，不免侧目。余自此专翻内典，不复论诗，此集遂辍简矣。"其为未完之书亦明矣。顾集外所逸，除徐跋所举诸证外，《牧斋有学集》卷二十一《大育头陀诗序》："余采其诗数章列《吾炙集》，每为人诵之。"卷二十二《送方尔止序》云："窃怪丧乱以来，诗垒日盛，隋珠昆玉，所在抵鹊。独于尔止诗，目开心折，以谓得少陵之风骨。深知其阡陌者，一人而已。点定《涂山诗》一卷，贮《吾炙集》中。"则僧大育、方文诗亦曾收入集中，而今传本无之。又方文《嵞山续集》卷三《石塔寺怀僧介立》云："独有江行草，虞山为尔传。"自注："牧斋先生《吾炙集》选介立《江行草》数十首，极推之。"方文曾见《吾炙集》，王渔洋得知己诗入选《吾炙集》，即康熙二年方文于访虞山后至扬州为其祝三十寿辰时所告，故乃有徐跋所举"也许怜才到阿蒙"之诗也。然则方文言《吾炙集》中收释介立诗数十首，亦必可信也。如此则现知《吾炙集》所选者已有二十七人。郭柏苍《全闽明诗传》卷四十八许友小传引林正青钞本《瓣香堂诗话》云："瓯香（许友号）以贵公子负重名，虞山钱牧斋最赏之，收入《吾炙集》。然予未见是集也。乾隆丙寅秋，在广陵梅花书屋纂修《盐法志》，得与吴门何子未同事，箧中有钞本，因借观。虞山赠诗云：'世乱才难尽，吾衰论自公。'又云：'数篇重咀嚼，不愧老夫知。'其奖借者至矣。子未又云此集未曾刻，殊可贵重。内收录共二十六人，人各数首，独有介采百余篇焉。"若照王应奎传钞本释幻光与西江半衲钱澄之算两人，则合集外七人共得二十七人，亦与诗话所言不合。取张进传钞本与南祴草堂本对读，差异颇大。首先，张本后有《古今雁字诗》，注："《吾炙集》之余。"收袁宏道、袁中道、顾起元、俞安期、唐时升、释智舷、马洪业七人二十五首诗，不详是否原本所有。其次，张本编次较近南祴所校叶树廉本，南祴本皖释幻光诗分列两处，而无西江半衲澄之名所录《己亥七夕十首之二》《呈虞山夫子四首之二》《咏史诗三十六首之二》诸题。胡澂诗亦分两处。再次，南祴本《题画三首》，张本仅一首（淡着吾庐烟树中），其一（茅柴沽向远村前）作《农臣笺》第四首，其三（老我闲人短棹双）单独为《题画》一首。复次，张本《送郑一作客》，南祴本作《题画》，张本《题画》南祴本作《暮春村居》，张本《暮春村居》南祴本作《送郑一作客》，则属张本传钞之误也。又，吴时德《雁字二首》《新柳》，何云龙《丁亥元日》（重出）、《留别小既张凤》别列于后，下注："义门先生批删。"殆因义门删而附于后也。《丁亥元日》下又将牧斋"以旧历为辜负，正是新人矣"一句评误作义门语。是皆应据南祴本厘正者也。然则张进钞本亦非善本，惟其中除何义门批外，尚有张进按语及名美、名杰者朱、墨批校，当为张进后递藏者，可为校勘之助也。义门批语不多，录于此。

〇钱曾《秋夜宿破山寺绝句》之四：界字正与下句山河相应，补之议之，非也。凡古书正当增损剪裁而后入用，作志皆然。

〇黄翼《渝城度岁》：花明无月夜，声急正秋天，唐人赋荻花句也。

〇袁宏道《雁字》之一：首联不见雁。

〇唐时升《雁字》之四：塞字出韵。

032　方象瑛《健松斋集》卷二十四《答邓孝威见赠和原韵》末云："应题诗品应千古，墨渖还看落纸飞。"自注："孝威方选《诗观》三集，题曰慎墨堂诗品。"尝见书目著录有康熙刊本《慎墨堂名家诗品》，王士禛撰，邓汉仪论次，未详何谓，殆即《诗观》三集中王士禛诗零本也。

033　王渔洋词集名《衍波词》，后有仁和闺秀孙秀芬，词集亦名《衍波词》。

034 高凤翰存诗二千余首,屡经编订,经乱多散佚,马述祯主编《高凤翰诗集》只存四百首,余读《国朝山左诗钞》,卷五十四收西园诗八十七首,按原集编排。《湖海集》收《三月九日李圣木先生招饮见可园赏藤花》、《传神歌赠金殿衡》、《溪桥》、《题五岳横秋图赠朱仑仲》、《夜泛大明湖》其三"孤台郁起水云间"、《雨后坐枣花香墅题画》、《题赵根矩种菜图》、《题香城图》、《客山南雪后河上作》、《琅琊台看日出》,《鸿雪集》所收《喜王虑草先生见过寓舍水阁为作画卷》、《赋得雁字应制府尹公试》四首、《客徐中丞署过小沧浪亭感旧作》、《官津感事》、《登北固山木末楼作》、《焦山》、《丁巳被劾去官寓居泰州题壁》四首、《燕子》、《绣球》、《题禹鸿胪摹赵松雪鹊华秋色卷子后》、《邓尉山看梅绝句》其一"轻烟薄雾雨初收"、其三"太湖湖上梅花新"、其四"十里雪香双屐白"、《丈夫行题雅雨公出塞图》、《郑板桥画兰陈溉夫画松南阜山人题诗》,《归云集》所收《寄淮扬诸同学》其二"平山烟月旧同游"、其三"刚得生还问草莱"、《小诗寄法镜野乞枫栽》、《寄怀马嶰谷家凤冈》六首、《读出塞集尤爱其生祭蒋萝村一篇沉郁顿挫有放翁学杜之妙特赋一首》、《余君亮采杭人也侨寓济南者有年丙寅正月过余村斋偶谈西湖名胜余亦有一日之游因成杂忆十首即日却寄》八首其一"涌金门外越王城"、其二"锦裘玉马照杭都"、其六"裙腰茸茸踏青娥"、其八"钱王湖上好勾留"、《张太守枉过日话间及淮上边颐公维祺德州卢公子挚之谦并余旧好许其来郡日遣之过我寄诗再订》、《元日祀渔洋先师像毕忽见绕屋梅花有欲放者怅然有作》诸诗,皆不见于集中,可据补入。葛金烺《爱日吟庐书画录》卷四著录王肇基《一犁春雨图册》有乾隆四年十月高凤翰题诗,亦集中所逸,并可补入。

035 朱文藻(1735—1808),字映漘,号朗斋,一号松巢。浙江仁和人。贡生,精文史金石之学,馆汪氏振绮堂校书。乾隆间曾为王杰聘佐校四库全书。阮元辑《两浙𬨎轩录》、王昶辑《金石萃编》，均得其襄助。事迹见黄燮清《倚晴楼诗续集》卷二《悼亡友诗》。朗斋著书多而不传，仅《朗斋遗集》二卷刊入《东里两先生诗》中。瞿世瑛《清吟阁书目》著录朗斋著述甚夥，录之以备考证：

〇济宁金石序目一册，朱朗斋、黄小松手录

〇五代史纪事一册，朱朗斋手录稿

〇明诗综补遗一册，同

〇明诗综姓氏韵编二册，同

〇武林耆旧集姓氏韵编二册，同

〇碧溪草堂小志一册，朱朗斋手钞

〇碑录一册，朱朗斋手辑

〇古砖砚图一册，同

〇大藏圣教解题十六册，朱文藻

〇宋史艺文志十四本，朱文藻

〇金箔考一册，朱朗斋稿本

〇郎官石柱题名考附考诸碑墓铭例、碑文避讳、唐宋衔爵、事物缘起、后蜀石经考五册，朱朗斋稿本

〇宋元通鉴译改人地官名录一册，朱朗斋稿本

〇康山草堂小志附邗江寓公录一册，同

〇皋亭小志一册，同

〇朱朗斋文集稿本一册，朱文藻

〇武林旧闻稿本二册，朱文藻

〇春明日钞稿本二册，朱文藻

〇又《屈万里先生文存》第三册《载书播迁记》附录《山东省立图书馆第一次运往曲阜金石典籍书画目录》有朱文藻《说文系传考异》稿本不分卷一册，王筠手校。

036　浦起龙著述散佚,《酿蜜集》存作品寥寥,尚可补者顾龙振《诗法指南》首载一序、田同之《砚思集》卷首一序耳。

037　舒位致陈文述一书,见《颐道堂文钞》卷一《书海运议后》附录,不知《瓶水斋杂俎》及尺牍中已收否。

038　西北大学图书馆藏《杞菊诗话》抄本一帙,不著撰人,所用笺为杞菊轩制,版心下有"杞菊轩钞本"字样,当为郑方坤家物。郑方坤字则厚,号荔乡。福建建安人。雍正元年进士。历任邯郸知县、河间同知、登州知府。有《蔗尾诗集》《国朝诗钞小传》《全闽诗话》等。杞菊轩为其斋名。所删订《五代诗话》十卷即乾隆十九年杞菊轩刊本。予初见其书,以为郑方坤《全闽诗话》外别一稿本,颇欣喜,细观之乃杭世骏《榕城诗话》抄本也,卷首书名"杞菊"二字有涂改痕迹,当出于书贾之手,欲充名家稿本欺世者。同函《杞菊杂记》系辑录前人应用文佳作,似备自读者,书名亦为后加。

039　中国社会科学院文学所藏吴镇《松花庵全集》末有"乾隆三年岁次庚戌蒲月狄道后学等重梓"一行,乾隆二字为笔书,三字亦有添改之迹。考乾隆三年岁次戊午,是为书贾挖补无疑。全集附有作者传略,当为嘉庆后刊。嘉庆后岁次庚戌者为道光三十年、宣统二年,观所挖改处仅二字之位,应为宣统二年,盖挖改年号,复于二字添笔成三也,然与干支不合,作伪之迹亦太显矣。

040　尝于立命馆大学文学部见书皮题《诗话碎金》旧钞本一部,署"江都焦理堂订稿"。焦循传记著录有诗话一卷,今不传,予初见此书,以为即理堂诗话,兴奋异常,阅不数页却觉文字

眼熟，颇似出《随园诗话》，取架上袁书比勘之，果系子才诗话之
摘抄，自卷一迄补遗卷十"德清蔡石公先生回试"一条。间有眉
批，皆文字训诂，似读书随手所施。后附司空图《二十四诗品》一
卷，亦有训诂若干条，应为该书最早之注释。末录《古诗十九首》
至隋无名氏《送别诗》（杨柳青青满地垂），似由《古诗源》抄出。
观全书似为摘抄读本，因匆匆不能细案，作《东瀛读书记》，疑为
焦循所抄，后人以有其批注，遂题为理堂订稿。经立命馆大学芳
村弘道教授覆验，实清末抄本耳。予后阅焦循《雕菰楼集》卷十
五《刻诗品序》，知焦循于嘉庆四年以先公所示《诗品》付梓，此本
殆据以传钞，故题理堂订稿。

041　清高要彭辂诗集名《诗义堂集》，其子泰来诗集名《诗
义堂后集》，二集同刊，是亦古人集中罕觏者。今人不知，或将二
书同著录为彭泰来撰。

042　韩应陛读有用书斋，钱熙祚守山阁，均为清中叶藏书
名家，后钱女润文归应陛子德均，乃刻一藏书章曰："松江读有用
书斋金山守山阁两后人韩德均钱润文夫妇之印"，台湾"中央图
书馆"藏宋刊本《大易粹言》《后汉书》《新编古今事文类聚》，北京
师范大学图书馆藏康熙刊本《附释文互注礼部韵略》均钤有此
印，《礼部韵略》及抄本《五大洲各国度考》尚有"甲子丙寅韩德均
钱润文夫妇两度携书避难记"一印。藏书印夫妇名同刻者尚见
"铁夫墨琴夫妇印记"，为长洲王芑孙夫妇所钤，见于苏州图书馆
所藏王芑孙批校《论语集解义疏》。"徐乃昌马韵芬夫妇印"，黄
裳藏乾隆刊本《琢春词》、嘉庆刊本《生香馆诗》、道光刊本《安陆
集》均钤之，见《清代版刻一隅》。贵阳（贵筑）黄国瑾得书钤"黄
公同妇傅鬈鉴定"小印，见《道咸同光四朝诗史》乙集卷四诸可宝
《上巳日哭贵筑公子黄二编修国瑾四首》注。仁和江标夫妇得书

钤"江标汪鸣琼夫妇同买藏书记",见严宝善《贩书经眼录》卷一。
又有"元和江标钱塘汪鸣琼夫妇同观书画记",见叶恭绰《遐庵清
秘录》卷一。刘明阳夫妇藏书钤"刘明阳王静宜夫妇读书之印",
见北京师范大学图书馆藏古籍善本书目著录《字典考证》稿本。
北师大藏明抄本《史记》又有"金匮廉泉桐城吴芝瑛夫妇共欣赏
之印",明刊本黄贯曾《唐诗二十六家》有"董康暨侍姬玉奴珍藏
书籍记"印,中山大学图书馆藏明刊本《玉台新咏》亦有董康、玉
奴印记。

043　宫词于诗中自为一体,古来作者无数,闻丘良任丈辑
至数千首。予见于著录者,顺治间惠安陈孙蕙撰《宫词百首》,陈
寿祺等撰《福建通志》卷七十三经籍志著录。孟轩有《宫词》二十
二首,见杨际昌《国朝诗话》卷二。唐宇昭有《拟故宫词》四十首,
见吴骞《拜经楼诗话》卷一。庄师洛有《十国宫词》,见郭麐《爨余
丛话》卷四。《海虞诗苑》卷二载秦兰征著《天启宫词》百首,自注
详核,足备故实,艺林颇传诵之;卷十一载王誉昌著《思陵宫词》
二卷,颇传于人口;沈善宝《名媛诗话》卷九载女士周季华亦著
《天启宫词》百首,于当日宫闱琐事及客魏僭逾非分之外,绝无一
字干涉天启时军纪朝章,盖其慎也。《全闽明诗传》卷五十四载
高兆撰《启祯宫词》一百首并注,所载两朝宫闱秘事,皆非外臣闻
见所及,可为修史之助。清初赵士喆撰《辽宫词》百首,王渔洋谓
可与周宪王《元宫词》相颉颃,见《池北偶谈》卷十九。予见其书
者,有湘潭周大烈《清故宫词》一百首,广西师范大学图书馆入
藏。又,清末杨恩寿《坦园词录》以词体作历代宫词,亦别开生
面也。

044　古来作《竹枝词》多者,推秦荣光《上海县竹枝词》五百
首为巨观,《海陵竹枝词》八百首则金长福等多人合撰也。林钧

《樵隐诗话》称己为宦辗转四方,多识风土人情,前后所撰各地《竹枝词》不下千余首,半为友人携去,半失于旅途风水,则林氏当为撰竹枝词最多之诗人,惜今不传。

045 昔丘良任丈撰《竹枝纪事诗》叙各家竹枝词二百二十四种,有功于学林。余浏览典籍,复得若干记载,而良任丈已仙逝,商榷无人,辄记于此。雷梦水《古书经眼录》载满洲汉军人官文撰《敦教堂粤游笔记》稿本,有陆路即事竹枝词五十首、江山船竹枝词十首、羊城竹枝词四十首、水路即事竹枝词三十首、江西竹枝词十首、粤河竹枝词十五首、珠江月令竹枝词二十四首。仇福昌《静修斋诗集未定稿》中前后作《甘棠竹枝词》亦二三百首,盖初有三十首之作,后补撰百首,仍不尽意,遂随时补作,不复汇集矣,故集中散见之作贯于全集耳,是亦罕见。此外,余所见单行之书,广东中山图书馆有赖学海《吴城竹枝词》一卷(李长荣《柳堂师友录》著录),四川省图书馆有《兰州竹枝词》一卷,民族文化宫图书馆有志锐《廓轩竹枝词》一卷(良任丈著录《张家口至乌里雅苏台竹枝词》一百首,不知为一书否),广西壮族自治区第二图书馆有光绪二十一年石印本潘乃光《海外竹枝词》一卷。其收入诗集者,康乃心《莘野诗续集》卷一有《少梁竹枝词七首》,方中发《白鹿山房诗集》卷十四有《难妇竹枝词》八首,王仲儒《西斋集》辛未诗有扬州竹枝词十首,壬申诗有端午竹枝词十首,方观承《东间剩稿》中有《卜魁竹枝词》二十四首,《吴中女士诗钞》张芬《两面楼诗稿》有《邓尉竹枝词》《荷花荡竹枝词》《浒墅竹枝词》《胥江竹枝词》《齐女门竹枝词》《南园竹枝词》各四首,萧德宣《虫鸟吟》卷二有《汉阳月湖竹枝词》三十首,湖北省图书馆有清末抄本《别本汉上消闲集》收武汉竹枝词四十余首,倪鸿《退遂斋诗钞》卷四有《广州竹枝词》三十首。其收入笔记、诗话者,则李兆元《十二笔舫杂录·梅影丛谈》卷三有陈石桥口述《姑苏竹枝词》

二十首,林昌彝《海天琴思续录》卷二有宝鋆《塞上吟诗竹枝词》三十首,金武祥《粟香四笔》卷七载汪芙生《羊城七夕竹枝词》十首,南川钝秀才著《春宵呓语》有《月湖竹枝词》二十三首,《续文章游戏》有官场及幕友竹枝词数十首,申报馆编《记闻类编》卷十四有龙湫旧隐等撰上海、京师竹枝词百余首,陈琰《艺苑丛话》卷十二有某宦家女子《新婚竹枝词》二十四首。

046　　其他见于载籍之竹枝词,浏览所及,则有毛先舒《潠书》卷二《蒋子西湖竹枝词序》载蒋有西湖竹枝词三十首;沈荃《一砚斋集》卷九《别章素文》诗注素文有《燕京竹枝词》一百二十首;王培荀《听雨楼随笔》卷七载心聋居士作《顺庆竹枝词》百首;胡曦《湛此心斋诗话》卷一载赵鹤龄官南海尉时作《珠江竹枝词》五十首,陈其藻有《竹枝词》八十首;丁白《清吟阁书目》著录徐之瑞《西湖竹枝词》七种、张巨川《榕城竹枝词》一册;管庭芬辑,蒋学坚续辑《海昌艺文志》著录董皓《花溪竹枝词》一卷、王霖《黄湾竹枝词》;项元勋《台州经籍志》著录赵亮熙编《灵江竹枝词》二卷;《道光徽州府志·艺文志》著录方士庚《西畴竹枝词》一卷;《畿辅书征》卷二十四著录崔旭、董怀新《津门竹枝词》各一卷;余廷灿《存吾文稿》有叶二枫《龙标竹枝词》四十首跋;董玉书《芜城怀旧录》卷二载范用宾有《扬州竹枝词》一卷;梁绍壬《两般秋雨庵随笔》卷一载陶文彬有《西湖竹枝词》二十首,卷六载李珠有《珠江竹枝词》二十首;王端履《重论文斋笔录》卷三称己年十五时戏作《湘湖竹枝词》上下平韵三十首;张廷骧《不远复斋见闻杂志》卷七载龚静庵撰《皖江竹枝词》十六首;邹弢《三借庐赘谭》卷八载潜庵撰《苏台竹枝词》百首;王用臣《斯陶说林》卷五载叶调元《汉口竹枝词》三百首(良任丈著录二百九十首)、朱恒《武原竹枝词》一卷;《民国新修桓台县志》卷三载张东序有《历下竹枝词》;朱彭寿《安乐康平室随笔》卷六载朱绍堂著《海上竹枝词》、朱鲲《东宁竹枝词》,皆不知传否。

047　桂林独秀峰题壁诗三十首,盛传于时,邓文滨《醒睡录》、王用臣《斯陶说林》卷五诸书多载之,而不传作者名氏。《粟香随笔》卷五独言三十五首,亦甚异,不知何据。李圭《金陵兵事汇略》卷一曰汪堃撰,罗尔纲已辨其非(见严宝善《贩书经眼录》第50页)。桂林广西壮族自治区第二图书馆藏抄本著录为郑献甫撰。考郑献甫《补学轩诗集》卷三《书刘湘芸太守九日登独秀峰三十绝句后》,作于同治二年。偶阅张宗祥《铁如意馆手钞书目录》,著录为张戟臣撰。张为柳州府马平县举人,可补史佚。

048　刘承干于晚清废弃旧学之际,独留意搜求清人别集,故嘉业堂所藏清人别集独富。沧桑之后,嘉业堂书亦不能保,所幸尚不致星散不可寻也。今知其书大抵分藏三处,复旦大学图书馆得其清人集部书,台湾"中央图书馆"得其明人集部书,香港大学冯平山图书馆得其明代集部以外杂书。北京师范大学图书馆有其旧藏元刊本两种清抄本五种及明刊本若干种。闻浙江省图书馆亦有嘉业堂旧藏之本,未详为何类书籍也。

049　中国社会科学院文学研究所图书馆藏有清人殿试卷百余份,为张寿镛约园旧藏。其中多著名文学家,予仅览第二函,收杨中纳、张大受、狄亿、刘青藜、吴一蜚、陆奎勋、胡定、尤珍、马维翰、吴云龙、刘严、孙在丰、吴龙、叶舒棠、高层云、王士炳、劳之辨、顾嗣立、梁诗正十九人试卷,大抵为当世著名文人。其中张大受、狄亿、刘青藜、顾嗣立、尤珍皆王渔洋门人,有诗名。尤珍为尤侗之子,有《沧湄诗集》。顾嗣立编有《元诗选》三编。张大受有《匠门书屋集》,刘青藜有《高阳山人诗集》。据王国维《东山杂记》"内阁大库书之发见"条,宣统元年,议摄政典礼,求国初故事不得,乃索诸内阁大库中,始知书架后尚有藏书之处,黄本题本充库中。清理之际,历科殿试卷并与黄本题本俱置庭中,名人试卷多为人取。余归学部置诸大堂后。张寿镛所藏此百余卷,或即当时散出时所收也。

050　中国社会科学院文学所藏乾嘉名人书翰一函,沈镛法光精舍辑藏,梵夹装,张荫椿题署"国朝名人诗文词笺合璧"。前有存道题识。目录列何焯、汪士鋐、查升、陈奕禧、查揆、巴慰祖、胡唐、梁同书、钱大昕、朱文藻、潘奕隽、秦恩复、吴□、赵怀玉、王芑孙、茅元铭、毛怀、韩崇、廷庆、舒位、陈嵩、钱泳二十二人书翰,而今缺舒位。诸人皆康熙至嘉庆间名诗人、学者、书法家,尤以查升、陈奕禧、梁同书三人书名最著。收藏者沈镛字应燡,吴兴(今浙江湖州)人。

051　谢国桢《增订晚明史籍考》卷二十四著录《诗词本事录》十卷,题十三潭逸叟编辑,海盐朱氏旧藏稿本。云:"是书汇辑明季清初诗人,生当易代之际,目睹当日时事,寄兴生慨之作,合乎风人之旨,以寓其兴亡离黍之感。如亭林、牧斋、梅村之什,蔚为大家;而杜茶村、吴野人之流,为类尚繁。编者选其诗词,并考订其本事。如明季党祸,南都覆亡,清兵入关,东南人士辽左迁戍等事,博采旁征,辑其诗词,因诗履事,极足见编者之微尚。惟是书霉烂过甚,不堪卒读,甚为可惜。前有嘉庆甲戌七月前溪徐熊飞序,已破碎不完,不能钞缮矣。"按:徐熊飞《白鹄山房骈体文续钞》卷一有《章笛舫先生诗词本事录序》,应即此书之序也。文曰:"在昔垂虹亭、长醽舫主人各有新编,咸搜逸事。此则假沧桑之感慨,寓竹素之劝惩。楚岫春烟,留连香泽,黄陵秋水,延伫微波。白云引其长谣,翠袖工其凝睇。故知银筝入破,虫鸟听而惊心;水瑟言愁,顽艳为之荡魄。传诸乐府,争吟香草之篇;播向艺林，定续玉台之咏。厘为十卷，期以千秋。"然则此书作者为章笛舫，章氏事迹不详，书亦不知藏何所也。

052　某人读《大学》，不识句读，曰："知止而后有定定，而后能静静，而后能安安，而后能虑虑，而后能得。"读至此，忽讶曰："此处何夺一得字？"又一人读之，曰："知止而后有，定定而后能，静静而后能，安安而后能，虑虑而后能。"乃哂道："此衍一得字耳！"

053　或读《礼记·礼运》"饮食男女人之大欲存焉"句，断句为"饮食男，女人之大欲存焉"，亦颇足解颐。

054　余昔于琉璃厂得诗稿一册，题"醉盦吟草"，署曰"梦蝶闲仙小草"。考其诗所述，当为清代光绪间人作，惜所游者皆无名。读孙雄《道咸同光四朝诗史》乙集卷六，有张瑞荫《题蝶仙小史》八首录五，其一云"玉可斋中旧句新"，注："玉可昔有蝶仙题咏。"未知即其人否，若然则作者名玉可。张为张之洞子，有《敦朴堂诗钞》。

055　光绪三十三年，归安陆心源所藏古籍四千部四万四千余册，以日币十一万八千元售于日本岩崎文库，国人伤心无似，王式通题岛田翰《皕宋楼藏书源流考》十二绝句，一时传诵。陈衍《石遗室诗话》记其事独曰："藏书而不能读，终于必亡，不如使能读能保存者得之，其不至零落残毁，转可恃也。"为甚有心胸。勿论其时"图新舍旧醉欧化，国粹弃掷委蒿蓬"，亦无论"文革"之暴殄天物，即今束之高阁，欲一观之难似登天，何异毁之弃之也？藏诸异域，终犹在天壤间，欲一览而尤易易，设当时未售于日人，吾不知其今日仍安在否！况失之东隅，得之桑隅，杨守敬当日随黎庶昌东使，值其国维新伊始，土苴汉籍，亦以贱价连舻载中国及日本旧刊本而归,致日后东人痛心跌足,以为恨事!岛田翰作《皕宋楼藏书源流考》,犹述惺吾事,以为此役聊足报复,可见此等蠢事,非吾国所独有。

056　大仓文化财团位于日本东京都港区赤坂葵町三号,收藏汉籍颇精,约三分之一为善本,计宋版七部、元版十五部,明版一百七十五部,明清钞本一百零七部。尤以大正六年所购《书舶庸谈》作者董康诵芬室藏书居多。董氏多得鲍廷博知不足斋、会稽徐时栋城西草堂旧藏,故书中多有二家印记。《书经提要》《闽中考》《三国纪年》《革除编年》《韩集举正》《梅岩胡先生文集》《太史范公文集》《字溪集》等乃四库底本,有"翰林院""广运之宝"印记及沈与文、郑晓、汲古阁等明代藏书家印鉴,《金志》《中兴御侮录》《江表志》等亦有"翰林院""军机处"印章,皆为四库采进本。其书皆为清代名家递藏,有怡亲王、钱谦益、钱遵王、徐乾学、吴焯、黄丕烈、汪士钟、孙星衍、丁丙诸家印记,足可宝重。

057　钱仲联先生主编《清诗纪事》采辑甚博,而考订则欠精审。秀水于源一人收为两人,乾隆间叶炜与光绪间叶炜二人合为一人,林象鼎采句一,而不知象鼎即《樵隐诗话》作者林钧字;乾隆卷据《瓶水斋诗话》收陈俯躬句一,小传云"浙江秀水人,布衣",不知俯躬即客星山人陈梓字。至于作者小传之略,更无论矣。盖是书之编,悉采自诗话,以有事可纪也。翻检复核本集之功既少,故作者传记之考证不免粗疏。

058　一九六三年文物出版社刊行线装本《毛主席诗词三十七首》,用宋版楼钥《攻愧先生文集》一百二十卷本集字影印。

卷六　诗学蠡酌

予生不逢时,自幼失学,束发而好诗,弱冠之年有志于诗学。甘余年心无旁骛,泛滥于古今论说,凡得一深造之微言,见一修辞之创论,乃至诗心之同巧、诗体之异称,莫不笔诸简端,藏于箧底,今厘为一卷,约略见吾国诗学之微之富。

001 "诗歌"一词,见《汉书·艺文志》,诗指歌词,歌指声乐。诗后为诗体作品之通名,歌则为诗之一体,故二字不得连用作诗之总名。今以"诗歌"为诗之总名,乃本自日语。日语"诗歌"原指汉诗与和歌,近代评论家坪内逍遥在《新体诗钞》序中用以指包括歌谣之一切诗体作品。

002 诗学一名,初见于唐郑谷《中年》诗:"衰迟自喜添诗学,更把前题改数联。"

003 境字用作诗学术语始于唐代,论者皆以为受佛学启发,实则如王国维所谓"喜怒哀乐亦人心之一境界"之境字,由来甚古。《庄子·逍遥游》:"定乎内外之分,辩乎荣辱之境。"境,陆德明《经典释文》作竟,郭庆藩《集释》谓古竟境字通是也。此境由疆界本义引申而指抽象事物之初见于古籍者,谓荣辱之分际。成玄英疏:"忘劝沮于非誉,混穷通于荣辱,故能返照明乎心智,玄鉴辨于物境。"乃曲解为境遇之境,盖受佛教之义影响也。然境之一字,以言感觉空间甚为妥帖,故后人渐以代景,与情对举。如傅山《霜红龛集》卷十四《再复雪开士》:"李洞之'小片当吟落,空香入定闻',非僧诗而气味全似僧诗。雪峰学五言近体,但于此十字中想情想境,拟而为之,会能到也。"按:此乃李咸用《僧院蔷薇》诗,见《全唐诗》卷六四五,"入定闻"作"入定空"。青主殆误记。唐楷《双清堂诗钞序》:"情与境会,韵随景生。"此皆景、境相通之例。至境界一词,始见于《诗·商颂·烈祖》郑笺:"天又重赐之以无竟界之期;"《诗·大雅·江汉》郑笺:"正其境界,修其分理。"皆谓疆界也。至译佛经而以指造诣所达之程度。如《无量寿经》卷上:"比丘白佛,斯义弘深,非我境界。"石涛《画语录·境界章第十》论"分疆三叠",即用境界之本义。

004　意境一词溯其源,孙光宪《白莲集序》云:"议者以唐来诗僧,惟贯休禅师骨气浑成,境意卓异,殆难俦敌。"境意即意境也。至明清间已习用。韩林德《境生象外》谓明代朱承爵《存余堂诗话》"作诗之妙,全在意境融彻,出音声之外,乃得真味",似为最早使用意境范畴者。然此处意境二字明为二词,必求意境合为一词之例,则毛奇龄《西河诗话》卷六载沈舍人寄己诗末章,称"九日淮城怅别筵,舳舻西送雁横天。浊河浪卷临歧泪,湿尽征衫已四年"诸句"则直赋当时相别意境"。陈允衡谓谢榛诗,人"止知其格调之高,而不知其意境之细"。黄生《诗麈》卷二:"凡诗之称工者,意必精,语必秀,句有句法,字有字法,章有章法,大作似信手信口,直率成篇,而于古人法度之精严、意境之深曲、风骨兴象之生动,未之有得焉。"又云:"欲追古人,则当熟读古人之诗,先求其矩矱,次求其意境,次求其兴象风骨。"吴之振《瀛奎律髓》序:"聚六七百年之诗,于一门一类间,以观其意境之日拓,理趣之日生,所谓出而不匮,变而益新者。"徐嘉炎《丛碧山房诗序》："旨趋贵乎高渺，而意境期乎深远。"周炳曾《道援堂诗序》："诗之格调有尽，吾人之意境日出而不穷。"于大中《竹坪诗稿》庞长年序："清思秀发，意境幽闲，直入香山之室。"（《大清畿辅书征》卷二十二）汪师韩《诗学纂闻》载茶陵彭维新论许浑《中秋诗》云："此诗意境似平，格律实细。"金武祥《粟香二笔》卷五引四库提要云许恕"古诗意境沉郁"。冯培《鹤半巢诗续钞》自序记友人语曰："子之诗诚善矣，第此十卷中服官京师者居十之八九。凡所游历酬赠，大率不出都门，无山川之助以发摅性灵，故意境或差少变化也。"潘德舆《养一斋诗话》："三百篇之神理意境，不可不学也。神理意境者何？有关系寄托，一也；直抒己见，二也；纯任天机，三也；言有尽而意无穷，四也。"林昌彝《射鹰楼诗话》卷五："朱子五言古诗，意境、门户、风骨、气味，纯从汉魏熔化而出，真处妙在能以古朴胜耳。"李家瑞《停云阁诗话》卷三："真率二字由意境生，有心如此便是不真，但有率耳。"朱庭珍《筱园诗话》卷一云："我有我之意境寄托。"周白山评王韬诗云"淡冶秀蒨，大有中唐人意境"，管嗣复评王韬诗云"意境超脱"，皆其例也。至清末朱庭珍《筱园诗话》、陈廷焯《白雨斋词话》、周实《无尽庵诗话》、金武祥《粟香随笔》、林庚白《孑楼诗话》中则用为专门术语，不待枚举矣。章学诚《论文辨伪》："若夫枯木寒鸦乃景光譬况之语，可以指定篇章，评一文之意境，而不可立为规例，以裁量群文。"是又用意境论文之例也。沈德潜《说诗晬语》卷上云："中联以虚实对、流水对为上。即征实一联，亦宜各换意境。"则意境亦可指诗之局部。

005　性灵一词，刘勰《文心雕龙》已用之，《序志》云："岁月飘忽，性灵不居。"《情采》云："综述性灵，敷写器象"。钟嵘《诗品》上亦云："咏怀之作，可以陶性灵，发幽思，言在耳目之外，情寄八荒之表。"然明清之际所用性灵之义，则源自颜之推《颜氏家训·文章》："至于陶冶性灵,从容讽谏,入其滋味,亦乐事也。行有余力,则可习之。""文章之体,标举兴会,发引性灵,使人矜伐,故忽于持操,果于进取。今世之士,此患弥切。"性灵于此有"师心自任"之贬义,故姚合《寄崔之仁山人》云:"官职卑微从客笑,性灵闲野向钱疏。"然观唐人所用,如孟郊《怨别》诗:"沉忧损性灵,服药亦枯槁。"赵匡《举选议》:"夫才智因习而就,固然之理。进士者,时共贵之。主司褒贬,实在诗赋,务求巧丽,以此为贤。不惟无益于用,实亦妨其正习。(中略)欲以启导性灵,奖成后进,斯亦难矣。"则亦心智之义也。

006　山水诗之名,内涵不明确,不如言风景诗为宜。《晏元献公类要》卷二十九有"登临风景"条,卷三十六卷又有"边塞风景"条,皆可据也。

007　权德舆《醉说》有云:"善用常而为雅,善用故而为新。"此即宋代江西派"以俗为雅""以故为新"之先声。

008　黄子云《野鸿诗的》云:"凡题赠、送别、贺庆、哀挽之题,无一非诗,人皆目为酬应,不过捃摭套语以塞责。试问有唐各家集中,此等题十有七八,而偏有拔萃绝群之什者何也? 其法要如昌黎作文,寻题之间隙而入于中,自有至理存焉。"此即于常格中出奇之谓,亦所谓"破体"之一端也,而论韩文尤入微,盖韩文于墓志等应用文体,最善于寻其隙缝独出新意。

009　黄子云《野鸿诗的》论诗有云:"趋巧路者材识浅,走拙途者胆力大。"又云:"专一可以立基,泛览可以兼善。"余谓非仅论诗有得,亦可通于治学。

010《诗三百》之"兴"义,至六朝文人诗中已近绝迹,乐府民歌中偶存余响。唐人作诗率不用"兴",其诗学所言之"兴",皆感兴之谓。杨万里云"我初无意于作是诗,而是物是事适然触乎我,我之意亦适然感乎是物是事,触先焉,感随焉,而是诗出焉。我何与也,天也,斯之谓兴"(《答建康府大军库监门徐达书》),是也。若陈子昂所谓"兴寄"及他人之言"比兴"者,讽谕寄托之谓,盖由"变雅"怨刺而来也。赵宋以降,遂为讽刺之别名。以致葛立方《韵语阳秋》卷二有云:"自古工诗者,未尝无兴也。观物有感焉,则有兴。今之作诗者,以兴近乎讪也,故不敢作,而诗之一义废矣。"清初叶矫然亦云:"近人作诗,率多赋体,比者亦少,至兴体则绝不一见。不知兴体之妙,在于触物成声,冲喉成韵,如花未发而香先动,月欲上而影初来,不可以意义求者,国风、古乐府多有之。徐文长谓今之南北东西虽殊方,而妇女、儿童、耕夫、舟子,塞曲征吟,市歌巷引,无不皆然,默会自有妙处,知言哉!"

011"潘纬十年吟古镜,何涓一夕赋潇湘。"才以捷为贵,诗不以捷而工焉。谢榛《四溟诗话》卷三云:"夫才有迟速,作有难易,非谓能与不能尔。含毫改削而工,走笔天成而妙,其速也多暗合古人,其迟也每创出新意。迟则苦其心,速则纵其笔。若能处于迟速之间,有时妙而纯,工而浑,则无适不可也。"严首升《濑园诗话》:"诗不在多,不在敏,不在勤,患不佳耳。杜老三十年作一千四百首,一年不满五十首。陶元亮一年裁作一二首,自庚戌九月至丙辰八月,六年始作一诗,又皆获稻诗。杜与陶不必尽佳,后人夸多斗捷,何为?"袁枚《随园诗话》卷十四至谓"作诗能速不能迟,亦是才人一病。"又有句云:"事从知悔方征学,诗到能迟转是才。"是亦见古人于此一问题之定论也。

012 诗之节奏于不同语言中由不同要素决定,希腊与拉丁诗由音长决定,法语诗由音节数决定,英语则由重音决定。

013　姚范《援鹑堂笔记》卷四十四云:"老杜自称其长,谓沉郁顿挫。所谓顿挫者,欲出而不遽出,字字句句,持重不流。"其说甚确。

014　洪亮吉《北江诗话》云:"盖诗家之能事毕,而七律之能事亦毕矣。"七律为中国古代诗歌体裁中最具代表性之一体,人所公认者也。究其所以,则唐钺《国故新探》中《中国文体的分析》一文取整(上下句长度相等)、俪(上下两句意思对偶)、叶(上下句声调相对)、韵(押韵)、谐(全篇字音有定格)、度(各句字数相同)六要素衡量古代文体,颇资参考。散文与自由诗六要素俱缺,偈及部分佛经、公牍文有整,押韵自由诗、部分古诗、箴铭有韵,骈文有整、俪,大部分古诗、前期古赋有整、韵,四六(律骈文)有整、俪、叶,后期古赋有整、俪、韵,词曲有韵、谐、度,律赋有整、俪、叶、韵,绝句有整、叶、韵、谐、度,惟律诗六要素俱全。然则律诗集古代文体之全部特征也,故必具多种才能者方得工。

015　萧抡序汪端《自然好学斋诗钞》云:"昔元遗山论诗以秦少游'有情芍药含春泪,无力蔷薇卧晓枝'之句,谓之女郎诗。遗山之意盖谓女子之诗,词气卑弱,惟求工于一句一字间。若今日小韫所作,刊除浮艳,骎骎窥作者门户,则不可谓之女郎诗矣。"此意欲翻女子之诗词气卑弱之案,而称端诗独有清刚之气,然终谓其非女郎诗,又落入前人窠臼,落入男性中心论之偏见矣。

016　王国维《人间词话》云:"词之雅郑在神不在貌。永叔、少游虽作艳语,终有品格,方之美成,便有淑女与倡伎之别。"余谓诗文之雅俗在意不在辞,若白香山、苏东坡,即作俗语,意自不俗。后人鄙白之俗,欲学杜学韩,而其俗正不可耐。毛先舒《诗辩坻》卷三:"诗有近俚,不必其词之闾巷也。刘梦得《竹枝》,所写皆儿女子口中语,然颇有雅味;元次山《欸乃曲》云'好是云山韶濩音',非不典切苍梧事,伧父之状,使人呕矣。"

017　傅山《霜红龛集》卷十四《再复雪开士》云:"韵脚只求惬当,押得稳处,即出韵不妨为好诗;若被韵拘,莽于韵中取一硬字押之,不顾妍媸,但称叶韵,一字便可累一章矣。"如此态度至为通达。

018　前人论咏史,首主翻案。然持论毕竟有是非公论,一味翻案,标新立异,恐不免矫枉过正。善乎程大纯之言曰:"文章不论是非,先要翻案,以为新奇,即此居心,便不平正,纵有所见,亦不稳切。"(《笔记》卷上)

019　陈锡路《黄妳余话》卷三:"唐子西云,平居作诗,须收拾诗材以备用。此学人之言。陆放翁诗有云'诗材满路无人取',此诗人之言也。"按:放翁所言诗材,物色兴象,作诗之素材也;唐子西所言诗材,词藻故实也,通常曰诗料。然当时亦用诗料指物色兴象,如方回《瀛奎律髓》卷十评姚合《游春》,谓"所用料不过花、竹、鹤、僧、琴、药、茶、酒,于此几物一步不可离"。

020　口占一词始见于《汉书》陈遵、朱博故事,而历来诗话中未见解释。胡鸣玉《订伪杂录》曾辨之,林昌彝《海天琴思录》卷一引其说。道光刊本吴与弼《吴康斋先生集》卷九《别何家圩道中口占示宜之》自注:"占,去声。隐度其辞,口以授人,曰口占。"

021　方回《瀛奎律髓》卷四十六卢象《杂言》评："此诗有古乐府之意,格调甚高。"林昌彝《海天琴思续录》卷二:"诗有性情、风格二者,施于七言律句最为易见,若寓风格于性情中,求之唐贤,亦所罕觏。"此风格者,格调之谓也。

022　郭麐《灵芬馆诗话》卷二:"古乐府多述思妇之言,少有为征人之词者。宋人许梅屋《秋风》云:'飒飒秋风来,衣衾愁未整。莫作闺中寒,且作天涯冷。'反面写情,居然怅惘。赵璞函先生尝有句云:'风尖月细冰苔滑,辛苦香阶刬袜人。'其用意亦如此。"按:唐边塞诗中为征人之词者已习见,原其始则《玉台新咏》所收沈约《杂曲》三首中《有所思》一首,写出征士兵思念所狎游女,为其嚆矢。然其所思念对象为"狭斜"之女,较唐诗思捣衣之女、闺阁之妇,尚有间也。

023　诗话之作,至清代而极盛。其数量之富、种类之繁,均迈于往古,绝乎来兹。顾其中又以郡邑诗话为独具之特色。夫郡邑云者,概言省府州县之区也。故凡有关一地之诗,大至一省,小至一镇,裒而成帙则为总集,条而论之则为诗话。原其宗旨,无非存乡邦文献,弘一方风雅,使斯文不致失坠,故其作者亦多为里中耆宿、留意桑梓旧闻者。

024　郡邑诗话之作,昉自明万历间郭子章《豫章诗话》。四库提要》叙其书云:"是编论其乡人之诗与诗之作于其乡者,上起古初,下迄于明。然多据郡县志书,所采未免芜杂。"又张鼎思序云:"诗话而曰豫章者,其人豫章之人也,不然则其与也,不然则宦而游,过而登览豫章之山川也。网罗见闻,拱柙今古,运之以卓识眇论,而一于诗乎发焉。大都人是先而词次之,或累牍而未卒,或数言而已殚,靡不具有指归焉。余讽之再过,窃谓此非徒说诗也者,盖诗史也。"余观此类书,其体例约有四端:一,所采均为乡人之诗或外人诗之作于其乡、咏其乡之事者,以见一方风雅之盛也;二,所采时无古今,通举历代,故有诗史之目;三,基于保存文献之目的,书中多叙事,少品评,有别于通常诗话;四,所采多本自里乘方志,或囿于闻见,失之鄙陋;或疏于别择,失之芜滥,间阑入志怪、考据,有乖诗话之体。然其荟萃一方风雅闲谈,备乡里耆旧掌故,兼及方物名胜、土风民俗,俾古今文学之盛、缙绅风流之迹,迨乎妇人女子、贩夫走卒,一篇一咏,莫不缘此考镜,其于乡土文化研究,厥功亦甚伟,是故虽疏而足取,虽滥而可观,亦不得以小道鄙之矣。

025　方元鲲《七律指南》以杜为宗,分杜为二体,以宋元明清作者分隶之。然于杜甫七律颇不乏批评。开卷选《诸将五首》《咏怀古迹》《蜀相》《登高》《九日蓝田崔氏庄》诸名篇,而皆有指摘,考其说皆中肯,可谓有见识人也。其论刘长卿诗,谓"随州句格尚警拔,而篇脉不甚清,起结尤多蒙晦",选《青溪口送人归岳州》《送耿拾遗归上都》《献淮宁军节度使李相公》《送李录事兄归襄邓》《长沙过贾谊宅》《登余干古县城》《使次安陆寄友人》《自夏口至鹦鹉洲夕望岳阳寄源中丞》诸篇,一一摘其疵,尤指其结句之弱,颇具只眼。惟《送严员外》一首,作郎士元诗则有之,方以为李嘉祐诗,殊无据也。

026　作诗平仄外,字声韵调亦大有讲究,其间通滞无定规可循,当实例一见可知。明边贡《寇中丞北抚宣府奉同南渠韵》第三句云"乌府夜闲关月皎",方元鲲《七律指南》卷七谓似口吃诗,言其声韵如绕口令,嚅嗫不响也。究其因,则"乌府"连用合口叠韵唇音,已支吾不响;"夜闲"闲字闭口音,而"关"字再合口,又接"月"字入声,音促而不响,再接与关双声之"皎",遂成绕口令也。《漫叟诗话》载东坡《吃语诗》云："江干高居坚关扃，耕犍躬驾角挂经。篙竿系舸菰茭隔，笳鼓过军鸡狗惊。解襟顾景各箕踞，击剑高歌几举觥。荆笄供脍愧搅聒，干锅更囊甘瓜羹。"则叠用同母字也。

027　《诗品》三品论诗，自谓借镜于《汉书·古今人表》与刘歆《七略》，所谓"九品论人，七略裁士"。其先有谢赫《古画品录》以六品论古今画家，后有庾肩吾《书品》、阮孝绪《高隐传》，均以三品论书家及隐士，可见一时风气，亦为批评史家之常谈。然予谓三品之说，尚有更古之源头在。《神农本草经》计收草药三百六十种，即分上中下三品。以上品百二十种为君，主养命以应天，无毒，多服久服不伤人。欲益气延年、轻身神仙者本上品。中品百二十种为臣，主养性以应人，有毒无毒，斟酌其宜。欲治病补虚羸者主中品。下品百二十种为佐使，以应地，多毒，不可久服。欲除寒热邪气，破积聚除痼疾者本下品。《黄帝内经·素问》至真要大论篇第七十四亦有三品之说，异于《本草》之理，故岐伯云："主病之谓君，佐君之谓臣，应臣之谓使，非上中下三品之谓也。"帝问三品何谓，岐伯答："所以明善恶之殊贯也。"二书来历均古，又为人所熟知，其三品之说于论艺或不无启示也。

028　禅宗灵机流转，圆通无方，故可多方引申，多方譬说。严沧浪以禅之境界譬诗家之等级，以禅宗接引方式之异譬诗家之路数。朱文翰序郭麐《灵芬馆诗三集》曰："我顾事事窠臼，则在在系缚，岂惟生生死死，冥然长夜，便即学禅亦成窠臼。彼拈花之伽叶，翻成窠臼鼻祖，下此一指一喝，永无是处矣。此余所悟也。余故学儒者，于是文章议论及境地遭际，万起万灭，种种一切多以此消息而会通之。今夫作诗叙诗，头巾家大窠臼也。必汉必魏必唐宋必李杜，展卷皆是，葛藤可厌。"此则又以禅宗之精神解构诗家之价值准则也。

029　古人论诗尚厚，此与传统为人处世之道有关。邓实辑《古学汇刊》第十一编金埴《巾箱说》："刘向《新序》曰：墙薄则亟坏，缯薄则亟裂，器薄则亟毁，酒薄则亟酸。夫薄而可以旷日持久者，殆未之有也。埴曰厚则墙必不坏，缯必不裂，器必不毁，酒必不酸。夫如是则可以持久矣。夫人立身处世，亦何事不贵于厚耶？予自返生平不敢稍存一薄之念，盖常以弗克持久为兢兢耳。"

030　诗文皆有理，清人劳史曰："理也者，在天为本然之妙，在人为当然之目者也。乃天地人物之所以为主而以之变变化化无不得其宜者也。"（乾隆须友堂藏板《劳余山先生遗书》卷三《论理》）此说颇为周备。

031　释名一《国朝禅林诗品》卷三宗渭小传载其语门人云："诗贵有禅理，勿入禅语。《弘秀集》虽唐人诗，实诗中野狐禅也。"其说诚是。

032　钱振锽《名山六集》卷七《小言》解《中庸》："能近取譬，可谓仁之方也已。近者，我也；取譬，以我比人也。我之外，夫妇最近。"古诗言政治、言时事而习以夫妇为喻，盖亦能近取譬之义也。

033　袁枚《随园诗话》有剪彩花之喻，郭沫若尝非之，谓其不懂工艺之美，甚固。此喻莫知由来，而为论诗文家所习用。归有光《震川先生别集》卷七《与沈敬甫》"近来颇好剪纸染彩之花，遂不知复有树上天生花也。偶见俗子论文，故及之。"明安磐《颐山诗话》:"唐之名家,自立机轴。譬犹群花,各有丰韵。乃或剪彩以像生,或绘画而傍影,终非真也。"陆时雍《诗镜总论》:"晋诗如丛彩为花,绝少生韵。"钱谦益《书瞿有仲诗卷》:"剪彩不可以为诗也,刻楮不可以为叶也。"吴淇《六朝选诗定论·缘起》:"志之不立,而剽袭陈藻,杂缀景物,犹如剪彩为华,全无生气。"孙枝蔚《溉堂文集》卷一《易老堂集序》:"有本之木,虽苍枝冷萼,自有一种幽鲜之色,与夫剪纸为牡丹、芍药者异矣。"潘耒《遂初堂集》卷八《胡渔山诗集序》:"剪彩镂纸以为花,五色相鲜,非不绚烂也,而人曾不留盼;水边篱下,嫣然一枝,则赏而玩之,真意存焉耳。"吕留良《古处斋集序》:"剪彩而缀之,一枝之间而四时之花具,然而人不加赏者,其生趣绝,其性非也。"李德举《唐诗正趣编·叙例》:"剪彩为花,虽艳而弗鲜。"杨绳武《论文四则》:"若使刻木为人,翦彩为花,图绘之山川鸟兽,虽穷形极相,生意已尽,焉得为真。"黄之隽《𡥉言》卷上:"真则久,伪则暂,然而剪彩之花,抟土之果,饰伪乱真,列肆而鬻之,供几而玩之,翩如灿如,阅岁月而不坏。"纪昀《瀛奎律髓刊误》卷五评李白《宫中行乐词》:"五首秾丽之中别余神韵,觉后来宫词诸作,无非翦彩为花。"钱大昕《半树斋文稿序》:"科举之文,志在利禄,徇世俗所好而为之,而性情不属焉。非不点窜《尧典》,涂改周《诗》,如翦彩之花,五色具备,索然无生意。"鲍瑞骏《桐花舸诗钞·与周朴卿太守士澄论诗即题其集》:"发为古文章,天地恣腾踔。兴至一流连,亦挟全神到。不然翦彩花,岂真春意闹。"凌霄辑《钟秀集》卷五张安保《论诗五首寄呈舒丈铁云位王丈仲瞿良士》:"奈何世俗诗,辞藻竞雕琢。譬如剪彩花,生意殊索索。"冒春荣《葚原诗说》卷二:"若徒工属对而乏意义,又不讲通首章法,譬之剪彩为花,全无活相,弗尚也。"汪端《明三十家诗选》卷六下谓王世贞所标榜诸子"如剪彩为花,秾丽炫目,绝无香韵"。沈善宝《名媛诗话》曰:"余尝论诗犹花也,牡丹芍药具国色天香,一望知其富贵;他如梅品孤高，水仙清洁，李桃秾艳，兰菊幽贞，此外或以香胜，或以色著，但具一致皆足赏心，何必泥定一格也。然最怕如剪彩为之，毫无神韵，令人见之生倦。"余云焕《味蔬斋诗话》卷二："李杜韩苏长处固多，短处亦不少，惟有所短而后愈见其长，譬如满树花开，烂漫可观，其中或有粗缺之朵，我知造化炉锤一样面目，剪彩易之，血脉讵相类耶？"朱庭珍《筱园诗话》卷二论吴梅村五律"处处求工，如剪彩为花，终少生韵"。其用于论词者，则有谢章铤《赌棋山庄词话》："言胜意，剪彩之花也。"汪东《唐宋词选评语》评卢祖皋："其词大都工整明蒨，然思力较弱，有如剪彩为花，终少生气"。按：朱鹤龄《王吏部西樵诗集序》："今海内诗家绝盛，丽色繁声，怡赏不给，而按其中则枵然无有，譬诸隋宫剪彩，不终夕而销灭。"又朱彝尊《静志居诗话》卷十三："当嘉靖初，北地、信阳朝花已谢，沧溟集盛唐人字句以为律，一时宗之。正犹隋苑剪彩成花，浅碧深红，未尝不炫人目，然生意绝少。"由是知此喻取隋宫事也。明代金璐诗云"何处歌新调，旖旎故不群。翦花金琐琐，斗叶玉纷纷"，已用以喻文辞，见《留青日札》卷三十七。然剪彩花不始于隋宫，梁鲍泉、朱超已有《咏剪彩花》诗，鲍诗云："花生剪刀里，从来讶逼真。风动虽难落，蜂飞欲向人。不知今日后，谁能逆作春？"

034　《随园诗话》卷三："杭州周汾，字蓉农，《咏春柳》云：'西湖送我离家早，北道看人得第多。'不脱不粘，得古人未有。"诗家论咏物有不粘不脱之说，未详所始。顾奎光《元诗选》附陶瀚、陶玉禾撰总论："咏物高处，须是寄托深微，不粘不脱。"

035　徐乾学《南芝堂杂诗序》云："所谓才，非特文笔流便而已也；所谓学，非特记诵淹洽而已也。（中略）明达物务之谓才，练晓今古之谓学。两者虽不主于为诗，而非是无以为诗之根柢。"陈宏谋《培远堂文集·培远堂偶存稿》卷二《张西清泛槎吟序》有云:"嗟乎,论诗者往往曰才曰学,然才非特声调流美,学非特记诵淹洽而已。盖明达物务谓之才,贯流古今谓之学,两者不主于为诗,而诗之根柢实在于是。"二人之说至为相似,或有因袭未可知也。

036　读诗品艺,要在见多识广,尤须先见识佳上者,养成纯正趣味,则下劣者自不入眼,而高下之品爽然可辨矣。一如饮酒,不饮茅台,不知村酒之醨。然不饮村酒,亦不知茅台之醇也。前人所谓"不饭粗粝,不知精凿之美也;不衣短褐,不知文绣之华也"(王宝仁《笔镜》卷二),即此之谓。崔述《知非集·读杜诗》曰:"我少未知学,读公诗最先。初不识其妙,但谓言当然。厥后览诸家,琐细不足宣。昵昵儿女语,啾啾虫鸟喧。披之不终卷,兀兀辄欲眠。乃知大历后,其诗尽可删。"是即不饮村酒不知佳酿之醇也。

037　"以意逆志"之意为作者意为读者意,历来有歧说,予赞同前说,更以为乃文中之意。盖"诗者志之所之也","在心为志,发言为诗"。"以意逆志"者,由文之意迎合作者内心之志也。故古人亦有志意连读为一者,吴之振刊《瀛奎律髓》序曰:"其论世则考其时地,逆其志意,使作者之心千载犹见。"即其例也。

038　焦袁熹《此木轩文集·答钓滩书》云:"古今论文章者,撮其大指则数言可了;循其细节,即更仆难终。以诗言之,若所温柔敦厚,比兴以托意,怨而不怒,和而不淫者,学诗之士固已讲闻有素。且其用力不乎语言文字之末,今固无假于言也。所得言者,则存乎声与辞矣。"今人论诗学,每于众所周知之常识反复说道,而人所不知,欲究其详者,则概付阙如。其平章古人,凡不言"诗言志"、比兴托意之类者,则指其为形式主义,殊不知此等老生常谈,人所共知,除三家村夫子训童蒙,名诗家论诗固不屑斤斤道及也。

039　诗家有全用古人成句者,今人不病,盖以语境之创造考其得失。古人则多不以为然。国家图书馆藏清初朱绍本《定风轩活句参》稿本,卷一谓"作诗偶用古人一句,须剔醒示人,不则似抄写也;若连写古人两句,似乎不安,虽剔醒亦未见妙",亦别具见地。

040　乐府之不同于古诗者,其起韵转折处,似断若连,跳宕极大。而古诗则层层钩锁,略无隙缝。魏禧《日录》卷二云:"古乐府以跳脱断缺为古,是已。细求之,语虽不伦,意却相属,但章法妙,人不觉耳。然竟有各成一段,上下意绝不相属者,却增减它不得,倒置它不得。此是何故?盖意虽不属,而其节之长短起伏,合之自成片段,不可得而乱也。语不伦而意属者,辟如复冈断岭,望之各成一山,察之皆有脊脉相连;意不属而节属者,辟如一林乱石,原无脉络,而高下疏密,天然位置,可入画图。知此者可与读此文矣。"朱绍本《定风轩活句参》卷五云:"乐府之分解,即《诗》篇之分章也。一解之意尽于一解,二解若另自起意,而其意实未断也。隐显迢递之间,分虽数解,总看则成一章。"此说甚精。

041　涩为艺中一境,古人习言之。周实《无尽庵诗话》卷二:"作诗不可太艰难,太艰难则苦涩矣。作诗尤不可太轻易,太轻易则浮滑矣。苦涩、浮滑皆言诗者之所戒也。虽然,与其浮滑也,无宁苦涩。"书论中亦有涩笔之说。涩者,欲其有顿挫,令观览者有以品味,免一览无余也。然涩在意不在辞,故玉书《常谈》

卷三曰:"诗取浏亮,语易明而意味长,始谓清隽,若无新意,徒掉换字面,故为生涩艰滞语,有何兴趣,惟自苦尔。"故亦有以钝为说者,周容《春酒堂文集》有《复许有介书》谓"古人著述足以传久不朽者大约有三",一曰避,一曰钝,一曰离。论钝云,"凡诗而欲轻欲俊者为下乘",盖"轻则必薄,俊则必佻。故仆以为欲钝。钝者沉其气,抑其力,而出之以迟回惨淡者也。钝则必厚,钝则必老,钝则必重。开宝以后,诗运日衰者,不钝故也"。又谓"病源有二:古人慎用虚字,而今人率用之;古人慎用实字,而今人袭用之。于是遂近宋词,遂邻元曲。夫诗于词曲,犹女子于娼优,以轻俊流弊至此,可不慎哉?"

042　予每以为《二十四诗品》世有过誉之嫌,今见道光间李元复《常谈丛录》卷六有专论其弊数端者,一曰语拙涩而不可解,了不贴合者尤多;二曰一首之中语乏伦序,一句之中字不贯注;三曰诗品贵以体状乎诗,而复以诗状乎所体,本末倒置。又李其永《漫翁诗话》卷上云:"司空表圣说二十四诗品,何见之隘小也。诗之好处,岂止二十四而已,又岂有一定如何形容比拟得来者。"林昌彝《海天琴思录》卷七亦云:"司空图诗,在唐不能名家,其所撰《二十四诗品》,貌是而大旨则非。诗之品何止二十四?况二十四品中,相似者甚多。试以古人之诗定之,每首中前后有数品者,每联中两句有浓淡者,司空《诗品》之作,以视钟嵘之论诗,又瞠乎远矣。"其言非无见也。

043　周镐《犊山类稿·鹿峰先生诗序》云:"诗之体有二,曰馆阁体,曰山林体。馆阁体昉于雅颂,其语和而庄,其义宽而密,其作者为周公、召公、尹吉甫之徒;山林体则昉于风,吟啸乎禽鱼而流连乎月露,聊以适己意焉,劳人思妇衡门考槃之流所为作也,故居山林而慕馆阁为俗为谄,处馆阁而效山林为伪为矫。"此所谓论人当以地而不可徒拘于格也。

044　人多以诗为人生体验之表达，经历愈富则诗愈富。岂知亦有反之者，晚清樊增祥，清癯一叟，旁无姬侍，平生少山水游历之乐，而闭门索句，能成诗数千首；且素不作狎斜游者，无歌舞酒色之娱，而尤喜作艳体诗，多达千百首，自负可方驾韩冬郎，《疑雨集》不足道也。居常以活字版自随，稿本数月一易，满则刻集赠人，故单集行世最夥。今台湾琼瑶、席慕蓉亦经历极简单者，而小说、诗歌颇富。盖经历简单者惟其生活平淡，反喜虚拟悬构，以想象之境经验人生，而阅尽沧桑者或如稼轩所谓"欲说还休，却道天凉好个秋"也。

045　陈师道《后山诗话》云："诗欲其好则不能好矣。王介甫以工，苏子瞻以新，黄鲁直以奇，而子美之诗奇常工易新陈莫不好也。"此"好"即赵执信《谈龙录》所谓"朱贪多，王爱好"之好。

046　禅宗自六祖慧能起分南北二宗，南宗主顿悟，北宗主渐悟。后人论艺每假以立说，董其昌论画揭南北宗，最为著名。然论诗分南北宗实为最早，托名贾岛之《二南密旨》论南北宗之别云："南宗一句含理，北宗二句显意。南宗例，如《诗·召南·野有死麇》：'林有朴樕，野有死鹿。'钱起《谷口书斋寄杨补阙》：'竹怜新雨后，山爱夕阳时。'北宗例，如《诗·邶风·柏舟》：'我心匪石，不可转也。'左思《咏史》：'吾希段干木，偃息藩魏君。'"饶宗颐先生云：观其例句，似以虚而尚比兴者为南宗，实而用赋体者为北宗。按：此以达意之顿渐为言也，饶说未谛。南宗一句含理者，上下句并列对待句法也；北宗二句显意者，上下句相贯之句法也。并列句法，各自成义，故达意也顿；相贯句法，两句见旨，故达意也渐。用是以南北宗托喻也。释虚中《流类手鉴》言

"第四句见题是南宗,第八句见题是北宗",亦同理也。

047　大家名家之异,古人别之甚明。大家者必包容众有,名家各有专诣。尤珍所谓:"诗有大家,有名家,大家无所不有,名家各极其至。"(《介峰续札记》卷一)大家之包举众有,或谓兼综古今体势。如尤珍云:"吾辈作诗或唐或宋,兼而有之,自无不可。不名一家,方为大家也。"蒋湘南《继雅堂诗集序》亦云:"生乎古人之后,当思兼综古人之体,而后可称大家,否则蝉咽蛩啼,仅足名别裁而已。"或谓熔铸各种风格,如纪昀《瀛奎律髓刊误》卷四十三评杜甫《上兜率寺》:"唐代诸公,多各是一家法度,惟杜无所不有,故曰大家。"江巨川《长吟阁诗集题词》云"诗之才有称有纤,有闳肆有冲漠,如伶官奏乐,声磬钟镛各工乎一者谓之名家,无不能无不善者谓之大家。"钱振锽尝与人辩西瓜与梨谁为果中第一,谓:"仅论味则梨诚不下西瓜,若论性情豪爽,气势横溢,则后矣。此名家大家之分。"(《星影楼壬辰以前存稿·笔谈》)朱焘《北窗呓语》:"画家宗派不一,究所成就,惟大家名家两者而已。名家纯任天资,大家全乎学力。"亦各有所见,通乎其理。

048　学问之道,前修未密,后出转精。而诗则异是,好言语被前人道尽,后人益难措手。晚清鄞县童华《竹石居诗草》卷一《录名家诗成帙因题》曰:"门户词坛几辈争,后来未易擅名声。只应广采前贤句,足我吟哦快一生。"亦无可奈何之意也。

049　余尝怪曲韵随近世语言变化而定,诗韵千年至今一成不变。后读沈维镛《补读书斋遗稿》卷七《与戴子龄孝廉炳章论沈衡甫本信所著七音诗韵类编书》云:"曲韵自用方音,故以入声押入平上去三声,此又不可牵合诗韵也。周德清之书欲以变例排正音,昔人讥之。"始悟此实由于中国自元以后无官定标准语之故也。曲用于公开演唱,自须以今音押韵,否则韵歧不能上口,是以北曲有周德清《中原音韵》,南曲有宋濂等《洪武正韵》;诗不分南北人皆作之,江淮以南方言中尚保留入声系统,故《平水韵》犹适用之。北方音不适用,于古遂为变例。朝廷既未以当时大都(北京)方言为标准音,则"南音上去易淆,而北音平入易混"(谢堃《春草堂诗话》卷十五),故作诗惟有以古音为准也。唯诗虽已脱离歌词,无须演唱,然值"新诗改罢自长吟"之时,或酒酣耳热之际,当筵朗诵,则不知北人又作何腔也? 赵执信曰:"诗家用字最忌乡音,今吴越之士每笑北人多失粘,而乡音之失南中尤甚。"而蒋士铨则曰:"北学呕吟拗字多,名家声律尽传讹。"是则不定标准音,而古韵书又脱离语音实际所致之弊也。

050　张说贬岳州而诗格一变,人谓得江山之助,后人多发挥其义。宫鸿历《甲乙游草》陈学泗序:"吴立夫不云乎,胸中无数千卷书,眼中无天下奇山川,必不能为诗文。纵能亦小儿语尔。故张燕公岳州以后诗,人谓得江山之助。子瞻晚居岭外,无日不游山水,而其著作亦奇。大抵古人遇可喜可愕之境,兴酣濡墨,纵横挥洒,万象不能穷其变,宇宙不能限其遒,要以有托而传,一吐其滂沛郁积之思而后止。"王善宝《煨芋岩居诗集》卷首王善在《西征诗序》:"自古作者篇什之美,往往得江山之助为多。而士君子伏处乡曲,足迹不逾里闬,恨无缘可假宿舂粮,遍阅四方名胜以稍增其气,而寄托其激昂磊落之心,斯亦遇之不幸也。"金锡龄《劬书室遗集》(光绪二十一年刊本)卷十《冯寅谷读我书斋诗序》:"诗必极其才而后工,然非得山川之助无以激宕其才。夫人伏处衡茅,偶有会心,形诸篇什,不过粗构一隅,未能尽其才之所至,惟跋涉山川,登临览古,兴酣落笔,风发泉流,而性灵学问、夙悟神解、奇思逸致,莫不涌现于中,急起而追之,乃能以诗豪。"

051　诗待山水之神奇而工,山水之灵气亦待诗而发露。永嘉山水之待谢灵运,柳州山水之待柳宗元是也。曹溶《栗亭诗集序》云:"才智士以山水为性情,往往艰阻不相值;生长山中者,则旦暮习处,惯然无以发其深蕴,与狙猿木石无异。故山水之求人,殷勤企望而不得,几与宇宙相终始,而世多忽焉不察也。"方爕序黄臣爕《平泉诗稿》亦言,乾隆庚戌因王炘识臣爕,臣爕随即游蜀,五六年间不通信问,惟时闻王诵其纪游诸什,以为得江山之助。后嘉庆元年,重晤于吴门,见其全稿,乃以为"开辟以来,江山未发之奇,尽为呈露,乃江山有赖君诗,非君诗有赖江山也"。

052　杜撰二字夙用为贬义,然朱仕琇《梅崖居士文集》卷二十九《答蔡苍峼明府书》云:"偶阅周亮工评文,云文莫妙于杜撰,不觉惊叹,以周非文家,何其精于文事如此。"又云:"往时与先兄筠园论诗,谓自宋后,无能自造语者,正谓杜撰之难也。"则亦取生新之意耳。

053　李因笃《续刻受祺堂文集》卷一《曹季子苏亭集序》:"为诗者欲其质先戒其俚,欲其丽先戒其纤,欲其雄先戒其粗豪。近似最足乱真,毫厘遂成千里。"此古代诗论家所以最重辨析概念之近似者也。

054　魏晋南朝人诗中屡用"感物"一词,而以陆机为最多。感物者,感于时节及自然景物也,此乃当时自然意识日益自觉之表现。刘勰《文心雕龙·物色》:"春秋代序,阴阳惨舒,物色之动,心亦摇焉。盖阳气萌而玄驹步,阴律凝而丹鸟羞,微虫犹或入感,四时之动物深矣。"正谓此也。

055　赋比兴之义言之者众矣,其解说最简明者,则黄云鹤序梅清《燕征诗》曰:"赋者叙物言情,比者索物类情,兴者触物起情。"见梅清《天延阁删后诗》卷四,盖本宋李仲蒙之说而又约其辞者也。

056　常人以功名为荣,而诗人以诗名为贵。古代欲以诗人身份题墓碑者不一,田艺蘅《留青日札》卷一载庐陵人张昱,元至正中官员外郎,后弃官放浪诗酒,尝曰:"吾死埋骨西湖,题曰'诗人张员外墓'足矣。"吴梅村临殁遗言:"吾死后,敛以僧装,葬吾于邓尉灵岩相近,墓前立一圆石,题曰'诗人吴梅村之墓'。"

057　昔曾撰文论清字,引诸家说。后见他人议论尚有可采者,如吴兰雪《石溪舫诗话》卷一云:"(王)梦楼翁尝与(曾燠)论诗,以简斋为奇才,予为艳才,君为清才。予谓清字似易实难,当为诗家第一妙谛。诗不能清则山无峰峦,水无波澜,槎枒漫衍,不得为奇,剪彩为花,画纸成月,粉饰规模,不得为艳。清则真矣,清则逸矣,清则雄矣,清则丽矣,清则和矣,清则远矣,清则新矣,清则妙矣。世之为伪体者,皆不从清出者也。故元遗山曰乾坤清气得来难,有味哉其言乎!"

058　应酬诗有用一姓之事者,昉自宋人。王楙《野客丛书》:"张子野晚年多爱姬,东坡有诗曰'诗人老去莺莺在,公子归来燕燕忙',均用张家故事也。案唐有张君瑞,遇崔氏女于蒲,崔小名莺莺。元稹与李绅语其事,作《莺莺歌》。汉童谣曰:'燕燕,尾涎涎,张公子,时相见。'又曰:'张祜妾名燕燕。'其事迹与夫对偶精切如此。莺莺对燕燕,已见于杜牧之诗,曰:'绿树莺莺语,平沙燕燕飞。'前辈用者,皆有所祖。鲁直作《苏翰林出游》诗,曰'人间化鹤三千岁,海上看羊十九年',皆用本家故事,而不失之偏枯,可以为法也。仆尝有一词为张仪真寿,曰:'三杰后,福寿两无涯。食乳相君功未竟,妩眉京兆眷方滋。富贵莫推辞。门两戟,却棹一纶丝。莼菜秋风鲈鲙美,桃花春水鳜鱼肥。笑傲霅溪湄。'"辛稼轩亦效之,《六幺令·用陆氏事送玉山令陆德隆侍亲东归吴中》:"酒群花队,攀得短辕折。谁怜故山归梦,千里莼羹滑。便整松江一棹,点检能言鸭。故人欢接。醉怀霜橘,堕地金圆醒时觉。　　　长喜刘郎马上,肯听诗书说。谁对叔子风流,直把曹刘压。更看君侯事业,不负平生学。离觞愁怯。送君归后,细写茶经煮香雪。"朱彝尊《江湖载酒集》有《百字令·寿刘宣人编修用刘氏事》,《曝书亭词拾遗》有《六幺令·用赵氏事赠舍人武昔》。康熙二年癸卯八月二十八日,王士禛三十初度,邹祗谟复效稼轩,有《三台·用琅琊王氏事赠阮亭三十初度戏用辛稼轩用陆氏事送玉山陆令体》贺之,皆用王姓事。考之前人,则金李俊民《筹堂寿日二首》已用王姓事矣。

059　自唐人创为《竹枝词》《柳枝词》,后人续有创体。宋叶适有《橘枝词》,清沈心、郭麐、潘眉有《衢州橘枝词》,彭启丰有《洞庭橘枝词》;顾光有《桃枝词》,王初桐有《枣枝词》,任嵩珠有《岭南荔枝词》,愈益翻新出奇矣。

060　长沙窑出土瓷器所题唐诗,有云:"春水春池满,春时春草生。春人饮春酒,春鸟啼春声。"此诗敦煌残卷中两见,一云:"春日春风动,春来春草生。春人饮春酒,春鸟啼春声。"另一本第二句作"春山春水流",第四句作"春棒打春牛",仍为八春字,可谓之"八春诗"。《全唐诗》卷二七四戴叔伦诗有《答崔法曹赋四雪》云:"楚僧踏雪来招隐,先访高人积雪中。已别剡溪逢雪去,雪山修道与师同。"四句均嵌一雪字,故曰"赋四雪",然则唐人固有此一体也。瓷器所题唐诗尚有"君生我未生,我生君已老。君恨我生迟,我恨君生老(疑应作早)"一首,可谓之"四君"诗。溯其源盖皆出于古乐府《江南曲》及孙皓所作歌:"昔与汝为邻,今与汝为臣。上汝一杯酒,令汝寿万春。"后世效之者,如王渔洋《题周雪客小像二绝句》其一:"昨来秋水轩中坐,共读蒙庄秋水篇。爱尔胸情似秋水,日临秋水弄潺湲。"四叠秋水二字。

061　元代宋无《鲸背吟》二十二首七绝,末句皆用古人成句,盖滑稽手段也,然亦属创格。如第一首《梢水》云:"拔矴张篷岂暂停,为贪薄利故轻生。几宵风雨船头坐,不脱蓑衣卧月明。"末句出唐吕岩《牧童》诗,他皆仿此。

062　李长荣《茅洲诗话》卷三云:"余雅不喜诗之折句,如欧阳公诗云:'静爱竹时来野寺,独寻春偶过溪桥。'此格不善学,必有断续艰涩之敝。"按:此格第四字腰眼之字必一字顿者乃不致艰涩,且义取双关,则往往句法浑然,不见痕迹。若四、五字为双音节词连读,则不堪矣。元代宋无《答无功岁暮见寄》"诗草病多删枕上,眼花书久废灯前"之"多",即关合前后之"病""删"皆可通也。

063　冯班题孙致弥《栀左堂诗集》:"蚕吐五采,双双玉童;树覆宝盖,清谈梵宫。"盖仿曹娥碑黄绢幼妇之意,谓其"绝好宋诗"也。

064　何忠相《二山说诗》卷三《陌上桑》评语云:"写美人有二诀,一用洗眉法,《庐江小吏妻篇》'指如削葱根,口如含朱丹',本《卫风·硕人》暨宋玉《神女》《登徒子》赋;一用烘云法,此篇四面嘘气，全身活现，更不消实指得。"按：二法即今修辞学所言比喻、烘托二法也，而洗眉之名甚新。

065　汪师韩《诗学纂闻》云："杜诗用字，有变文取意者。如《与严二郎奉礼》一首云：'别君谁暖眼。'暖眼无人，乃为冷眼者众也。《可叹》一首云：'近者抉眼去其夫，河东女儿身姓柳。'抉眼非即反目之谓乎？"按：此即佛家所谓遮诠也。佛教阐释教义之法有表诠、遮诠之分，表诠正说，遮诠反说。宗密《禅源诸诠集都序》谓："如说盐，云不淡是遮，云咸是表；说水，云不干是遮，云湿是表。诸教每云绝百非者，皆是遮词；直显一真，方为表语。"

066　诗家有原题法，杜甫《游龙门奉先寺》："已从招提游，更宿招提境。阴壑生灵籁，月林散清影。天阙象纬逼，云卧衣裳冷。欲觉闻晨钟，令人发深省。"王鸣盛《蛾术编》卷七六谓"若改题中游字为宿字，便协。金圣叹《才子批杜诗》曰："题是游龙门奉先寺，及读其诗，起二句却云'已从招提游，更宿招提境'，已字更字是结过上文，再起下文之法。今用笔如此，岂此诗乃是补写游以后事耶？（中略）题中自标游字，诗必成于宿后，如是便将浅人游山一切皮语、熟语、村语掀剥略尽，然后另出手眼，成此新裁。"按：题曰游者，通言此游寺之行也，宿在题内而不欲专写宿，故以游冠题，而以首联先溯日间之游，是谓原题。又有拗题法，张谦宜《絸斋诗谈》卷五论陆游《烹茶》："结出不能饮茶，此是拗题法。"又有救题法，张谦宜《絸斋诗谈》卷七论周亮工《胡元润征裘歌》："末后于萧索处更作丽语，此是救题法。"

067　诗家之尊题法，即以所歌所咏之对象为主，不惜贬其他而反衬之。杨慎云："古人诗句，不知其用意用事，妄改一字便不佳。孟蜀牛峤《杨柳枝词》：'吴王宫里色偏深，一簇烟条万缕

金。不忿钱塘苏小小，引郎松下结同心。’案古乐府《小小歌》有
云：‘妾乘油壁车，郎乘青骢马。何处结同心，西陵松柏下。’牛诗
用此意。咏柳而贬松，唐人所谓尊题格也。后人改松下作枝下，
语意索然矣。”胡应麟《少石山房笔丛》卷四论之曰：“用修此意自
佳，然不如枝字本色。一涉松字，便着议论。知乐府体者可与
语。”又如韩愈咏石鼓，不得不贬右军为俗书，非定论也。说见赵
曾望《葡郡榤论文》。《瀛奎律髓》卷二十张泽民《梅花》其四颈联
云：“兰荃皆弱植，桃杏总凡姿。”查慎行评：“五、六虽尊题格，终
属卑下。”严遂成题项羽庙云：“剑舞鸿门能赦汉，船沉巨鹿竟亡
秦”，突出项羽宽仁英杰，李调元《雨村诗话》亦谓尊题格。严葆
庸题岳飞印四言云：“墨字涅背，将军戮力。金字镂牌，将军饮
泣。三字狱成，将军不活。两字印出，将军不灭。”吴仰贤《小匏
庵诗话》卷七谓“虽鄂王万古之名，不因斯印增重，然亦不失为尊
题法也”。余谓杜甫《赠曹将军霸》不惜贬其弟子韩干以赞曹，亦
尊题法之一例。

068　歇后之法，杜诗已偶用之，如“一重一掩吾肺腑，山鸟
山花吾友于”。自黄庭坚而有全篇用歇后语之诗，后人效之，愈
益出奇。刘廷玑《在园杂志》卷二载有督学江南者，待幕僚甚薄，
众集四书句作缩脚诗（即歇后诗）曰：“抛却刑于寡（妻），来看未
丧斯（文）。只因三日不（朝），博得七年之（内）。半折援之以
（手），全昏请问其（目）。”结句未就，群哄而笑，主人适至，讯之其
由，乃续曰：“且过子游子（夏），弃甲曳兵而（走）。”通篇用四支
韵，全押虚字，亦奇构也，结句更出人意表。

069　作诗有所谓“喝韵”者，清乾隆间张埙《竹叶庵文集》卷
五《记珠轩消寒喝韵成诗咏画麻姑进酒》题下自注：“喝韵者，成
诗一韵，继喝一韵，应声而得也。”

070　诗之杂体有药名、卦名、州县名、干支等,未见有以诗题为诗者。陆机《应嘉赋》:"濯下泉于浚涧,泝凯风于卷阿。"内嵌《诗经》三题名,《下泉》《凯风》《卷阿》也,殊不著痕迹。

071　诗体有"平字诗",通篇用平字,不入仄声。魏禧《魏叔子诗集》卷四有《游仙诗》三十二韵,题下自注曰:"偶与儿辈谈平字诗体,因随笔作此示之。"此为古诗声调论者见之,必以为不可。然魏诗通篇诵之,虽声调略平,究亦无不可也。

072　《魏叔子诗集》中《赋得老骥伏枥志在千里》一题,有四言、五言古、七言古、五律、七律、七绝各作一首,五绝四首,是亦古人集中少见者。

073　一至七言体,不知肇于何时,中唐诗人始多赋之。清人萧德宣《虫鸟吟》卷二有《酒诗二首》小序云:"读元微之诗,有咏茶一言至七言体。予酒人也,于茶趣未谙,作酒诗二首。"诗云:"酒,既多,且有。洗金罍,开瓦缶。色泛黄娇,香流红友。至圣亦百壶,谪仙常一斗。君是天禄大夫,我愿酒泉太守。记得秋江夜泛时,也曾返棹归谋妇。""酒,吞花,卧柳。浇枯肠,漱绣口。为钓诗钩,作扫愁帚。酿成淡淡春,捧出纤纤手。旗悬红板桥头,杖扶白云洞口。我爱孔君醉似酲,一说酩酊二十九。"汤贻汾《琴隐园诗集》中又有一至十言体。

074　联句至韩孟,人以为尽其机变,乃后世更有以难胜者。言声均《味闲斋蠹余残稿》卷下有《己酉夏至后九日诣砚兄徐景山寓赴消暑宴即席上赋荷花用九佳全韵》(五十五韵)、《季夏二十四日俗说为荷花生日因复赋荷花用三江全韵寄诸砚兄祈和》(四十九韵);王义祖《小隐山樵诗草》卷上有《守贞篇为武林阮母作十一陌全韵》;方濬颐《二知轩诗续钞》有《早春联句用四豪全韵》《论文联句用十四愿全韵》《杂兴联句用十五合全韵》,又有《消寒第二十一集用昌黎东都遇春韵联句》《消寒第二十三集忆养志园汉卿适至用昌黎南山诗韵联句》《消寒第二十四集望海联句用少陵北征韵》,是则难无复加矣。

075　周镐《犊山类稿·得草轩集诗序》论集句难于自撰云:"集者难矣,譬诸治家,作者自治一家而已,集则合千百家为一家,嗜好不必相同,名义未必相服,一语不协则群起而嚣,故天下有能作而不能集者,未有能集而不能作者也。"

076　杂体游戏又有十二辰一种,陈瑚《确庵文稿》卷一有《奉酬陆巽庵十二辰体诗》云:"不愿生作永州鼠,但愿牛角千番纸。公然画虎行市中,屏迹当如脱兔驶。六龙不复御天飞,一蛇甘自焚山死。门外喜无车马喧,扫径唯待羊求耳。旧恩恋恋供奉猴,中夜鸡声拔剑起。狗苟蝇营何足云,一猪不舍尚如此。"此体又曰十二生肖体,始于南朝陈沈炯。《两宋名贤小集》卷一百三十四刘一止有《将如京师和方时敏机宜十二辰歌一首》云:"群儿鼠窃均有遇,老矣自知牛后误。成功未解闻两虎,援翰徒劳秃千兔。佩书昂首何龙钟,灵蛇光怪蟠心胸。马头二千悲远道,羊角万里无高风。秦歌呜呜楚猴舞,一笑何如共鸡黍。谋身狗苟君勿嗤,聊戏墨猪书韵语。"吴之振《黄叶村庄诗集》卷四有《用十二生肖体送顾荐文归吴门》一首云:"鼠须缚笔软无骨,牛毛紫丝行勃窣。虎头墨妙真绝群,巧夺天心穿兔窟。画龙不得真龙似,鞭草作蛇半僵蹶。马厩龙媒十万匹,肯学羝羊肆蹄齧。猕猴昂然上麟阁,何事栖迟恋鸡肋。柴扉犬吠送客归,花猪斫肉酒盈爵。"朱载震《东浦诗钞》卷二有和章。姚培谦《松桂读书堂集》卷四亦有《和友人十二辰诗》。鲍瑞骏《桐华舸诗续钞》卷六《十二辰诗》、吴昌硕《缶庐集》卷二《十二辰诗》则为组诗，十二辰各咏一首。

077　仇福昌《静修斋诗集未定稿》中每有创体，如藕丝体，上句末字作下句首字用，如藕相连也。卷三《纪梦》云："骚客兴偏豪，豪情赛月高。高楼秋后梦，梦里读《离骚》。"又有花担式，谓每句首尾字相同，如担挑两头花也。如："艳称一担春花艳，红比樱桃百倍红。去傍禁城休再去，宫娥骑马出深宫。"然此等既不见难，复不见巧，甚无谓也。

078　次韵创于元白，盛于皮陆，皆步原诗之韵一一押之，不失故辙也。后乃有变其式者，吴融、韩偓有次韵、复倒次前韵之作，乃将前诗韵字由后向前一一次之也，是谓倒次。清初陆贻典《觌庵诗钞》卷一有《次和香奁集无题韵》，复有《倒次前韵》；王必达《养拙斋集·酒泉集》卷五有《著逸庐得自安肃寄京寓诗六十韵倒次述怀见寄》，是其例也。

079　九言之诗，任昉《文章原始》谓起于魏高贵乡公，其诗不传。刘廷玑《在园杂志》卷一："九言诗起于高贵乡公，不独作者甚少，知者见者亦少。杨升庵《梅花》一律云：'元冬十月小春微阳回，绿萼梅蕊早傍南枝开。折赠未寄陆凯陇头去，相思忽到卢仝窗下来。歌残水调沉珠明月浦，舞破山香碎玉凌风台。错恨高楼三弄叫云笛，无奈二十四番花信催。'不过存此一格，恐难得佳也。"按：九言诗调最易板，语易带曲意。如元代智觉禅师有《九字梅花咏》云："昨夜西风吹折千林梢，渡口小艇滚入沙滩坳。野桥古梅独卧寒屋角，疏影横斜暗上书窗敲。半枯半活几个圞蓓蕾，欲开未开数点含香苞。纵使画工奇妙也缩手，我爱清香故把新诗嘲。"中国社会科学院文学所藏顾图河《雄雉斋续集》抄本有《病疟九言》一首,田雯《古欢堂集》卷七有《白水岩放歌九言》一首,诸锦《绛跗阁诗稿》卷一有《莹上人入皋亭山九言次韵》一首,王煐《白华堂诗集》卷三有《藤花九言》一首,卷七有《题齐逊斋礼红桥春泛图九言》《五月十八日仿顾仲瑛玉山草堂避暑故事集斜溪渔舍分体得九言古》二首,李銮宣《坚白石斋诗集》卷十三有《光孝寺观唐贯休所画罗汉作九言体》,吴锡麟《自怡集》卷七有《九言留别竹尹》,《新定寓稿》卷三有《九言赠别怡轩同寅》,王敬之《小言集·所宜轩诗》有《槿邨菊花开时小集戏仿九言体》一首,胡道南《风满楼诗稿》卷十二有《李钟山四十初度》九言联句。莫友芝《影山草堂学吟稿》卷上有《次韵答戴荷庄粟珍赠行九言并柬史铁君胜书》。

080 《元诗选》二集智觉禅师《松月》诗曰:"天有月兮地有松,可堪松月趣无穷。松生金粉月生兔,月抱明珠松化龙。月照长空松挂衲,松回禅定月当空。老僧笑指松头月,松月何妨一处供。"此诗每句含松月二字,而不觉其复,以有意趣也。

081　蔡云嵩《蛰存斋笔记》云:"纪文达公晓岚才华天授,敏捷绝伦,为清高宗所最赏识,文学侍从之臣其宠异无有出其右者。南巡时,诸臣扈跸,惟文达与刘文清公不可一日离左右。高宗登金山寺,文达随侍至山顶。高宗忽命赋诗,限七绝一首嵌十个'一'字于四句中。文达请命题,上以手指江面,适有渔舟荡漾中流,文达因赋曰:'一蓑一笠一渔舟,一个渔翁一钓钩。'方欲续下,沉吟未就间,上忽鼓掌大笑,意谓今日却有意难之也。文达遂触机立应曰:'一拍一呼还一笑,一人独占一江秋。'末句含颂扬之意,上点首称善者再。忆予与友人夜饮,曾戏仿其体,只有姚袖岩先生与予各赋一首,余客均谢未能。姚诗云:'一鱼一肉一条虾,一碟生姜一酱瓜。一口一杯拚一醉,一人还吃一樽茶。'

予诗云：'一宾一主一轻桡，一带溪山一画桥。一棹一停游一夜，一轮明月一枝箫。'东施效颦，不值方家一哂也。"谢堃《春草堂诗话》卷九载何佩玉十"一"字诗云："一花一柳一渔矶，一抹斜阳一鸟飞。一水一山中一寺，一林黄叶一僧归。"亦其体也，惟"中"字太呆，不若纪作浑成。何佩玉，字浣碧，有《绿吟阁诗钞》。

082　诗有所谓叠字体者，通体每句用叠字。潘际云《清芬堂集》卷四有《叠字体三十二韵送黎明府调任丹徒》，首八句云："枫叶萧萧露华滑，驿亭纷纷列樽俎。官民相见倍相亲，德政心藏复心数。侯自岭南来江南，复从胥浦移申浦。一琴一鹤常随身，三月三日莅兹土。"盖每句中皆重复一字，非尽两字连绵之叠字也。

083　清初赵吉士以楼游流留秋、尘真人伸纶、余居书疏鱼、论存孙樽墩为韵作四律，叠至千首，编为《林卧遥集叠韵千律诗》，后复得五百首，编为《千叠余波》，戴名世序之。庚辰一岁复有三春杂感五十七组，三夏杂感三十九组，三秋杂感五十四组，三冬杂感二十组，后复有壬午、癸未之作，共计四千余首。是亦古今所仅见者。戴名世序不见本集。

卷七　诗史发微

此卷皆平日困学之有得于诗史者也，随所见而札记之，既乏深思，略无条贯，发微云者，非自诩所见之微细，盖谓议论之微不足道而已。

001《诗经》国风今人皆目为民歌，朱东润先生独论其多出于贵族之手，是矣。古人作此观者亦不乏其人，予曾于论角色诗之文中胪举其说。后阅王柰《柔桥文钞》，卷十二《与友人书》亦有此论，云："其风诗所载，或有涉于妇人女子之事，咏歌小民之情，则皆代为之言，曲尽其意。此正古之圣贤，智周万物之能事，而诗可以言之一端，盖古诗之旨类然，如《豳风·鸱鸮》诸篇，尤大彰明较著者，而或以为其人之所自作，谬矣。"

002《诗》小序说诗虽凿，然后人奉之以解诗，至用典皆本其义。如魏黄初四年有鹈鹕鸟集灵芝池，诏曰："此诗人所谓汙泽也，《曹诗》'刺恭公远君子而近小人'，今岂有贤智之士处于下位乎，否则斯鸟何为而至？其博举天下隽德茂才、独行君子，以答曹人之刺。"然则治旧学者，虽不治《诗》，亦须熟小序，否则不可读古书也。

003　李二曲《四书反身录》卷三："思无邪之旨，非孔子拈出以示人,不几使《三百篇》之诗将与后世徐、庾、沈、宋之诗同类而并观也哉?"由此见阐释观念于作品阐释影响之大。

004　屈子《离骚》,今人每论其结构之严整,或谓其有非常精美之内在旋律感。予独以为文思纡郁,叙述重复杂沓,有欠条畅。盖当其写作之际,悲愤万端,欲诉无门,故一气倾吐,殊乏熔裁也。予每持此论,而人或不以为然。后见顾炎武《日知录》卷十九"巧言"条有云:"汨罗之宗臣,言之重,辞之复,心烦意乱,而其词不能以次者,真也。"沈德潜《说诗晬语》卷上亦谓:"《楚辞》托陈引喻,点染幽芬于烦乱督忧之中,(中略)后人穿凿注解,撰出提挈照应等法,殊乖其意。"是亭林、归愚皆以为《离骚》文理无序也。复见《赖古堂名贤尺牍新钞》卷十载清初莆田闺秀周庚与夫书云:"《离骚》之所以妙者,在乱辞无绪。绪益乱则忧益深,所寄益远,古人亦不能自明。读者当危坐诚正,以求所然,知粹然一出于正,即不得以奥郁高深奇之也。"以为闺秀而有此见识,尤为难得。后见徐士俊、汪淇辑《尺牍新语》第三册亦收此书,汪淇评曰:"此数语老生宿儒所不能言,而闺秀道破,岂非别有天授?"则当时已知贵重矣。

005　即席唱和之起,论诗者习举《左传》所载赋诗赓和之例以为说,胡浚源《雾海随笔》卷十三"即席唱和所始见"以为《楚辞·招魂》篇"娱酒不废,沉日夜些。兰膏明烛,华灯错些。结撰致思,兰芳假些。人有所极,同心赋些。酣饮尽欢,乐先故些"一段,乃是后世宴席赠答之明证,其说甚是。

006　鲁迅谓六朝人无意为小说,至唐人始有意为小说,其说诚精。清人苏时学《爻山笔话》卷十二谓:"汉以前之为诗者,皆无意为诗者也。无意为诗而有不得不诗者,而诗始于是传焉。

此诗所以少而愈贵也。唐以后之为诗者,皆有意为诗者也。有意为诗即有可以不必诗者,而诗亦于是传焉。此诗所以多而愈贱也。"此论与鲁迅异曲而同工。

007 乐府之体,原本于音乐,至唐以后音乐既亡,作诗者皆以其题自抒其意,或竟立新题,杜甫"三吏""三别"之类是也。清初论乐府者,皆谓与诗无别,或可不作,然嘉道之后有自风格论乐府者,如顾曾《校经草庐文集》卷下《陆子调乐府序》谓"乐府于诗为一体,不独取其可被诸乐章,与夫所谓五七言古诗者实同而异也"。

008 谢灵运曾言古今才曹子建独得八斗,己得一斗,天下人共分一斗。叶燮《原诗》云:"谢灵运高自位置,而推曹植之才独得八斗,殊不可解。植诗独《美女篇》,可为汉魏压卷;《箜篌引》次之,余者诗意俱平,无警绝处。(中略)若灵运名篇,较植他作,固已优矣;而自逊处一斗,何也?"崔述有《论诗》云:"常恨谢灵运,不见李太白。妄谓古今才,于人只一石。"此迁就押韵,一斗变一石矣。然余谓起太白而分其才,必谓小谢独得五斗,己与谢公各得二斗,天下人共分一斗也。

009 周文禾《驾云螭室诗录》卷一《论诗二十五首示某生》其七:"文章一转关,阮公咏怀作。"似有见地,惜未明言。

010《全唐文》卷一四八颜师古《等慈寺碑》云:"降玄览而游艺,观人文以化成。贱齐梁之短篇,鄙苦寒之危调。转规注河之论,听者开神;芝英垂露之书,观者炫目。飞蝥妙术,抑咒神工,制律吕之轻重,知草木之情状。郁哉焕乎,弗可记已。"按:此称唐太宗之文才武艺、博学多能也。"贱齐梁之短篇,鄙苦寒之危调"两句已兆初唐诗风之端倪。盖贱南朝短章而竞鸿篇巨制,拒鲍照苦寒之调而竞典丽闳衍之辞也。

011　唐人之于六朝,诗境大有开拓,盖地理疆域之扩展,诗人游历之广,皆非六朝人所可及。吴镇《吴敬亭诗序》(《松花庵全集》卷十二)有云:"夫唐人学古,各有源流,山水之诗以韵胜,二谢是也;边塞之诗以气胜,鲍照、吴均是也。然明远、叔庠要皆身在东南,而悬摹西北之景况。若使其生长边陲而亲见疾风惊沙飞雪之状,则其诗之悲壮雄奇又当何如耶?"可谓一语中的。

012　诗歌题材随时代而变,最典型者莫如宫怨、出塞二题,唐诗赋此题最盛,而至清诗绝少。谭宗浚《希古堂文甲集》卷二《与友人论诗书》解之曰:"唐时女谒最盛,观白太傅诗云'怨女三千放出宫',其多可想。若我朝则俭德相承,恭读《东华续录》高宗纯皇帝上谕云宫中使用不过廿余人,实足超越前古。然则今日又何宫怨之可言乎?至唐代西患吐蕃,北拒回纥,军符羽檄,征调无时。若今日则南北二庭、天山瀚海均在版图中,久无烽燧之警,即间有莠民蠢动,而索伦、吉林诸劲旅无不从王敌忾,踊跃争先,从未有以为苦者。居今日而作出塞诗,指陈戍役艰难之状,真所谓无病而呻吟者也。如必不欲割爱,则题目上宜加拟古二字较为妥当。大抵此为窗下伏案摹拟之诗,以之示海内传后世抑末矣。"

013　乐府《长安道》一题,唐人类写初入京惊讶帝都繁华之意,即盛锺岐《崇道堂诗话》所谓"凡穷乡僻壤之人偶至通都大邑,见所未见,往往心羡目眩;外省士子初至京师,见城阙之巍峨,皇居之壮丽,人物胜地之繁盛,自必托为吟咏,以志景仰"也。自卑、自怜及自傲皆题内应有之义。后人不知,每泛咏京城风物,失其旨矣。如《元诗选初集》辛集钱惟善《长安道》、二集李孝光《送方叔高赋得长安道》等是也。

014　《高僧传》卷五《竺道一传》载帛道猷与道一书云:"始得优游山林之下,纵心孔释之书,触兴为诗,陵峰采药,服饵蠲疴,乐有余也。"饶宗颐先生谓"触兴为诗直是唐人兴象之说"(《文辙》31页,学生书局1991年版),诚是也。盖兴象之说出于盛唐,盛唐人作诗重感兴触发,皎然所谓"应物便是"是也。邓廷桢《双砚斋笔记》卷六:"词家之有白石,犹书家之有逸少,诗家之有浣花,盖缘识趣既高,兴象自别。"亦得其本。

015　骆宾王浙江义乌人,然传卒于崇川,南通有其墓在焉。王式丹《楼邨诗集》卷十二《吊骆宾王遗墓次邵吾庐韵》诗云:"金轮煽处乱如烟,仗义捐生自挺然。海曲窜来成底事,一缄白骨冷崇川。"题下注:"墓在通州黄泥桥,邵首倡四绝句,为之征诗。"邵吾庐名幹,其首唱及和作见陈熙晋《骆临海集笺注》附录。

016　乾隆间江浩然曾言:"王孟诗可假,而韩苏不可假。"真有识之言,由此可见王渔洋一类好作神韵者,实欲以清秀而文其才俭也。

017　清人刘鸿翱《绿野斋前后合集》卷二《李太白论》辨李白从永王之因由,明白中肯,今人之论殆不出其范围。然同卷《李杜诗集论》一文抑李扬杜,乃本诗教之陋说,陈腐不堪。一人之见地,前后不同如此,殊可异。知为学始终光明洞达、不蔽于刚愎谫陋之为难也。

018　金德嘉《居业斋文稿》卷四《折柳吟序》:"唐诗送人之

官亦有寓规于颂者，故篇什虽多，讽之不见其复，立言之旨故有在耳。"是亦仅可概言杜甫等三数家耳，如大历诸子送行之诗，唯见颂也，规何寓焉。

019　诗人每好作大言，以经国之才自许。杜甫自比契、稷，云"致君尧舜上，再使风俗淳"，袁枚云"自笑匡时好才调，被天强派作诗人"，彼姑妄言之，我姑妄听之而已，若果深信之而不疑，未免天真矣。吴从先《小窗自纪》云："效大用者不妨小试其才，百里奚饭牛而牛肥，卜式牧羊而羊息，其受知于秦穆公，受知于汉武帝，固皆以鄙事托基也。"老杜则毛主席所谓"大事做不来，小事又不做"者也。周必大《二老堂诗话》云："子美诗'自比稷与契'，退之诗云'事业窥稷、契'，子美未免儒者大言，退之实欲践之也。"张之洞《广雅堂诗集》卷四《咏史》有咏杜甫一首云："稷契寻常便许身，忽侪孔跖等埃尘。虽高不切轻言语，论定文人有史臣。"盖皆不满于老杜之大言矣。善乎林昌彝之言也，"无实用而好谈经济者，临事恐不能济事"（《射鹰楼诗话》卷十二），考老杜平生从政之可言者唯一疏救房琯耳，与传说太白识郭子仪者，一识败唐之相，一识造唐之将，固有天壤之别矣。

020　朱子谓李白始终学《选》诗，所以好；杜甫诗好者亦多是效《选》诗，夔州以前诗佳，夔州以后自出规模，不可学。乔亿《剑溪说诗》谓"大儒天纵，论诗亦深到如此！"朱子论诗固有见地，不同凡儒，然此说适见其于二家诗未造境地也。黄山谷谓杜夔州以后诗好，是见道语。

021　常茂徕《石田野语》卷一论俗语出处及讹错，有云南宋陈随隐述先人诗"闭门不管窗前月"今作"闭门推出窗前月"，按："闭门推出窗前月"乃话本小说中苏小妹三难新郎所出对句，非前句之讹变也。又云"一朝权在手，便是令行时"出崔戎《酒筹诗》（俞洵庆《荷廊笔记》卷四同），亦不知何据。高仲武《中兴间气集》卷上朱湾《奉使设宴戏掷龙筹》作"一朝权入手，看取令行时。"

022　次韵起于元白，人所共知也。乔亿《剑溪诗话》卷下云："戴叔伦诗有次韵者，此又在元白前。然只小诗，偶次己韵也。"按：乔氏所谓戴诗偶次己韵者，殆指《夏日江楼会别》《答崔法曹》二诗而言也。前诗云："不作十日别，烦君此相留。雨余江上月，好醉竹间楼。"后诗云："后会知不远，今会亦愿留。江天梅雨散，况在月中楼。"两诗同押"留""楼"二字。然予疑前诗为崔法曹（载华）留别叔伦之作附录集中，后遂讹为叔伦诗也。集中尚有《寄禅师寺华上人次韵三首》，其中言及济颠，亦疑为后人诗讹入。戴叔伦诗集亡于宋元之际，明人辑本多窜入伪作，其次韵三诗殊不足为据。

023　李贺诗如杂串珠宝项链，珠玉晶莹者有之，古金陈檀者有之，奇珍异石亦有之，古色斑斓而冷艳神秘，复不见其贯穿之迹，其取境之浪漫，想象力之奇瑰，表现手法之多彩，不可不谓千古一人。

024　白居易新乐府影响深远，后人讽咏时事每效之。清初吴炎、潘柽章合著《今乐府》，方濬颐《二知轩诗钞》有《岭南乐府三十首》，即仿其体裁也。

025　许学夷谓韩偓七绝后二句每以对结，为其特创，其说未的。七绝对结肇于南朝，初唐即有此体，杜审言《赠苏书记》"红粉楼中应计日，燕支山下莫经年"是也，杜甫集中习以为例。

唯韩偓乃以为常格耳。然究其得失,七绝幅短,对结殊少回旋,读之每有流荡不住之感,轻飏有余而含吐不足也,试观韩诗自知。

026 张为《诗人主客图》,后人多訾之。程恩泽《程侍郎遗集》卷五《徐廉峰仁弟诗律精密才笔华整得唐贤三昧顷以问诗图相属因取问唐贤意仿遗山绝句奉答略举数端罣漏正不少也》有云:"武功焉可配君虞,绝倒张为主客图。"然去日苦久,当时人之观念,今已不得而知,又无资料印证,后人未可肆意菲薄也。

027 洪驹父才高而傲,每读时辈篇什,大叫云:"使人齿颊皆甘!"其人喜而问:"似何物?"洪曰:"不减树头霜柿!"人每赧面而去。清代王晓堂撰诗话,某托友人以诗卷为贽,王读之昏昏欲睡,隔日还之。友人问某君诗如何,晓堂曰:"近仁。"友人曰:"既见许,何故不选?"晓堂曰:"于近仁中只得一'木'字耳!"见所著《历下偶谈》,此与洪事甚类。

028 自古诗论遭人误解之多,无如《沧浪诗话》。即"押韵不必有出处,用事不必拘来历"二句,上句指刘禹锡不敢用糕字韵之类,下句"事"《诗人玉屑》作"字",意本极明显,后人尚呶呶非之未休,他不必论矣。

029 《沧浪诗话·诗体》有永明体、齐梁体、玉台体、南北朝体之目,姚范《援鹑堂笔记》谓"称永明体者以其拘于声病也,称齐梁体者以绮艳及咏物之纤丽也",郭绍虞先生谓齐梁体有二义:一指风格,一指格律。按:永明体指格律自无异义。唐人称齐梁体、玉台体、南朝体者,要皆指风格而言。《全唐诗》卷二七〇戎昱《玉台体题湖上亭》:"湖入县西边,湖头胜事偏。绿竿初长笋,红颗未开莲。蔽日高高树,迎人小小船。清风长入坐,夏月似秋天。"此为五律格式,谓玉台体者,效《玉台新咏》之轻绮风格也。卷二七二戴叔伦《送裴明州郎中征效南朝体》:"沉水连湘水,千波万浪中。知郎未得去,惭愧石尤风。"此效南朝乐府之双关语修辞也。

030 严羽评李白诗,见明末刊本《李杜全集》,中国科学院图书馆、清华大学图书馆均入藏。该书有崇祯二年闻启祥跋:"刘评杜诗久传于世,无可与匹。兹于樵川旧家忽得严所评李诗,从未经刻者,合之如延平龙剑,光焰射斗,何止万丈。不惟使李杜并生,亦觉严刘同世矣。"然其书可疑之点不一,刘跃进见《严羽评李白诗资料摭谈》(收入《结网漫录》)已举例论之。余谓其评语多抉发小巧幽秀之处,最近竟陵手眼。而学识尤为鄙陋,如评《黄鹤楼送孟浩然之广陵》谓"从《湘灵鼓瑟》诗脱胎,亦是孟骨",评《蜀道难》"蜀道之难难于上青天"句谓"此中著二语意本《阳关三叠》"。沧浪于太白诗最熟,必不为此无知妄语。顾其间所论亦去《沧浪诗话》远甚,必伪托无疑也。杨大鹤《剑南诗钞》凡例称"虽严沧浪之评李,刘须溪之评杜,俱时世所共传,正恐乞灵名手,假宠前人,真赝固未可知耳",则清初人固已知严批出于伪托矣。明末诗坛流行严羽诗论,诗格、丛书收录、称引不一,此书殆亦当时书贾射利而伪托者欤?要之,据以考镜明末论诗之宗尚,或不无所助;若由此演绎严羽诗学,则恐不免羚羊挂角,难得其迹也。作跋者闻启祥,名子将,杭州钱塘人。少以经义名,四方行卷求正者不绝,为诸生祭酒二十年,始中万历四十年南京乡试举人,年五十八卒。事迹见钱谦益《初学集》卷五十四《闻子将墓志铭》、朱彝尊《静志居诗话》卷二十一。

031 王次回诗自清以来无佳评,而日本作家永井荷风《初砚》有云："我文坛喜好西洋艺术，一提到中国诗，不是炫耀其清寂枯淡，就是强调其豪壮磊落之气，而无一言及人之内心秘密弱点之作。或许如此。然而读王次回《疑雨集》全四卷，悉为情痴、悔恨、追忆、憔悴、忧伤之文字。其形式端丽，辞句幽婉，而感情多呈病态，往往使人觉得如对波德莱尔之诗。中国的诗集中我不知其内容尚有如《疑雨集》富有血肉者。波德莱尔《恶之华》集中横溢着倦怠衰弱之美感，直移过来便成《疑雨集》之特征。"

032　明王世贞、李攀龙之拟古，自明代以来，学者皆非之。予读日儒荻生徂徕《答屈景山书》（《徂徕先生学则》附录，享保十二年嵩山房刊本），有云："二公之倡古文辞，皆在第进士之后，而二公之兴，从游过于时师，所以来时师之妒也。然二公不能胜朝廷之功令，亦不能胜人人功名之心，故人之非笑之犹如韩公，而二公不顾人非笑，宁不见知于世，藉此得祸，而俟千岁之钟期者，亦尤如韩公。是其心独何邪？学问之道，本诸古也，夫立志如此，岂模拟剽窃是为乎？……习书者必模《兰亭》《黄庭》，岂求为赝乎？学之道为尔，谓吾既得其心，吾既得其理，不必拘其似不似者，庄禅之遗也。故方其始学也，谓之剽窃模拟亦可耳，久而化之，习惯如天性，虽自外来，与我为一，故子思曰：合内外之道也。故病模拟者，不知学之道者也。"此过来人之切身体会，学者必知此理而后可论明人之模拟。

033　明人拟古风盛，诗集首必列乐府、古诗，而于古人之拟古如江淹者，更奉为祖祢，步趋而效之不已。薛蕙《考功集》卷二《杂体诗》即效江淹之作，序称"慕其殊丽，依之为二十首"。

034　自李攀龙《唐诗选序》倡"唐无古诗，而有其古诗，陈子昂以其古诗为古诗"之说，后人多议之，王肯堂《郁冈斋笔麈》卷四即云："汉魏高古而变化易穷,六朝绮丽而情事不圆,若夫穷工极态,抉奥发闷,极胸臆之所欲言,道前人之所未道,则唐古诗又何让焉?"此乃就维护唐古诗之价值而言,文不对题。毛先舒《诗辩坻》卷三以为李攀龙语中两其字俱作唐字解,则语意甚明,盖陈子昂用唐人手笔规模古诗,两失之耳。叶矫然《龙性堂诗话》初集云："李于鳞谓唐无五言古,胡元瑞服其确论,钟伯敬极诋孟浪。余详考唐诗,如宋之问、徐彦伯《入崖口五渡》唱和,柳子厚《湘口》《登蒲州》诸作,皆刻意三谢,古则可诵,不入唐调者,未可谓唐无五言古也。若汉魏则绝响矣。"宋荦《漫堂说诗》曰："历代五古,各有擅场。"叶燮《原诗》之言曰："盛唐诸诗人,惟能不为建安之古诗,吾乃谓唐有古诗;若必摹汉魏之声调字句,此汉魏有诗,而唐无古诗矣。且彼所谓陈子昂以其古诗为古诗,正惟子昂能自为古诗,所以为子昂之诗耳。"王夫之《姜斋诗话》、王渔洋《师友诗传录》亦曾论之。牟愿相《小澥草堂杂论诗》："李沧溟云唐无五言古而有其古诗,盖谓唐五言古诗不类汉魏耳。然汉魏无商周诗,晋宋无汉魏诗,齐梁无晋宋诗,独唐乎?"钱振锽《星影楼壬辰以前存稿·诗说》则谓此等语"吾不知其从何处说起,只可置之不论。牧斋力与此辈辩,犹之人在梦中呓语而我必欲与之诘难,何必。"

035　钟伯敬《诗归》风靡一时,几家弦户诵。而曹能始《与陈开仲》独云："伯敬《诗归》其病在学卓吾评史。评史欲其尽,评诗欲其不尽。卓吾以之评史则可,伯敬以之评诗则不可。"此论甚的。

036　诗学至明代,唐诗恒为最高理想。七子之模拟肤廓,落于假盛唐、瞎盛唐之境地,公安、竟陵不得不以流荡尖诡矫之,而其理念仍在于唐也。至明季,遂欲突破唐诗藩篱,于是诗学核心乃为复变二字,钱谦益主变,转趋宋调;许学夷主复,仍守唐音。钱氏之倾向为王渔洋光大,许氏之学为吴乔继承。渔洋学宋不成,重倡神韵之说,诚属由浅入深;吴乔悬置盛唐,改宗晚唐,不免去高就低。

037　许学夷《诗源辩体》为明代诗学集成之作。其学远宗严羽,近承胡应麟二家,而独树一帜者,在力反有明一代之退化论诗史观,退六朝而进初唐,甚至以初唐为天授不可学,故使人学盛唐;论诗以兴趣、造诣为主,先正变而后深浅,先体制而后工拙,凡例言辩体与选诗不同,录诗取其“时体”,以识其变,此乃从诗史角度论诗,可谓独具眼光,是为科学意义上诗史研究之前驱。

038　吴乔论诗最服许学夷,谓其最精于体制(《逃禅诗话》)。许氏精于体制,诚是矣。然其所谓体制,仅限于声律押韵,不免缺乏“体”范式意识,故所论时有未化。如《诗源辩体》卷十六谓孟浩然《临洞庭上张丞相》诗“前四句甚雄壮,后稍不称”,即属不明干谒之体也。此诗前半写景,意在展示才能,后半转为希求汲引之意,而“欲渡无舟楫”一句过渡,切合临湖之景,以干谒而言,亦可谓合作矣。

039　许学夷论诗不仅见古今之别,且能分别从古今不同视点观之,是以眼光迥出常流。如东坡谓柳宗元诗在陶渊明下,在韦应物上,朱子谓韦应物诗高于王孟诸人,许氏则云“韦柳虽由工入微,然应物入微而不见其工,子厚虽入微而经纬绵密,其功自见。故由唐人而论,是柳胜韦;由渊明而论,是韦胜柳”。此种观察问题之方式,于古人中殊不多见。

040　许学夷论诗，有"盛世尚同，衰世尚异"之说，极为精当。

041　公安性灵之说以掊击七子为宗旨，故以苏矫七子之盛唐。许学夷以严沧浪为宗，守盛唐体制声调之本，故力排袁氏。牧斋恶明人剿袭之弊，并沧浪而诋之，晚以宋调矫盛唐之伪，遂同于公安。吴乔承许学夷之学，虽稍异其旨，而力反宋调，故抨击明人之余，并牧斋亦排之。易代之际，虽论出多门，流派纷然，要其唐宋二途划然可分也。

042　明李维桢《大泌山房集》卷九《诗源辩体序》云："上下数千年统论之，以《三百篇》为源，汉魏六朝唐人为流，至元和而其派互分。"许学夷《诗源辩体》亦有类似之说，皆叶燮以中唐为"百代之中"之滥觞也。

043　夏完淳少年英发，才华气节擅千古之名，为古来罕觏之才。其诗亦卓绝不凡，汪端谓高华沉郁两擅其长，诚有之矣。然究以春秋未展，栋梁早摧，诗学容有未练。《晚眺有忆》云："不系扁舟久，登临泪满缨。暮云山外断，春水月中平。蔓草云间戍，轻烟海上城。佳期空冉冉，迟暮若为情。"中二联上为不及物动词句，下为名词句，不及物动词本可对名词，故二联句式颇予人类似之感。又暮云、春水、蔓草、轻烟俱为偏正修饰结构，山外、月中、云间、海上均以方位词构成（其中云间为地名借对），尤有合掌之嫌。此足见其诗笔之嫩，天假以年，老境必无是也。

044　清代李黻平谓明代天下之诗派有三，河朔为一派，江左为一派，岭南为一派。予谓清代河朔一派已微，可以山东代之，亦为三派。

045　清诗之趋向大要有二,一则愈益日常化,记录生活琐事,一则反其道而行之,远离日常纪事,而争奇斗巧,以难见工。平一贯《珠山集》有"百梅咏""百花咏",咏一花而至百首,以难取胜也。此昉自元冯海粟《梅花百绝》,中峰和尚和之,明黄翰广为百律,今不传。张诚《婴山小园诗集》卷五亦有和作。《闺怨》七律十八首限溪、西、鸡、啼、齐五字韵,依次以一、二、三、四、五、六、七、八、九、十、百、千、万、两、半、双、丈、尺十八字起首,每首中又含此十八字,盖五十六字先已限定二十三,不得不谓艰难也。黄子云《长吟阁诗集》卷十亦有同题二首,张诚《婴山小园诗集》卷三有同题三首。又有闲而无聊者,取前人诗一首,各以其句为题分咏之。朱瀚《小沧溟馆二集》卷十七《李长吉秋来一篇八句分赋八首》,是其例也。然长吉此诗意境阴冷诡秘,分赋八首五律固非易易矣。

046　清诗之不为人所尚,不以其劣,而尤以其滥也。或效白乐天作履历、日记,或效江湖派打秋风。金醴香诗集名《有韵履历》,吴兰雪诗集人目为《有韵缙绅录》(皆见倪鸿《退遂斋诗钞》卷四《除夕怀鬼诗》),盖以是也。

047　诗文之月旦,自古有之,操选政者,或以纪盛时,或以表潜德,或以论心赏,或以较才艺,其自觉与一种文艺主张相联系则必至明代,且与社例相为表里也。吕晚村集卷五《东皋遗选序》曰:"凡社必选刻文字以为囮媒,自周钟、张溥、吴应箕、杨廷枢、钱禧、周立勋、陈子龙、徐孚远之属,皆以选文行天下,选与社例相为表里。"

048　高士奇《蓬山密记》载圣祖语云:"当日初读书,教我之人止云熟读四书本经而已。及朕密令内侍张性成钞写古文时文,读之久而知张性成不及。后得高士奇,始引诗文正路。高士奇夙夜勤劳,应改即改。当时见高士奇为文为诗,心中羡慕如何得到他地步也好。他常向我言诗文各有朝代,一看便知,朕甚疑此言。今朕迩年探讨家数,看诗文便能辨白时代,诗文亦自觉稍进,皆高士奇之功。"由此知康熙之诗文趣味受高士奇影响甚深,论康熙朝文学之趋向,此点不可不予考虑也。《蓬山密记》向未刊行,稿藏其家,至民国元年邓实始据传写本刊入古学汇刊第三编下,由上海国粹学报社排印行世。

049　牧斋书劝徐世溥作史,"正书法以征信史,宽刺讥以旌愚忠"。而其自运殊未循此也,《列朝诗集》排击七子、竟陵辈,皆已过甚。

050　同一仕清,牧斋为人鄙视,而梅村则多见谅于人。盖心迹、行迹皆不同,故后人于梅村多原囿之词,而于牧斋则不假以颜色也。此亦可见二人品格之高卑矣。钱瑶鹤《焦尾编》卷上《读吴祭酒集》云:"未必妻孥剖爱难,征书星火下长安。亲恩忍说能抛屣,公论从知有盖棺。老去词章抵青史,放归身世及黄冠。黍离何限兰成泪,萧瑟江关赋里看。"宋翔凤《洞箫楼诗纪》卷十《观梅村诗话及复社纪事各系以诗》:"诗歌少激切,遇变乃迟疑。身非宇宙材,吁嗟难自持。试求郁郁意,亦动深深思。颠蹶但自怨,圣贤谅其心。始知有学集,惟听鸟兽音。其人不足取,其诗何足吟。"

051　钱澄之谈艺甚精,钱锺书以为在牧斋之上,人或未许也。然其《问山文集序》《诗说赠魏丹石》《陈官仪诗说》诸文论诗文皆透澈,虽老生常谈之题,经其阐发,顿出深意。

052　阅卞僧慧《吕留良年谱长编》，载晚村与诸友卖艺文，有润格云：律诗一钱，古风三钱，长律每十韵加二钱，寿文一两，募缘疏一两，祭文五钱，碑记书序各一两，杂著五钱。

053　金圣叹批唐人七律，无论其气脉结构如何，必以前四句为一解，后四句为一解，人目为腰断唐诗。后圣叹被腰斩，人或谓食其报，见海纳川《冷禅室诗话》。

054　吴嘉纪诗初不著名，以汪楫介绍于周亮工、王渔洋，得二公表彰，遂闻名天下。然未得二公表彰前，乡里喜其诗者固有人在也。《江左十五子诗选》卷十李必恒《读陋轩诗》云："东淘吴野人，吟苦效郊岛。崛起鱼盐中，海滨知者少。我行读其集，奉持若瑰宝。钞誊失寒燠，吟讽错昏晓。长者或嗤予，所见毋乃矫。性情贵和平，此亦太枯槁。长跪谢长者，兹理本微渺。同嗜有殷生（名王峰，字樊桐，同里人，有能诗声），可为知者道。"

055　尺牍之文，明人言清，清人语挚。康乃心《莘野文集》卷七《书赖古堂尺牍后》云："《新钞》《藏弆》《结邻》三书，亦风雅，亦道学，亦文章，亦气节，不衫不履，或古或今，真艺苑中波斯鸿宝也。读此诸编，寝食风雨，以代晤歌，其痛快处一字一珠，枚生《七发》何足道耶？凡我同学置此数种，当益神智，亦拟韦弦。此本余自白下携来，作中郎帐中秘久矣。"顾其中论诗之语亦夥，披襟剖胆，较冠冕堂皇之诗集序更可见其真实想法。

056　宋荦《漫堂说诗》云："明自嘉、隆以后，称诗家皆讳言宋，至举以相訾謷，故宋人诗集庋阁不行。"予阅清初人藏书目录、题跋笔记不一，皆见当时宋集流传极罕，朱彝尊、黄虞稷、曹溶诸家外，世人得见之宋诗总集、别集与选本殊有限。以治杜诗著名之卢世㴶,以而立之年而不知有黄山谷,觅其集亦难得,他可知矣。

057　宋荦榷虔州前诗,皆学唐人。自《虔州杂诗用子瞻八境台诗韵》始,康熙二十年至二十二年间《回中集》《西山唱和诗》《续都官草》诸集中,学宋痕迹宛然可见。宋诗人及其作品频繁见于题中,如《蓟州崆峒山用放翁临别成都帐饮万里桥韵》《石门望石将军用放翁风雨中望峡口诸山韵》《卢师山歌用东坡游径山韵》《同介维至儿丰台看芍药迟梁药亭蒋京少不至用东坡定惠院寓居月夜偶出韵》《冬夜示弟介山儿至用放翁同子坦子聿游湖中诸山韵》《同弟介山儿至守岁用放翁夜闻湖中渔歌韵》《上元前一夜留钱介维小饮用梅圣俞答吴长文内翰遗石器八十八件韵》《吴汉槎归自塞外邀同王阮亭祭酒毛会侯大令钱介维小集作歌以赠用东坡海市诗韵》《端午夜示儿至用东坡与迈联句韵》《秋日望盘山用山谷二月二日晓梦会于庐陵西斋寄陈适用韵》《冬夜留周屺公漫堂小饮用山谷答秦少章乞酒韵》《秦皇岛望海歌用子瞻题王定国所藏王晋卿烟江叠嶂图韵》《游夹山寺用放翁瑞草桥道中韵》。仅此亦足以见其于宋诗何等熟悉。

058　袁枚《随园诗话》中论王渔洋诸条,皆诛心之论。其《论诗绝句》有“一代正宗才力薄,望溪文集阮亭诗”之句,时人或许之。如祝德麟《悦亲楼诗集》卷二十四《吴江秀才郭麐以所著诗词来谒题赠二首》:“渔洋一代推宗匠,难谢千秋伯业评。”注:“世之论新城者毁誉皆失实,近见《随园诗话》评论最得其平。”虽后人多不能首肯其说,然实不可易也。

059　王渔洋早年诗收入《阮亭诗选》者颇多与前辈、同侪酬赠之作,语极谦恭,后刻入《渔洋诗集》皆作删改,以后辈投呈施闰章之二首删去,《赠程五周量》"翩然挂席沧江边"下删"兴来更著临川屐,乘风忽刺彭蠡船。异人到眼看欲尽,狂奴三月来幽燕"四句。"狂奴",自谓也。如是者不一。

060　自元好问作论诗绝句,王渔洋效之,其体日广,作者益多。郭绍虞、钱仲联所辑《万首论诗绝句》收罗虽富,遗珠尚夥。予所见者,邱赓熙《篛帽山人诗草》卷二有《戏学元遗山论诗十五首》,李重华《贞一斋集》卷九《与张支百研江话诗随笔九首》、卷十《唐人诗话十三首》,张祖昌《游粤草》卷下《论诗绝句》三首,张翊儁《见山楼诗集》卷三《读国朝人诗效元遗山论诗体》,黄定齐《垂老读书庐诗草》卷下有《论四明诗派》,郭漱玉《绣珠轩诗》中有《论诗》八首,何刚德《平斋诗存续编》卷二《说诗解嘲》二首,蒋超伯《圃珧岩馆诗钞》卷四《学诗绝句追和都南濠少卿》。

061　王渔洋《落凤坡吊庞士元》,以《三国演义》虚构情节为史实,人多哂之。考同时孙元衡《片石园诗》卷三亦有《重阳日登落凤坡放歌吊庞士元》,后陈奉兹《敦拙堂诗集》卷七有《庞统墓》诗,注:"在落凤坡,即古鹿头阙。"则其地固有其墓也,然亦无非后人所附会。唐炯《成山庐稿》卷二亦有《庞士元墓》,序云:"士元遭先主之明,与武侯共济,可谓千载一时。乃始屈耒阳,终困洛水,中道赍志,佐命无功,岂非命耶? 况夫雅道凌迟,中材之士,抑于势位,何由自见哉?"袁枚《随园诗话》卷五云:"崔念陵进士诗才极佳,惜有五古一篇,责关公华容道上放曹操一事,此小说演义语也,何可入诗? 何屺瞻作札,有'生瑜生亮'之语,被毛西河诮其无稽,终身惭悔。某孝廉作关庙对联,竟有用'秉烛达旦'者。俚俗乃尔,人可不学耶?"然道光间王浔《药坡诗话》亦指袁氏《费宫人刺虎行》中细节本自戏曲描写,则袁氏亦不免乌鸦笑猪黑耳。明清以降,士人习以看戏曲读小说为日常娱乐,"戏台上的纲鉴史学"深入人心。如李绿园《歧路灯》所云"一向看戏多了,直把不通的扮演,都做实事观"也。于是"掀汉史的看见东方朔,说这是一个偷桃的神仙,却成了臣;掀唐史的看见李靖,说托塔天王,竟封了公"。实则王菼《与友人书》论学诗固已劝其"约情复性以植其本,枕经葄史以大其藏,规《骚》《选》,揽唐宋以正其趋,猎百家参小说以尽其变,絜人情穷物理以致其用"(《柔桥文钞》卷十二)。则小说为诗歌取材之一途,原无足非也,惟求无悖于史实而已矣。

062 王渔洋与李于鳞之关系,非仅风格之相似,如吴乔所谓"清秀李于鳞"也。同乡之情亦当虑及,渔洋叔祖季木尝购李于鳞旧宅葺而居之。渔洋平生最以叔祖自豪,叔祖所居自亦联系一层感情。

063 刘濬辑《杜诗集评》卷十《潭州送韦员外迢牧韶州》附韦迢《潭州留别杜员外院长》诗云:"江畔长沙驿,相逢缆客船。大名诗独步,小郡海西偏。地湿愁飞鹏,天炎畏跕鸢。去留俱失意,把臂共潸然。"朱彝尊许其"绝佳"。按:杜诗纯属应酬,无话找话,故有"风流汉署郎。分符先令望,同舍有辉光"等套语赘词,王渔洋抹"分符"二句。韦作则正宗大历诗格调,较原唱固稍胜,然亦当不得"绝佳"二字。于此见朱、王二人鉴赏力之高下。

064 王渔洋作《岁暮怀人诗》,后人效者甚多。袁枚《小仓山房诗集》卷三有《怀人诗》三十一首,朱桂《岩客吟草》卷二有《冬日怀人绝句八首》,彭蕴章《松风阁诗钞》卷十七有《岁暮怀人》十六首,王玮庆《滿唐诗集》卷十四有《岁暮怀人二十首》,陶元藻《泊鸥山房集》卷二十有《岁暮怀人四十二首》,郭麐《灵芬馆诗四集》卷十一有《岁暮怀人诗》十七首,陈传经有《岁暮怀人诗》

四十一首，见郭麐《灵芬馆诗话》续集卷四，刘逢禄《刘礼部集》卷十有《岁暮怀人小序》，诗存十六首。孙枟同治五年底于湘江舟中成《怀人诗》六十余首。黄遵宪《人境庐诗草》有《岁暮怀人诗》三十三首，《续怀人诗》十七首，《己亥续怀人诗》二十四首。今人周退密《岁暮怀人绝句》亦多至百余首。

065　施愚山五律工稳醇厚，绵不著力，学中唐最老到，诚可当"火青气紫古洪炉，字字真金炼不枯"（黄人《论诗》）之评。张英《存诚堂诗集》卷十五有《赠施愚山二首》略云"大雅伤沦弃，宗风赖拄撑。岂应将五字，独数谢宣城"，则时辈亦许其五言最高。愚山宣城人，故以小谢比之。晚清张裕钊选《国朝三家诗钞》，于愚山独取五律，诚亦有见，唯其以为愚山五律最近王孟，犹有未谛耳。

066　笠翁擅作传奇小说，《偶集》（亦名《闲情偶寄》）一书妙趣横生。至于诗，虽时人许以"婉切多姿，自是元白古风"（《尺牍兰言》卷一柯耸《答李笠翁》），究非所长。其诗非诗，乃文也，词曲也，说话也。朱绍本云："诗余入诗，终带俳优气；曲剧入诗，则诗之罪人也"（《定风轩活句参》卷一）。以此较之，则李笠翁诚诗家罪人矣，然天地间亦欠此一体不得。盖富于才情，目空一切，信手拈来，头头是道，议论间亦有不可掩处。然粗率放肆，终令人生厌。梁九图《十二石山斋诗话》卷十云"李笠翁诗能出新意，不欲就前人范围，然味浅词粗，多流放诞。同时如吴梅村、尤展成、丁药园、余澹心诸先生力为揄扬，今则人皆訾之。究之平心而论，笠翁亦未尝无完善之作也"。观其所举仍为律诗摘句十数条及绝句五首，袁枚《随园诗话》卷九许其诗有足采者，为录《送周参戎之浦阳》《婺宁庵》二首，郭麐《灵芬馆诗话》卷三亦曾赏其《晓行》《绝句》，皆未见佳也。余阅其诗，觉可取者，乃《薄命歌》

《古别离》《丙戌除夜》《江村晏起》《赠侠少年》《吊书四首》诸诗
而已。

067　山谷言杜诗无一字无来处，误后人不浅，仇兆鳌《杜诗
详注》即守此说而孜孜索解，流于穿凿附会。其实明代陈璂《旅
书》"解诗"条已有妙语破此执，曰："凡选诗者不妨训诂，以为初
学便于谙晓，至于字句多引前人之诗，谓某句某字本于某人，亦
过矣。盖多读书则落笔自无杜撰，岂择其为某人之句字而用之
哉？若夫训解意义，附会当时之事，则所谓郢书燕说，极坏诗体，
一概抹却可尔！"而后人不从其说，何也？

068　清人最喜续书，朱彝尊《词综》出，至乾隆间即有王昶
《续词综》续之，后又有崔旭撰《续词综》，黄霁青有《续国朝词
综》，黄燮清补之。丁绍仪又有《国朝词综补》，谭献讥其"闻见浅
陋"。他若《山左诗钞》《甬上耆旧诗》《金陵诗征》等郡邑诗之续
补更不可枚举矣。

069　潘焕龙《卧园诗话》卷一谓："讲考据者，其诗多涉于
腐；习词曲者，其诗多失于纤。"笠翁娴于词曲，作诗落笔时亦不
能免词曲之调，唯非流于纤，乃流于油滑也。如《行路难》之类，
造语格调竟类曲牌。

070　朱仕琇《梅崖居士文集》卷十八《鲁远怀诗序》云："昔
余与瑞金杨侍御（默堂）论诗京师，侍御力持唐音，而余主杜甫，
不相下。"予读至此而窃有疑焉，杜甫乃非唐音乎？既而阅尤珍
《介峰札记》卷三："自唐以后诗人有学杜者，有学盛唐者，宗派不
同，学诗者宜致审焉。"乃悟乾隆初年正当康熙朝唐宋诗之争方
偃，所谓唐音有特指之义，即王渔洋《唐贤三昧集》所主之盛唐之

音也。故主杜甫则异其趋,与主唐音者不相人。考"唐人"与杜甫之对立,盖自宋已然。葛立方《韵语阳秋》卷二引陈与义语曰:"唐人皆苦思作诗,……故造语皆工,得句皆奇,但韵格不高,故不能参少陵之逸步。"此所谓唐人,即主苦吟之晚唐人也,故与杜对举。叶适《水心文集》卷十二《徐斯远文集序》云:"庆历、嘉祐以来,天下以杜甫为师,始黜唐人之学,而江西宗派章焉。"此将唐人与杜甫对言。胡应麟《诗薮》内编卷五亦举杜甫《登高》,谓"是杜诗,非唐诗耳"。

071　郑方坤《本朝名家诗钞小传》卷四"十砚轩诗钞小传":"昔贤谓知梵志翻著袜法,始可作无题诗;知九方歅相马法,始可读无题诗。"语甚有味。

072　史承谦《爱闲斋笔记》卷一云:"黄涪翁谓诗文有时代压之,不能高古。五代诗靡而词古,元诗文萎弱而曲子院本时有古色,明代时文亦然。"此言足深思。

073　郑板桥《道情》不标宫调,金武祥《粟香四笔》卷七谓过曲为正宫之耍孩儿,煞尾为双调之清江引,其句调可覆按也。

074　予昔尝著论,以为古诗人用"角色诗"体托女子口吻作诗,以寄其柔情。后见焦循《雕菰楼集》卷十《词说一》有云:"人禀阴阳之气以生者也,性情中必有柔委之气寓之。有时感发,每不可遏,有词曲一途分泄之,则使清劲之气长流存于诗古文。"是亦可佐予说也。

075　有清一代诗家,才气之大莫过黄仲则,气格之浑雄莫过钱牧斋,叙事之达莫过吴梅村,会琢好句莫过王渔洋,写情之深莫过蒋心余,议论之犀利莫过赵瓯北,锤炼语言之功莫过黎二樵。钱、吴、王、蒋、赵五家世易知,殆无间言,黄、黎二家则非深于其诗者莫予许矣。

076 郭麐《灵芬馆诗三集》卷三《舟中读黎简民简五百四峰草堂诗竟用其读黄仲则集韵题之》云:"黎生产海隅,胸郁大海澜。冥心八百怪,老气横两间。宁为历口榄,不作脱手丸。"末二语颇得二樵诗心。许宗彦亦服膺黎二樵诗,集中有学其体之作。《鉴止水斋集》卷三《题黎二樵五百四峰草堂诗却寄》云:"何人善变辟风格,近数禾中少宗伯。海内赏音谁最亲,独有岭南黎简民(二樵论诗最膺服钱少宗伯)。简民为诗苦用心,虚空欲著斧凿痕。眼前常景入句里,百思不到一字新。颇讶肝脾与众异,中有万古骚人魂。幽兰泣露荒山寂,翠袖啼寒修竹昏。空潭千尺碇月影,危崖一线牵云根。仙才鬼才两不让,岛瘦郊寒未足论。"颇能识得东野作诗之趣。

077 黄仲则女名仲仙,归兴化顾芝衫,亦能诗。李祖《昭阳述旧编》载其诗词数首,意致平平,而尚有法度,不失家学也。《百字令·史阁部墓观梅用辛稼轩韵》云:"一花开后,纵纷纷红紫,让他高节。血泪染花冰铸魄,不为雪霜心怯。漠漠苔痕,阴阴草色,路与人间别。是真香骨,客来呼起重说。 东阁也自清孤,垂垂几树,只解耽风月。独向冰天撑半壁,破水残山重叠。可奈东皇,桃花消受,不念霜枝折。对花下拜,问天谁更搔发?"此阕遣词造句不无可议,而立意非寻常女子可到。

078 高密李氏兄弟之出名,固《随园诗话》称之于前,殆亦与秦瀛之表彰有关。秦瀛与李宪乔同举乾隆三十九年顺天乡试,乾隆四十二年有《题李少鹤诗册》(《小岘山人诗集》卷五),同年秋冬间又有《题李石桐诗集》云："寂寞成连琴,泠泠太古音。君诗清似此,海上发高吟。千载抱幽独,一时谁赏心。相思不可见,梦寐劳山岑。"集中与少鹤唱和之作颇多。

079　谓清人以考据为诗,盖以其以诗论学也。朱元英《虹城子集》卷一《石鼓诗》百韵,小序云："自唐宋来,或曰成王,或曰宣王。余从宋程文简公大昌《雍录》主成王,其辨杂见于篇。"马国翰《玉函山房诗集》卷二有《读毛诗四十五章》,每首皆论《毛诗》之题旨序意,了无意味,何不竟作考证文字,而必溷于诗耶?斌良《抱冲斋诗集》卷十八《斜川集》七律每句一注,竟似一篇《斜川集流传考》,亦其例也。

080　自杜甫有"文章憎命达"之句,韩愈倡"不平则鸣"之论,欧阳修为"穷而后工"之说,古今祖述之无异词。然此亦就他人境遇而言耳,苟及己身则固不甘忍受困顿之遇而冀文章之工焉。甚者或以为逆境有妨成就,境顺当更有所成。如计东《又与钱湘灵书》曰："以张籍之才,而韩退之惜其家贫多事,未能卒业。(中略)王遵岩自言赖先人之遗,不以衣食为苦,又天与之灵,于圣贤之言,每对辄有所契。夫人生而蒙先业,不乏衣食,非命乎?既不以奔走衣食累其心,心无萦扰,则由定生慧,由静生明,我心之灵自日出而不穷,况曰天与之乎?"《同人集》卷四吴梅村康熙三年致冒辟疆书云："弟少时读书,自以不致舐滞。比才退虑荒,心力大减,百口不能自给,而追呼日扰其门,以此吟咏之事经岁辄废。穷而后工,徒虚话耳。"以梅村之才尚且如此,他人可想而知。桑调元《弢甫集》卷五《转蓬集钞序》叹茅君"率胸臆为诗,故以穷得工,惜未尽其才。假使君得善地以养其生,有药饵以扶其羸病,病可已,益肆力于风雅,以发抒其所欲言,当更蔚然精诣,而今止于此,悲夫!"杨葆光《苏盦文钞》卷一《题康伯山翁诗意册》所云"士君子读书自爱,莫不愿蝉蜕于浊秽,不得已而与世驰逐,苟非有力者哀悯其穷,使勉成其所志,即不至入于卑鄙龌龊者流,而抑塞磊落,又何以堪耶?"皆有见之言也。推而广之,凡生平不幸之艺术家,若莫扎特、梵高之类,必亦自伤遭际,恨不得免于衣食之累而尽其才也。是故吾人于生平不幸之艺术家恒应惜不尽其才,而不当幸其穷而后工也。

081 乾隆三十二年王鸣盛《苔岑集》序:"集中所录,类皆弄草拈花,模山范水,或吊古而伤逝,或送别而怀人,风月之外,绝少慨慷;酒歌之余,都无感慨。在曲论者,漫以浅易见遗;而深识者,正复以高奇见贵。何者?(中略)吾侪生长升平,优游熙洽,立言固宜尔尔,孰谓闲适之文,无与于论世之助;必无病呻吟,乃系名教哉?"此当时文士歌咏升平、避忌文网之自觉意识也。

082 吴嵩梁在乾嘉间诗名颇盛,中外达官能诗者咸与缔交,故《香苏山馆集》中多应酬之什,当时京师指其集为有韵缙绅录。甚至宴饮时借以行酒令,各人随手翻一页,视其题目,中有戴珊瑚顶者饮一杯。竟有一页而饮数杯至醉者。

083 世言盛唐诗气象浑成,晚唐诗深峭入骨,馆阁体则不求题义,专以刻划字面为工。有以《出恭》题为例,曰盛唐体作:"大风吹屁股,冷气入膀胱。"晚唐体作:"板仄尿流急,坑深粪落迟。"馆阁体作:"七条严妇戒(取七出之"出"),四品受夫封(取恭人之"恭")。"见王用臣《斯陶说林》卷十二。亦可以北京俚语评之曰"话糙理不糙"也。

084 唐胡钉铰、张打油,俗诗流传为笑谈。明代益都赵秉忠中状元,青州府县有公宴,值大雪,求其题咏,即请联句。道台

曰:"剪碎鹅毛空中舞。"知府曰:"山南山北不见土。"知县曰:
"琉璃碧瓦变成银。"赵秉忠曰:"面糊糊了青州府。"左右莫不
匿笑。

085　幼习闻外国作家写作之癖,吾国诗人作诗亦有癖焉。
清采蘅子《虫鸣漫录》卷一载:"浮梁令冯子良,粤东名进士,善为
诗,每苦吟辄啮指甲,诗成,十指血淾淾矣。必如此方有佳句,无
不痛切者。可见诗人各有其癖。前人所记吟诗必御女方成杰
构,洵不谬矣。"

086　无锡顾光旭响泉辑刊《梁溪诗钞》成,其未登选之剩稿
(一说为所据原本),同邑诸生贾崧不忍废弃,于嘉庆丙辰九月聚
而埋于锡山之阳,招同人会葬,谓之诗冢,征诗刻石。袁枚《小仓
山房诗集》卷三十六、洪亮吉《卷施阁诗》卷十八、冯培《鹤半巢诗
存》卷十、赵怀玉《亦有生斋集》诗卷十五均有诗咏之。后贾遇吴
照于扬州,吴赋诗以"奇气"许之,谓"古人今人于一壑,万岁千秋
不寂寞"。余谓是无异于乾隆之修四库书,存书之功少而毁书之
罪多也。秦瀛有文责之曰:"先生之钞梁溪诗,多者不过一人钞
数十首至百首,少且一二首至十数首耳,岂能尽其人之诗而钞
之。即谓所钞之诗其人之真精神已在于是,而此外未钞之诗其
人一生心血所在,亦应听其自存自亡于天地之间,不应举而弃之
土壤也。"诚哉是言。

087　郭麐《樗园消夏录》卷下有云:"宋四灵之论五律曰:一
篇幸止四十字,再加一字,吾末如之何矣。金源党竹溪之论七律
曰:五十六字皆如圣贤,中有一字不经炉锤,便若一屠沽子厕其
间也。语皆名隽,可为东涂西抹者下一针砭。"按:两家之说皆发
挥唐刘昭禹五律如四十贤人,著一屠沽子不得之语,何名隽

之有？

088　自有《二十四诗品》传世，仿作者不绝，袁枚《续诗品》固其例也。郭麐又有《词品》十二则，其目曰幽秀、高超、雄放、委曲、清脆、神韵、感慨、奇丽、含蓄、遒峭、秾艳、名隽，刻入杂著中。杨伯夔续作十二首，《灵芬馆诗话》卷十二载之。李铭又有《文品》二十四首，见《渠县志》著录。张廷银兄亦于民国《重修灵台县志》卷二"艺文"辑得张星南《文品》二十四首。魏谦升《赋品》二十四则，其目曰源流、结构、气体、声律、符采、情韵、造端、事类、应举、程试、骈俪、散行、比附、讽喻、感兴、研炼、雅赡、浏亮、宏富、丽则、短峭、纤密、飞动、古奥。杨景曾有《二十四书品》一卷，见湖北省图书馆藏梧叶书堂抄本丛钞十七种中，又收入光绪己卯崇文阁刊本《三品汇刊》中，三品者司空图诗品、杨景曾书品、黄钺画品。金武祥《粟香二笔》卷二载四川举人王再咸撰《花品》四十八首，是又附庸蔚为大国矣。

089　杜文澜《古谣谚》为刘毓崧馆其家时为其编纂，见《通义堂文集》李审言序，其代撰凡例尚存文集卷十四。

090　民国间诗人王守恂《仁安诗稿》中论诗诗最多，自道学诗心得，颇有可讽。如卷十五《论诗戏作》："少年文字如婴儿，各随天性为笑啼。中年如女解修饰，知盘高髻描长眉。晚岁如人世事老，谈笑不用心矜持。此时文章易放手，或形乖诞或支离。"卷十九《诗兴偶然勃发作此自嘲》："少年诗句非求工，只惭与古相雷同。晚年有诗苦重复，自避前辙时时穷。"

091　论诗不可不读钱振锽《星影楼壬辰以前存稿》中《诗说》，读之则敢发议论，知天下本无一成不变、确不可移之定论。

又不可不读钱锺书《谈艺录》，读之则知须读多少书始可发议论。

092　钱仲联先生《梦苕庵诗话》曾言：“诗人喜自负，不足怪，然未有如李莼客（慈铭）之大言不惭者。”举《越缦堂日记》自评其《送李爽阶之天台令》诗语：“不难于奇思隽语，而难于音节自然，直起直落，不烦绳削。作诗到此地步，良非偶然。惜不令吾家太白见之。东坡、遗山政恐未及见。东坡有其趣而乏遒警，遗山有其骨而乏风华，季迪有其神而乏沉实，空同有其力而乏顿宕，大复有其韵而乏开张，迦陵有其格而乏浓至。此事自有公道，吾不敢多让。”然此不过述于日记，未若林庚白之尝语人曰：“十年前郑孝胥诗今人第一，余居第二；若近数年，则尚论今古之诗，当推余第一杜甫第二，孝胥不足道矣。浅薄少年，哗以为夸，不知余诗实尽得古今之体势，兼人人之所独专，如元稹之誉杜甫。而余之处境，杜甫所无，时与世皆为余所独擅，杜甫不可得而见也。余之胜杜甫以此，非必才力凌铄之也。余五七言古体诗，奄有三百篇、魏晋唐宋人之长；五七言绝句，则古今惟余可与荆公抗手；五七言律诗，则古今惟余可与杜甫子美齐肩；盖皆以方面多，才气与功力又能并行，故涵盖一切。”见其《丽白楼诗话》下编。余谓庚白虽才情芊绵，而欲抗礼半山，弟蓄老杜，恐尚不足言。其《孑楼诗词话》又曾举己拟徐志摩所译哈代《一个星期》之作，谓胜过原作，而实浅陋不足观，同为欺世大言也。

093　江湜之诗，晚近以来评价极高，最自负之林庚白，得中国书店所印《伏敔堂集》读之，于致柳亚子书中再三称赞，惊为“近五百年所未有，即持较李杜苏黄义山荆公，亦不多让”，以为“取其作法，更以吾侪之思想附益之，去其陈腐之见，则矛盾之辞意，可以一扫而空，吾侪前此所自引为病者，亦可以无虑。江死于同治初年，颇为侥伟（疑为倬之讹），殆天留此诗人为我辈师资,假令生于同光,亦且坠郑、陈之道矣"。

094　陈衍《石遗室诗话》虽善持论,而不免喜誉同好,有过情之词。卷十六载赵熙《得瘿公书识京华故人消息喜极志感》:"灯下欣如聚故人,经年南北断知闻。苦吟健饭陈无己,行乞枯僧杨子云。惟汝梁鸿妻共庑,有人王霸子成群。独怜老跨耕牛者,强唱农歌媚细君。"此诗中两联连用四古人名,"点鬼簿"耳,石遗许其"语意沉痛,皆从肺腑中迸出,非薄俗轻隽之子所能勉托也",何其过誉欤。

095　人之好人誉己,虽饱学名贤亦所不免,陈石遗尝访沈曾植,适陈散原在座。坐未定,二公大哗,沈责石遗近来诗话不甚誉其诗,陈则谓诗话誉其子师曾诗过于乃父。

096　民国以后,反新诗者每以不精炼为口实,陈景寔《观尘因室诗话》举杜甫《咏怀古迹》"群山万壑赴荆门,生长明妃尚有村"一联为例,谓写作新诗必作:"这一些大山头和那些山涧沟子一齐都对荆门,路傍边有一个小村子里头有一位美貌的佳人。"潘大道《论诗札记》亦谓温庭筠"鸡声茅店月,人迹板桥霜",比"在一间茅店中,听见鸡叫的时候,看见月亮出来,又看见人的足迹,印在板桥的霜上"要好。此皆以历经千百年磨炼之古典语言与五四初兴之幼稚白话相较,实有欠公允。即以今日观之,虽仅数十年,业已不满于此等白话,则守旧者之论固不待驳矣。

097　近代报刊多连载诗话,南社社员所撰诗话,见于郑逸梅《南社丛谈》著录者有庄通百《庄庄诗话》、朱剑芒《新新诗话》《吹花嚼蕊庐艳体诗话》、汪兆铭《南社诗话》、陈仲陶《剑庐诗话》、庞独笑《灵蕤阁诗话》、姚雄伯《止观室诗话》、胡石予《半兰旧庐诗话》《炙砚诗话》、胡怀琛《萨坡赛路诗话》、奚囊《逢云小阁诗话》、李之鼎《吉止室诗话》、丁绍仪《听秋声馆诗话》，未详其刊于何所也，暇时当一检之。

098　今诗坛每有某某杯大奖赛，此事古亦有之。元代浦江吴氏结月泉社，聘谢翱为考官，出《春日田园杂兴》题，取罗公福为首，见《怀麓堂诗话》。又松江吕璜溪曾出金帛，征四方能诗之士，请杨维桢为主考，第其甲乙，厚有赠遗。一时文人毕至，倾动三吴，见《四友斋丛说》。崇祯十三年，扬州影园黄牡丹盛开，一时名士多有题咏。冒辟疆与郑元勋征集四方之作，糊名易书，缄寄钱谦益，定其甲乙。郑元勋使人精工制杯一对，内镌"黄牡丹赏最"，以赠诗状元。钱谦益以黎美周诗为第一，郑即以杯赠之。美周遂渡江访牧斋，执弟子礼。

099　清诗题材之丰富度越前代，几无不可入诗之事，论艺其一端也。前人仅以论诗论画，清人则论文论书论印论砚论医，无不可论。陈奕禧《春霭堂集》卷二有论书绝句《偶书八绝》，《京江耆旧集》卷九载张镠有《论琴十绝句》，朱桂《岩客吟草》卷四有《与沈云梧舍人论砚诗十二首》，陈文述《颐道堂诗选》卷六有《灯下与稚回论骈体文》，陈之傪《浣雪山房诗钞》有《论四书文绝句》三组四十七首，袁嘉谷《卧雪诗话》卷二载倪宜园撰《论文绝句》三百六十首，徐礼堂有《论医绝句》。

100　清初诗人颇事标榜，凡名家之集序文多至十余篇，王渔洋康熙元年刊《阮亭诗选》，卷首载诸家序达二十七篇，系汇集单行各集所有序也。后乃渐少，最奇者姚鼐集乃无一序。

101　唐人诗以五十韵、百韵为巨，清人争奇斗学，每有尽一部之韵以逞才者。吴曾贯作表忠观诗，用八庚全韵，人呼吴八庚；朱芬游华山，赋四支全韵诗，阮元称朱四支，见宋咸熙《耐冷谭》卷七。斌良《抱冲斋诗集》卷四《旅次书怀》用八齐韵凡一百二十三韵。宁楷《修洁堂集略》卷十六《朱香初华山怀古诗序》谓朱游华山之作竟用尽支韵字，达四百六十二韵，从古未有。方濬颐《二知轩诗钞》有《何棣珊中允督学江右作诗寄怀用十五咸全韵》，是取险韵以见难也。

102　汪端《明三十家诗选》二集卷四上录李昱《秋宵七恨》，小序云："荀卿赋篇于知云蚕箴之辞，始隐而终露，又叠以应之。予尝爱其异，偶值秋宵，不堪旅次，韵成七恨，以为一代之新体云。"其七恨分咏风、雨、月、砧、笛、蛩、雁，汪端谓其胎源于杜甫《同谷七歌》。按此体肇于骆宾王《秋晨九咏》，彭泰来《诗义堂后集》卷四有《演骆丞秋晨九咏》，分咏屋、艇、竹、菜、灯、衫、被、女、士。唐恽宸《芑野诗钞》卷三有《观秋九首》，分咏空、露、岭、塘、香、柳、雁、瑟、梦。郭麐《灵芬馆诗二集》卷七有《九秋诗》分咏潮、林、烟、寺、灯、枥、衾、宾、蝶，均仿骆宾王作也。陈讦《时用集》有《次韵钱欧舫秋吟十四首》，分咏容、声、花、草、山、江、燕、露、水、鹰、云、虫、砧、柳，则属推而广之。郭麐《灵芬馆诗三集》卷二又有《和忠雅堂集中消寒杂咏》，分咏寒钟、寒岫、寒樵、寒潮、寒罍、寒帆、寒鸦、寒鸡、寒犬、寒灯、寒炉、寒蔬、寒研。鲍瑞骏《桐花舸诗稿》亦有《消寒十咏》，分咏寒柝、寒炊、寒枥、寒潮、寒井、寒堡、寒衾、寒砚、寒钟、寒灯。胡天宠《旅草》有咏雪案、雪几、雪屏、雪瓶、雪床、雪帽、雪裘、雪卷、雪笈、雪研、雪笔、雪墨。清人集中每有组诗，以主题奇异取胜，如元袁桷《清容居士集》卷八有《吴船行》《淮船行》《越船行》《河船行》，张贞生《庸书》卷十七有咏船诗二十六首，分咏漕船、钦差官船、现任官船、新任官船、去任官船、假归官船、遣归官船、巡河官船、武官船、龙衣船、商客船、抽丰客船、游客船、汛兵船、盐船、进香船、渡船、渔船、柴船、酒船、月船、雪船、顺风船、避风船、冰船、雨船。斌良《抱冲斋诗集》卷一有《车上四咏》(篷、幔、旗、鞭),《道旁八咏》(驿、铺、市、寺、柳、草、辙、尘),《旅食八咏》(饼、粥、腐、火酒、葱、韭、鸡卵、大头菜),《店中四咏》(床、灯、枥、槽)。董元度《旧雨草堂诗》卷六有《十老诗同午厓叞夫拈韵》,分咏将、儒、女、农、兵、贾、仆、伶、妓、僧。吴本锡《寄云楼诗集》卷三有《十老诗含雨轩同赋》,分咏将、客、儒、僧、友、仆、婢、妓、优。佚名《养拙山房诗草》有《社课十老吟》,有老樵、老妾、老渔,而无老兵、老女、老伶。后方濬颐《二知轩诗钞》有《咏老十六首》,分咏儒、农、渔、樵、贾、吏、将、卒、女、仆、婢、妓、伶、丐、僧、尼,后又补三首妾、巫、医。谢质卿《转蕙轩词》有《洞仙歌》分咏老渔、老樵、老丐、老妓、老僧。萧德宣《虫鸟吟》卷六亦有《九老吟》,分咏老成、老健、老明、老慧、老练、老辣、老拙、老饕、老福,则又属咏老性矣。李文焌《恒斋诗集》卷九有《江干十远次家绍易韵》,分咏山、树、岸、村、烟、帆、雁、钟、灯、笛。周金然《东观草》《田园十忆诗和张院长敦复》分咏新绿、新秧、新篁、新荷、新桐、新蒲、新茶、新丝、新莺、新燕,可谓十新诗,吴荣光《石云山人集》卷十一有咏野水、野云、野月、野风、野花、野鸟、野树、野草,可谓之八野诗。熊文举《雪堂先生集选》卷三有江上山、江上渔、江上月、江上雁、江上楼、江上鸥、江上帆、江上梅。汪缙《汪子诗录》卷二有诗分咏枯松、枯竹、枯毫、枯砚、枯桐、枯涧、枯寺、枯儒、枯坐、枯吟、枯巢、枯冢、枯兰、枯梅、枯岩、枯龟、枯蓬、枯桑、枯茶、枯苔、枯蠹,是为二十一枯。佚名《养拙山房诗草》有《社课十六声》,分咏读书、度曲、弹琴、敲棋、卖花、煎茶、夜蛩、山禽、寺钟、牧笛、捣衣、纺纱、窗雪、阶雨、流泉、落叶。王克嶷有《十声诗》,分别为风、雨、书、琴、钟、枥、笛、松、鸡、鸟,见王鸣盛辑《苔岑集》卷二十三。百龄《守意龛诗集》卷九亦有咏声诗，为雨、风、水、叶、马、蚤、钟、砧；又有咏影诸作，为月、云、山、簾、竹、菊、雁、蝶。前后两度咏之，亦好事者矣。孙夑《愈愚集》卷四有书灯、渔灯、佛灯、戍灯四咏，翁桢《蔗尾诗稿》卷一《美人影》分咏镜中、灯前、月下、水底，其类似者也。方孝标《钝斋诗选》卷十六有《十影诗》，称为二兄所创，效而和之，所咏为花、蝶、雁、鹤、钗、剑、香、帆、峰。史善长《秋树读书楼遗稿》卷十六有《戏作二十四影诗》，分咏松、竹、梅、桐、柳、兰、菊、蕉、莲、桂、荻、藤、落花、飞絮、鹤、鹭、雁、燕、蝶、鱼、帘、灯、扇、镜。后杨恩寿《坦园词录》卷三又有《绘影庵影语》，用《疏影》一调分咏春、秋、月、云、雪、花、柳、絮、荷、菊、梅、竹、松、燕、雁、鸦、蝶、兰、簾、帘、帆、笠、扇、帽、鬓、篆、灯、烛。《苔岑集》卷二十三又有王昭被《咏月四首》，分别为征夫塞上、思妇楼头、离人亭畔、高士门前，此以具体情境咏月；李铸《次青小阁诗集》卷下有咏月二十七首，分咏芦月、宫月、团月、无月、惜月、山月、江月、爱月、新月、片月、残月、塞月、楼月、听月、泛月、醉月、海月、花月、松月、萝月、踏月、对月、坐月、卧月、待月、望月、浴月，则合月本身与玩月之境而咏之，亦甚有意致。最奇者林鹤年《福雅堂诗钞》有《山居杂咏》，以山为题，分咏山鸟、山花、山泉、山茶、山石、山云、山树、山月、山寺、山墟、山兰、山芋、山药、山妇、山猎、山僮、山酿、山田、山塾、山园、山客、山樵、山祠、山冢、山营、山城、山寨、山庙、山兽、山雨，共三十题；方中发《白鹿山房诗集》有《和喻武功观察秋吟十五首》，师范《师荔扉先生诗集残本》有《秋斋四十咏》，黄鷟来《友鸥堂集》卷三有咏秋诗六十一题，分咏意、容、声、气、晴、阴、晓、老、月、雨、露、雾、烟、汉、霜、山、水、林、野、圃、瀑、涛、塘、寺、兴、思、望、感、泛、饮、寤、别、渔、读、戍、猎、笛、笳、杵、漏、衣、扇、琴、簟、枰、镜、帆、叶、草、竹、蔓、荻、苔、蔬、果、鲙、鸿、燕、鸥、萤、蝶。徐谦《秋兴杂诗》以秋为题，分咏信、影、心、气、声、色、曛、月、汉、露、风、云、烟、雨、霜、霁、阴、晓、晚、宵、山、嵩、岱、华、栈、原、邛、瀑、海、湘、江、涨、潮、舫、滩、帆、郭、宫、寺、圃、闺、漠、燐、塞、猎、戍、驿、旅、樵、渔、获、梦、舫、别、笳、砧、笛、柝、钟、漏、琴、屐、衣、扇、簟、灯、帘、鹤、隼、鹰、雕、燕、雁、骑、猿、蝉、萤、蚤、蝶、鲈、兰、菊、莼、芦、藁、薜、林、梧、枫、箨，共九十题，为古来罕见。

103　方外诗家历来僧多而道士少，彭启丰《芝庭先生集》卷十《惠道士诗稿序》论之曰："予闻老子之道，其要在致虚守静，以多言为戒。故自汉以来羽人方士有所著书，大都不外乎金丹内景之旨，不以语言为工。而以诗鸣者，在唐惟吴筠、杜光庭、郑遨而已。"其说是矣。又谓吴筠诗"沉郁诡丽，有骚人之遗风"，亦得其大体。

104　古时诗之传递，习用诗简，刘禹锡、白居易用诗筒，唐求用诗瓢。明代顾东江与卢师邵为邻，卢出意作纶竿于墙上，以递诗，名诗钓，亦颇奇。仇福昌《静修斋诗话》举与诗有关之名词数十条，而无此名也。又清毓俊幼能诗，吟成辄投一瓮中，谓之诗瓮，见海纳川《冷禅室诗话》。王士禛《池北偶谈》卷十一载施闰章制苎帐，题诗其上寄林古度，一时名士多属和，名曰诗帐。鲍鉁《亚谷丛书》甲卷又记徐元梦制诗枕事。仇书所举，诗持、诗骨、诗狂三名不知出处。按：诗持为魏宪所选清初诗选集名，诗骨则出孟郊《戏赠无本》"诗骨耸东野"，诗狂出李维桢《三子诗序》，称文翔凤、王象春诗狂。

105　古人目李白为诗仙，杜甫为诗圣，王维为诗佛，李贺为诗鬼，孟郊为诗囚，杨维桢为诗妖。晚唐诗僧齐己项有瘿，人称诗囊。五代王仁裕富于诗篇，时有诗窖子之目。宋周必大平生作诗二万余首，人亦称诗窖。清张鹤舫目尚镕为诗帅，见《持雅堂文集》卷三。有崔姓场官蠢而能诗，人呼为诗牛。李榕耽诗，每鸡鸣浩歌不辍，人号为诗鸡。见崔旭《念堂诗话》。翁照馆于大学士嵇曾筠家，曾筠非照相唱和不吟诗，人呼为诗媒，见《随园诗话》卷五。

106　中国夙称诗国，诗人辈出，王公贵族、贩夫走卒，乃至缁衣黄冠皆能诗。而妓女工诗者号诗妓，则尤属风雅美谈也。明末有诗妓齐景云，见汪琇莹等辑《渔矶漫钞》卷四；光绪中沪有诗妓李频香者名尤著，见徐珂《大受堂札记》卷五。

107　以诗为居所斋室之名者，艮山张氏有诗庐（见吴颖芳《临江乡人集拾遗》），袁枚有诗世界，法式善有诗龛，汤贻汾有诗窟，雷保廉有诗窠。萧山陶元藻晚年自订诗集，将删削者置石函中埋之，题其阡曰诗冢。

108　前人说部、诗话多载女子题驿馆之作，津津乐道，甚或和作累累，远近流传。惠周惕《砚溪先生遗稿》卷上有《旅店壁有女子题诗和者不下百人因用其韵戏赋一绝》云："谁是诗篇第一流，鸦栖剧笔破墙头。只因林下遗风在，能使人人和女休。"然此类诗每出文人伪托，见者自作多情，遂相演成故事。顺治十五年吴兆骞因科场案入京复式，托名金陵女子王倩娘，题诗百余首于涿州驿壁，情词凄怨，一时和者甚众。见徐釚《续本事诗》卷十二，计东《改亭集》卷五《秋兴十二首》之三自注。钮琇《觚賸》卷四云："邮亭旅舍，好事者往往赝为巾帼之语，书以媚笔，以资过客传诵，多不足信。"并录沈二闻所见沂水县垛庄驿延平张氏题壁诗，然未论其真假。郭麐《灵芬馆诗话》续集卷三载李方湛《白楼集》稿本中有和蜀女鹃红河间道中题驿壁诗，据以转录鹃红原诗并序。序称："妾生剑岭，远别衣江，锋镝之余，全家失所。慈亲信杳,夫婿音讹,命如之何,心滋戚矣。得姻亲以依傍,同踯躅于道途。携至苏州,遂偕南下,妄意少迟玉碎,犹冀珠还,期秋扇之重圆,愿春晖之永驻。流离数月,甫达此间。嗟乎陌头杨柳,总是离愁;门外枇杷,都非乡景。望齐门而泣下,思蜀道而魂归。阿鹃阿鹃,生何如此。扶病夜起,勉书数绝。邮程信宿,便入江南,当是薄命人断送处也。时嘉庆六年正月十九日,蜀中女史鹃红题于河间道中。"诗云:"万里漂零百劫哀,青衣江上别家来。朝云暮雨翻翻看,一路山眉扫不开。""深闺小命弱如丝,金鼓声中怯几时。回首嫖姚军里望,分明马上尽男儿。""阿母音书隔故关,儿身除有梦飞还。年年手濯江边锦,不縠人间拭泪斑。""稿砧望断路盈盈,敲罢金钗忆定情。姜自马嵬坡下住,此生只合卜他生。""小婢娇痴代理妆,穷途怕检女儿箱。儿时爱谱江南好,未到江南已断肠。""雾鬟风鬓一段魂,喘丝扶住几黄昏。残灯背写伤心句,界乱啼痕与粉痕。"郭麐谓"此诗不知白楼何从得之,岂好事者托为此哀怨之章,以眩惑行客耶? 抑真有薄命红颜马上来耶? 然其诗笔皆工,不妨过而存之,以为伤心嘉话。"按:所谓蜀女鹃红题诗,乃陆继辂等人联句,托鹃红之名戏书富庄驿壁者,好事者传为嘉话,李方湛从而和之耳。陆继辂《崇百药斋文集》卷十二有《辛酉正月偕刘大嗣绾洪大饴孙宿富庄驿寒夜被酒戏联句成六绝题壁上署曰蜀中女子娟红已而传和遍于京师两君戒余勿言顷来平梁有王秀才埼以行卷来质则悲娟红诗在焉既为失笑而死生今昔之感不能无怆于怀书此寄刘大都中并邀同作》三绝句,即其本事也。时湘潭闺秀郭友兰《咽雪山房诗》中有《次蜀中女史鹃红避寇题壁原韵》六绝句,郭佩兰《贮月轩诗》中有《次蜀女避寇题壁原韵》四绝句,郭漱玉《绣珠轩诗》中有《和蜀中女史鹃红避寇题壁原韵》六绝句,吴兰雪《香苏山馆集》亦有绝句四首,序云:"嘉庆六年富庄驿有蜀中女史娟红题壁诗六首赵君野航见而和之且为谱娟红记院本八出属题其后。"然则此诗当时竞传,和者甚众也。若非陆继辂自述其所弄狡狯,则以讹传讹,又成一冯小青、贺双卿故事必矣。李家瑞《停云阁诗话》卷四亦载有人于山东旅店壁见维扬女子题壁诗,文词书法并美,遂钞录之,过数驿遇故人,偶谈及此,故人问诗工否,其人赞云:"诗绝佳,但未知貌何如耳?"故人自捋其须曰:"与仆相似。"盖即其所托耳。陈栩《栩园诗话》,自述游沪临去曾于寓壁戏题二绝,下署翠蝶女史。比再至,则已和诗满壁。设有好事录而传之,将又添一薄命才女哀艳故事矣。

109　时至清代,中外交流愈为广泛,中土诗家每有在海外享大名者。汤贻汾《琴隐园诗集》卷三十三《酬孔绣山宪彝舍人》云:"千秋先在握,万里尽知名。"注曰:"君多海外交。"卷十四有舟遇日本官人诗。晚清诗人集中每有与日本人唱和或记载日本人事迹之作,不待枚举也。

110　越南使臣来华者亦多能诗,清人诗话中多有记载。杨恩寿《坦园诗录》卷十五有《檄委接伴越南国使臣例须迎至湖南计可回家度岁喜而有作》,卷十六有《己巳长沙舟次与越南使臣阮云麓有诗赠答顷询贡部正使裴殷年侍郎喜其无恙寄云麓并柬殷年》及与殷年唱和多首,又有《叠韵雪后嘉鱼道中柬越南三使臣》《二月十三日渡江偕越南三使臣》《次韵送别越南三使臣》诸诗,卷十九有《越南裴殷年寄赠名香上桂国王从父绥理王苇野老人以诗见赠有识曲翻从海外论之句即以为韵寄殷年并答苇野》,所记独夥也。

111　治明清诗学与治前代诗学不同而尤难,盖书籍过多,问题无边,材料过眼不知其有用,迨所见既广,所识既深,回思某人某说实有意思,而已不可复忆,更不可如唐宋书籍之检阅搜得也。大海捞鱼,得即得矣,一旦放之,岂可再网得乎? 况予今日之记忆力殊不比从前过目不忘,是以每恨笔录不勤,亦无可奈何,徒浩叹而已。

卷八　诗圃撷余

此卷诗话,皆读诗偶得,或评骘全篇,或摘句商讨,或一斑窥豹,或借题发挥,信手漫记,漫无宗旨,拟王世懋诗话之名以见意。

001 《诗经》白话译者多家,各有千秋,论其生动传神则予必推倪海曙之苏州话译。其译《郑风·褰裳》"子惠思我,褰裳涉溱。子不我思,岂无他人"一章曰:"倷要是想我,拎了衣裳过河;倷要是勿想我,伲个朋友蛮多。"此以苏白念之,不特语调上口,小女子娇嗔口吻亦格外传神。

002 沈德潜《说诗晬语》卷上有云:"梁陈隋间,专尚琢句,庾肩吾云'雁与云俱阵,沙将蓬共惊''残虹收宿雨,缺岸上新流''水光悬荡壁,山翠下添流',阴铿云'莺随入户树,花逐下山风',江总云'露洗山扉月,云开石路烟',隋炀帝云'鸟惊初移树,鱼寒欲隐苔',皆成名句。然比之小谢'天际识归舟,云中辨江树',痕迹宛然矣。若渊明'采菊东篱下,悠然见南山''平畴交远风,良苗亦怀新',中有元化自在流出,乌可以道里计?"今按:陶诗"怀新"二字雕琢之迹亦甚著,特融于通篇淳和之中,使人不觉耳。

003 梁简文帝《咏内人昼眠》一诗,论宫体诗者每以为淫亵,实则仅写女子午睡娇态,亦何亵之有也。成书《多岁堂古诗存》卷六评此诗:"句句写生,佳在景象是从自家目中见得,词句是从自家腹内撰出,绝无一毫依傍,自应独有千古。"又曰:"语皆细腻,是从澄心体验得来。"予谓宫体写女性之美,实为古诗描写技巧之一大发展,其功绩有足多者,一概非之,是未见其大体也。

004　骆宾王"林疑中散地,人似上皇时。芳杜湘君曲,幽兰楚客词",两联句法虽不尽同,但后三字均为人名修饰名词,板滞不化,亦一病也。

005　王维《送綦毋潜校书还乡》:"圣代无隐者,英灵尽来归。既至君门远,何伤知音稀。"李益《送同落第者东归》括其意为一联:"圣代谁知者,沧州今独归。"然繁不必冗蔓,简不必奇警,古律各行其体也。又有十字而压缩为五字者,李建勋"未有一夜梦,不归千里家",王传易改作"夜夜乡山梦寐中",其子玄易改为"归梦无虚夜",谢榛号为缩银法。然简不等于工,尹式《别宋常侍》"衰颜倚酒红",苏东坡化用作"儿童误喜朱颜在,一笑那知是酒红",后山复作"发短愁催白,衰颜借酒红",二句虽简,不如苏有趣也。

006　郭锡良《〈鸟鸣涧〉的桂花》(《文史知识》2002 年第 4期)论王维诗"人闲桂花落,夜静春山空"句,谓桂花必作月解,举唐诗成例证之。余谓其说固辩,争奈王诗下半作"月出惊山鸟,时鸣深涧中",依郭解则一夜而月两出也。

007　能以眼前景作情语,最是诗家妙境。太白"浮云游子意,落日故人情",钱起"生事萍无定,愁心云不开",苏东坡"浮云世事改,孤月此心明",宋人"秋光都似宦情薄,山色不如归意浓"，宋琬"白发来如不速客，青山应笑未归人"，皆其例也。

008　赠妇诗而自代妇答，起自太白，后仿效者殊不多见。予仅见清代张丹《张秦亭诗集》卷二有《将出门临别与妇》《代妇答》之作。

009　太白"花间一壶酒，独酌无相亲。举杯邀明月，对影成三人。"其取意从陶渊明《杂诗》"挥杯劝孤影"化出，错综以月而人不觉。

010　贾至等早朝大明宫唱和，谢榛《四溟诗话》卷三载刘成卿以为杜第一，王其二，岑其三，贾其四。谢榛以为"贾则气浑调古，岑则词丽格雄，王杜二作各有短长，其次第犹是一辈行"。陆时雍《诗镜总论》曰："唐人早朝，惟岑参一首最为正当，亦语语悉称，但格力稍平耳。老杜诗失早字意，只得起语见之，龙蛇燕雀，亦嫌矜拟太过。"毛先舒《诗辩坻》卷三曰："《早朝》唱和，舍人作沉婉秾丽，气象冲逸，自应推首。'衣冠身'三字微拙。右丞典重可讽，而冕服为病，结又失严。嘉州句语停匀华净，而体稍轻飏，又结句承上，神脉似断。工部音节过厉，'仙桃''珠玉'近俚，结使事亦粘滞，自下驷耳。四诗互有轩轾，予必贾王岑杜为次也。"《瀛奎律髓》诸评，冯班以王岑杜贾序之，何义门以杜王贾岑序之，姚鼐谓"早朝诗右丞正大，嘉州明秀，有鲁、卫之目"，则以王居首也。周容《春酒堂诗话》云："《早朝》四诗，贾舍人自是率尔之作，故起结圆亮而次联强凑。少陵殊亦见窘。世皆谓王岑二诗，宫商齐响。然唐人最重收韵，岑较王结更觉自然满畅，且岑是句句和早朝，王杜未免扯及未朝罢朝时矣。"予谓周说最长。

011　《淮南子》云："大厦成而燕雀相贺。"阴铿《安乐宫》"迢递翔鸥仰，联翩贺燕来"，杜甫《奉和贾至舍人早朝大明宫》"宫殿风微燕雀高"，于濆《塞下曲》"乌鸢已相贺"，皆用《淮南子》。谢榛《四溟诗话》卷四指出于诗用此典，仇兆鳌《杜诗详注》引而未释其义。观杜甫《奉送郭中丞兼太仆卿充陇右节度使三十韵》言"焚宫火彻明"，疑大明宫乱中亦殃及，收复后有修缮，故杜诗云然。文天祥《题碧落堂》"大厦新成燕雀欢"，亦同为用典。范宁、华岩《宋辽金诗选注》谓大厦暗喻国家，燕雀指苟且偷安者，未得其旨。

012　杜甫《与李十二白同寻范十隐居》："入门高兴发，侍立小童清。"刘辰翁以为不可解，余谓此即曹洞宗所谓"不犯正位"耳，言小童清，则主人之清雅脱俗固不难想见矣。"向来吟橘颂，谁欲讨莼羹"，朱彝尊谓"谁字疑当作惟字"。余玩诗意，当以谁为长。盖此联正反两面言之也，上句谓范十隐居自是为全其志节，如《橘颂》所咏之"苏世独立，横而不流"者；下句反诘，谁又欲贪恋故乡风物之美乎？若作惟则与结联"不愿论簪笏，悠悠沧海情"意复。

013　自黄山谷谓杜诗无一字无来处，后人迷信其说，注杜多穿凿。《又呈吴郎》"无食无儿一妇人"一句，仇兆鳌注竟引三书为出典。贾谊《新书》："大禹曰，'民无食也，则我弗能使也'。"《晋书》："皇天无知，邓伯道无儿。"宋玉《神女赋》："见一妇人。"不知此类常言，究有何本。《茅屋为秋风所破歌》"布衾多年冷似铁，娇儿恶卧踏里裂"之句，"恶卧"未注出处。予读长沙窑出土瓷器所书唐诗，有云："熟练轻容软似绵，短衫披帛不纫缠。萧郎恶卧衣裳乱，往往天明在花前。"然则"恶卧"虽无来历，固当时习用词组，非少陵杜撰也。要之，若非构思、造句之大段相似，徒于一二字面求来历，亦甚无谓。

014　李肇《唐国史补》卷中云："高贞公郢，为中书舍人九年，家无制草。或问曰：'前辈皆有制集，公独焚之，何也？'答曰：'王言不可存于私室。'"杜甫有"避人焚谏草"句，则示不欲以此邀名也。

015　老杜自诩"语不惊人死不休"，又称"晚节渐于诗律细"，论者每盛誉之。然晚年句法犹不免疏率处，如《老病》中两联对仗"药残他日裹，花发去年丛。夜足沾沙雨，春多逆水风"，句法重叠，是一病也。然此等病虽好奇如李贺亦不能免。《南园十三首》末章："小树开朝径，长茸湿夜烟。柳花惊雪浦，麦雨涨溪田。"四句句法悉同。

016　张谦宜《絸斋诗谈》卷五载其师杨戴夏论孟浩然、杜甫两家洞庭诗高下，云："只念着便知孟自是分两轻。"张氏发挥其意云："杜诗用力匀，故通身重；孟力尽于前四句，后面趁不起，故一边轻耳。即当句论，'吴楚东南坼，乾坤日夜浮'，包罗亦大。"按：此属不明体制之论。杜抒情诗，前后一贯；孟干谒诗，前后两意并起，不免为诗体所牵拘，要之二诗不宜相提并论也。

017　黄培芳《粤岳草堂诗话》卷二云："七律有一句数层，意格最为沉著。如道援堂'无多骨肉贫犹别，不尽关山老更游'。"按此即罗大经《鹤林玉露》论老杜"万里悲秋长作客，百年多病独登台"十四字含八层意之谓也。后清末张峄亭《咏怀》有"有限光阴消逆旅，无多骨肉尚飘蓬"句，后句袭翁山句而少贫一层意思。

018　岑参"只缘五斗米，辜负一渔竿"，黄庭坚"可怜五斗米，夺我一溪乐"，两诗取意同而情调别，岑意蕴藉，黄语怒张，岑语浑成，黄语刻至，于此可悟唐宋之分界。若举全诗，宋末黄庚

《月屋漫稿》有《金陵怀古》云："六宫禾黍千年恨，一片江山万古情。明月不关兴废事，夜深还照石头城。"虽仅两句有数字，而颇觉堆砌，以下句痕迹太著且意俗耳。后两句拟刘禹锡《石头城》"淮水东边旧时月，夜深还过女墙来"，而有刻露、含蓄之别，此亦唐宋诗意趣之别也。

019　戴叔伦《除夜宿石桥馆》，胡应麟推为"客中除夜之绝唱"，自唐以来拟者不一。予昔已辑入《戴叔论诗集校注》。后阅成文昭《谟觞二集》，卷一有《和戴叔伦除夜宿石桥馆》，盖步原韵作也。诗云："去国倏逾岁，难教奴仆亲。一杯除夜酒，十载路歧人。噩梦销残历，浮名贱此身。久谙客底事，愁绪忌逢春。"

020　古诗声调微妙固有可意会而难言之者。吴文溥《南野堂笔记》曾举"归来饱饭黄昏后，不脱蓑衣卧月明"一联，谓"饱饭二字皆仄，转作饭饱；黄昏二字皆平，转作昏黄，则不谐矣"。予谓唐张潮《江南曲》："茨菰叶烂别西湾，莲子花开犹未还。妾梦不离江上水，人传郎在凤凰山。"此诗后二句声韵美妙难言。"江上水"一本作"江水上"，声韵顿逊，细味之自明。棣华园主人《闺秀诗评》载蒐香女史题金陵寺壁有句云："只今江上水，惟有蒋山青。"玩其意当作"江水上"为是，而径作"江上水"者，与张潮诗同理，取声韵之美也。

021　李益《秋晚溪中寄怀大理齐司直》"天寒清洛苑，秋夕白云司"，李嘉祐《和都官苗员外秋夜省直对雨简诸知己》"漏长丹凤阙，秋冷白云司"。两联下句取意近而工拙殊悬。"秋夕"仅为名词，句法平板；"秋冷"着一形容词，非惟义涵更丰，且与白云司（刑部）之气氛相应，顿使句法生动，境界全出。古人较一字之工拙，于此可体会。

022《全唐诗》卷二八五李端《韦员外东斋看花》："并开偏觉好，未落已成愁。"又《送郑宥入蜀迎觐》："在世谁非客，还家即是乡。"家常语而道尽人情。

023　崔鲁《华清宫》诗"珠帘一闭朝元阁，不见人归见燕归。"李嘉祐《自苏台至望亭驿人家尽空春物增思怅然有作因寄从弟纾》"野棠自发空临水，江燕初归不见人"。二诗后句取意相同，而造句各有趣味，不可移易。

024　姚合送行诗多言道里，如《送李起居赴池州》："朝昏即千里。"《送徐州韦仅行军》："山程度函谷，水驿到夷门。"《送刘禹锡郎中赴苏州》："初经函谷眠山驿，渐入梁园问水程。"《送右司薛员外赴处州》："远程兼水陆，半岁在舟车。"《送林使君赴邵州》："驿路算程多是水，州图管地少于山。"《送杜立归蜀》："迢递三千里，西南是去程。"《送李秀才赴举》："秦吴无限地，山水半分程。"大历送行诗中二联亦多写沿途景致，然尚不似如此作计里鼓也。

025　姚合《送马戴下第客游》："鸟啼寒食雨，花落暮春风。"《寄安陆友人》："鸟啼三月雨，蝶舞百花风。"二诗取意造句同一机杼，而后者为工。"暮春风"欠安稳。

026　苏东坡称"郊寒岛瘦"，姚合《别贾岛》云："野客狂无过，诗仙瘦始真。"瘦字已先见于此。

027　予昔撰《大历诗风》，举刘长卿《余干旅舍》与张籍《宿临江驿》二诗，以为其取景命意酷肖处，殆出于因袭也。多年后阅金武祥《粟香二笔》，卷一已举论二诗之似，惟张诗题作《宿江上馆》耳,古今人所见固有不谋而合者。

028　李商隐《锦瑟》诗旨,或谓自伤身世,或谓令狐楚家侍女,或谓伤李德裕,钱锺书先生又云自喻己诗四种境界。余谓"一弦一柱思华年"句已明示题旨,盖思读去声,即《毛诗序》"亡国之音哀以思"之思,忧也。梁豫章王综《听鸡鸣辞》:"云愁海思徒掩抑。"李白《飞龙引》袭之曰:"云愁海思令人嗟。"徐安贞《闻邻家理筝》:"愁人倚月思无端。"白居易《题灵隐寺红辛夷花》:"芳情香思知多少。"思皆忧伤之义,义山正用此义,谓伤悼平生也。

029　七绝对照、转折为诗家本手,而以末句出人意料者最有味。李商隐《贾生》云:"宣室求贤访逐臣,贾生才调更无伦。可怜夜半虚前席,不问苍生问鬼神。"前三句层层铺垫,而末句反跌,极富戏剧性,故有出奇之妙。

030　长沙窑瓷器上诗有云:"□□□家日,□途柳色新。□前辞父母,洒泪别尊亲。"余度其缺字,当作"游子离家日,征途柳色新,堂前辞父母,洒泪别尊亲"。然安知不如宋人读杜诗有缺字,后得完本,方知古人用字之妙有后辈思虑难及者耶?

031　林昌彝《海天琴思续录》卷二载周南卿藏唐镜一枚,河东君物也。背有铭云:"照日菱花出,临池满月生。官看巾帽整,妾映点妆成。"盖五绝也,可补《全唐诗》之阙。

032　历来传宋太祖微时有咏日句云:"未离海峤千山黑,才到天心万国明。"实则太祖原诗作:"欲出未出光辣挞,千山万山如火发。须臾走向天上来,赶却残星赶却月。"前句乃国史润饰者也,反不如原诗见英雄本色。

033　前人佳句为后人攫入诗中,如晏小山取五代翁宏"落花人独立,微雨燕双飞"入《临江仙》之类,不一而足。而"自锄明月种梅花"一句,一见于林和靖诗中,再见于刘翰诗中,上句曰"惆怅后庭风味别";又见于元萨都剌《赠答来复上人》诗中,上句作"今日归来如作梦";复见于明卓敬诗中,上句作"雪冷江深无梦到";明田艺蘅《留青日札》载余姚王德章口占云:"柴米油盐酱醋茶,七般都在别人家。我也一些忧不得,且锄明月种梅花。"岂好句如好女,人皆欲为己有耶?

034　《苕溪渔隐丛话》举李清照《醉花阴》"帘卷西风,人比黄花瘦"句,谓"此语亦妇人所难到也",余谓此正须眉所难到耳。宋末黄庚《书所寓》有"菊残如倦客,梅瘦似诗人",此真须眉之句也,殆亦脱胎于易安。

035　南宋卢祖皋《清平乐》"柳边深院,燕语明如剪。"似即《牡丹亭·惊梦》"生生燕语明如剪"之所出。

036　梁绍壬《两般秋雨盦随笔》卷二举刘琨"宣尼悲获麟,西狩泣孔丘"、谢惠连"虽好相如达,不同长卿慢",谓其"一典两用,摛词错综法也,然此等究不可为法"。后人以为板拙,殊无效颦者,然遂有对句用一事者,如王安石"久谊郭璞言多验,老比颜含意更疏"是也。

037　东坡《吉祥寺》诗云:"井底微阳回未回,萧萧寒雨湿枯荄。何人得似苏夫子,不是花时肯独来。"此最见东坡不趋炎附势之情操。钱咏《履园谭诗》载近人《咏牡丹》诗,有"漫道此花真富贵,有谁来看未开时"之句,同一发想也。

038　宋诗有极粗恶处,如苏东坡"但循牛矢觅归路,家在牛栏西复西",虽东坡不必为之讳,更勿须追捧也。

039　东坡《有美堂暴雨》"天外黑风吹海立,浙东飞雨过江来"一联,号为名句,曾记清人诗话中有指其本自唐殷尧藩《喜雨》"山上乱云随手变,浙东飞雨过江来"者。然据陶敏先生考,殷尧藩集系后人假托,多伪作,则下句果东坡袭殷句抑或后人袭东坡尚未可遽定。

040　苏东坡《念奴娇·赤壁怀古》:"谈笑间,樯橹灰飞烟灭。"灰飞烟灭四字诸家未注出处,予按《五灯会元》卷十四,门人问石门绍远禅师:"亡僧迁化,向甚么处去?"师曰:"灰飞烟灭,白骨连天。"或为东坡所本。

041　山谷"桃李春风一杯酒,江湖夜雨十年灯"一联,纯用名词,虽刻意雕琢,但出于自然,不见痕迹。后人学之,皆不能到。元代倪瓒《怀归》"三杯桃李春风酒,一榻菰蒲夜雨船",造句近拙。

042　吕本中《童蒙诗训》载,王安石好集句,得山谷"麒麟卧葬功名骨"句,终身不得好对。

043　钱锺书《通感》举林东美《西湖亭》"避人幽鸟声如剪,隔岸奇花色欲燃",与庾信《奉和赵王隐士》"野鸟繁弦啭,山花焰火燃"参看。二句取意虽似,而修辞手法实异,林句"色欲燃"属夸张,邻于通感,庾句"焰火燃"则暗喻而已。论林句取意之似,则杜诗"山青花欲燃"乎。

044　严羽《楚江晚思》"孤城归鸟连寒角,极浦斜阳带远帆"一联,从刘长卿《自夏口至鹦鹉洲夕望岳阳寄源中丞》"汉口夕阳斜渡鸟,洞庭秋水远连天。孤城背岭寒吹角,独戍临江夜泊船"四句化出,此即谢榛所谓缩银法也。

045　温庭筠以苍耳子对白头翁,人以为巧,然未见于诗作。《元诗选》二集成廷珪《寄周平叔先生就求苍耳子》有"五月采来苍耳子,几时分送白头人",

046　黄庚《暮春二首》其二云:"一鸟不啼春寂寂,百花都落雨濛濛。十分花鸟东风恨,半在诗中半酒中。"句句有数字,而读来不觉。

047　《元诗选》二集李京《点苍临眺》"鸟从云母屏中过,鱼在鲛人镜里行",《湖海诗传》卷十九徐坚"荡漾舟行明镜里,往来人在画屏中",皆从李白"鸟度屏风里,人在画图中"化出,而前曲后平,皆不如太白之自然也。

048　元代宋无诗,同时赵孟頫、邓中父及清代顾嗣立均许其雅秀而多不经人道语,其中肯綮。至其刻意学李贺之狞厉奇瑰,则犹未道及也。前者多见于近体,后者则每见于古诗、乐府中。佳句五言如"鞋香花洞雨,衣润石阑云""雨青榆荚地,风白柳花天";七言如"杨柳昏黄晚西月,梨花明白夜东风""山陵青草六朝地,巷陌乌衣百姓家""绿阴镂日新欢夏,红雨鏖花故恼春""机杼晓声柔橹月,簾帷暝色片帆烟""原草翠迷行辇迹,野花红发舞衣灰"。

049　明洪武间广东潮州苏福，号为神童，八岁作月诗七绝三十首，自初一咏至三十，为人传诵，《随园诗话》曾选其七。清王衍梅亦有同题之作，见倪鸿《桐阴清话》。

050　明人学唐非仅模拟也，剿袭之病更甚。李梦阳《汴中元夕》“金梁桥外月如霜”，谢榛《漠北词》“鹞儿岭下月如霜”之句，皆脱胎于李益《夜上受降城闻笛》“受降城外月如霜”。边贡《留别贞庵》颔联云：“归鸟独冲淮甸雨，离人新上汶阳船”，全用李频句也。

051　李攀龙之复古，鉴于时文之泛滥，欲以先秦古文及盛唐诗为标帜，恢复诗文之优秀传统，原亦无可厚非。其摹拟以为学习之初阶，亦自有必要。惟不知古人于特定场合所作之诗，决非可重复者，效之适形其愚也。如荆轲《易水歌》，于鳞拟之曰：“缭天兮白虹，萧萧兮北风，壮士怒兮易水飞，羽声激兮云不归。”又如汉高祖《大风歌》，于鳞拟之曰：“大风沸兮云薄天，驱万乘兮纷来旋。纷来旋兮沛之宫，士桓桓兮福攸同。”是即甚无谓也，前者情境差似，后者则已非高祖之胸襟矣。欲似其胸襟，则既有高祖之歌在，何用拟作为？

052　汪端辑《明三十家诗选》二集卷七上徐熥《旅次石头岸》结联云：“客里愁心已如此，一闻南雁更凄凉。”同卷徐𤊹同题诗末联云：“客中不尽怀乡感，南雁一声双泪流。”难兄难弟取意何其相似乃尔。

053　叶矫然《龙性堂诗话》续集载：“御史卢公世㴶笃嗜杜诗，即家为亭祀之，署杜亭。所咏有‘将书抵塞三间屋，用酒消融万古愁’之句，人深赏之。”余谓卢氏枉嗜杜诗，杜甫岂有此等笨句法,亦无似"将书""用酒"之恶词也。"天下几人学杜甫,谁得其皮与其骨?"学杜不至,每堕粗拙,盖有以也。

054　清人好摘杜诗拙句,其说非不辩。然诗固不可以句求也。有单句视之竟或不成语,而置之篇中自有生意者。钱牧斋《有学集》卷四《哭稼轩留守相公一百十韵》叙瞿式耜就俘后事,有云:"苟偃含犹视,张巡起欲旋。"单观下句乃不成语,然更读下联"扬扬神不乱,琅琅语争传"二句,则写瞿公一种从容态度宛在目前。

055　李商隐《泪》一首,前六句分用诸典,末两句更进一层。杨大年效之,至清代宫鸿历有《咏泪素庵先生席上分得七虞》,亦拟其体。

056　高邮露筋祠,元代已见于歌咏,《元诗选》初集贡师泰《玩斋集》中有《秦邮露筋祠》。王肯堂《郁冈斋笔麈》卷四云:"广陵邵伯湖中有小洲,上建露筋烈女庙,俗传有姑嫂他适,至此而暮,蚊势甚盛。时有数男子张巾厨宿其中。嫂不能忍,亦就之宿,姑独露坐饲蚊,至于筋见而殒。词客过者或咏歌之,不知其误。按江德藻《聘北道记》云:自邵伯埭三十六里至鹿筋,梁先有逻,此处足白鸟,故老云有鹿过此,一夕为蚊所啮,至晓见筋,因以为名。北音谓鹿为露,故讹为露尔。《酉阳杂俎》云:江淮间有驿,俗呼露筋。尝有人醉止其处,一夕白鸟蛄嘬,血滴筋露而死。始则讹鹿为人,既又讹男为女,世事往往皆然。《杂俎》续集世既罕行,卒莫为是正。"后清人吴骞《尖阳丛笔》卷二亦曾辨之,殆本王说。自王渔洋题诗后,后人每轩轾其作。吴名凤《此君园文集》卷十八《题露筋祠胡俨诗》有:"盂城八景,其七曰露筋晓月。胡俨诗曰:'扁舟几度过维扬,露筋古祠遗道旁。芳草绿波春寂寞,淡烟古树月昏黄。嫂止田家姑野宿,喧雷咂体蚊如镞。此身虽尽死犹生,忍耻偷生何面目?'此诗三四句真能写得此地意象出,不著一字,尽得风流,景中有人,诗中有画,此谓上等诗裁。王阮亭'门外野风开白莲'之句,有意无意,较胡俨诗更入神妙。"倪鸿《桐阴清话》卷二亦云:"露筋祠诗,五言余最爱会稽许幼文茂才尚质'荷花开自落,秋水净无泥';七言最爱顺德蔡春帆太史锦泉'白水至今犹一色,绿杨到此不三眠',皆为贞女写照,意在离即间,可与阮亭一绝争胜。"

057　清曹仁虎名句"客路正当归雁后,乡心多在落花初",实从薛道衡《人日思归》"人归落雁后,思发在花前"化出,而能变化出新。

058　尤侗《反昭君怨》:"不成为汉后,便去作阏氏。亦足当人主,还能杀画师。琵琶弹毳帐,酥酪醉金卮。强似长门里,秋风老黛眉。"此与王安石《明妃曲》"汉恩自浅胡恩深"同一机杼。然当顺治初出仕清朝而作是语,固不乏自解自嘲之意也。

059　毛西河选浙江闺秀诗,而遗山阴王端淑。端淑赠诗曰:"王嫱未必无颜色,怎奈毛君下笔何。"前人皆赏其姓氏切合之巧,余谓其措辞亦工,即"未必"二字常语,试替以它字,复有此委婉之致否?

060　渔洋诗自袁子才以后谓其才薄者不一,陈石遗亦无甚好评。然取本朝同题之作比之,则渔洋之才果何如,不待辩矣。渔洋《荥泽渡河二首》云:"西溯岷峨万里长,大河北去渡荥阳。平分两戒回中岳,直下三川阻太行。咫尺风云迷广武,苍凉暾日射扶桑。时清久失成皋险,酾酒黄流吊战场。""渺渺星槎击楫登,鸿沟极目气飞腾。已过白雪三城戍,初试黄河十月冰。沙碛连云朝牧马,猎围行炙晚呼鹰。金堤东下夷门路,落日寒燕吊信陵。"陈石遗亦有《荥泽渡河》一律,为张之洞所赏,石遗不自惬意,续刻诗集时削去,然自谓前四句尚有气势,录于诗话,曰:"春水桃花浪未生,荥波如掌御风行。中州忽尽荆河界,历块犹存郑卫名。"较渔洋之作果何如乎?若举渔洋《大风渡江》之"红襟双燕掠波轻,夹岸飞花细浪生。南北船过不得语,风帆一霎翦江行",则取景虽有近似,而渡河渡江风情不侔,固未可伦比矣。

061 吕善报《六红诗话》卷二:"近日小说群推《红楼梦》,其中佳句不一而足,余最爱其《吊姽婳将军》'绣鞍有泪春愁重,铁甲无声夜气凉'二语,古艳绝伦,然却从《木兰歌》'朔气传金柝(寅按应作柝),寒光照铁衣'脱化而去。"似未见人道过。

062 高密诗派作家鹿林松《雪樵续集》卷四《月夜》云:"待月花边坐,花摇月上身。"汪端《自然好学斋诗钞》卷六《赠吴门陈灵箫夫人》云:"花影横琴月上衣。"有异曲同工之妙。此意甚平常,而未见前人道及。

063 孔子云:"民可使由之,不可使知之。"愚民政策也,秦始皇是以有焚书坑儒之举。唐章碣《题焚书坑》云:"坑灰未冷山东乱,刘项原来不读书。"方廷楷《习静斋诗话》卷四载朱排山《咏始皇》句云:"诗书何苦遭焚劫,刘项都非识字人。"盖脱胎于章诗也,而不如原作精警。清初王锡阐云:"若使陈吴皆识字,揭竿大泽又何人?"同一意思,从另面说去,便不俗。

064 女子作诗赠夫,常称赠外、赠夫子。或称良人,仿唐人也。明陈霆《两山墨谈》卷二云:"古今妇人称其夫曰良人。然先秦之世，固为君子之通称，不独可施于夫也。吕氏纪序意曰：'秋甲子朔，朔之日良人请问十二纪。'注云：'良人，谓君子也。'"清崔述妻成静兰与夫诗皆称君子，本于《诗经》。唐人亦有用之者，李益《杂曲》："遥望孟门山，殷勤报君子。"只觉其文雅而不觉其为古语。

065　张九钺十三岁作《登采石谪仙楼放歌》，起云："借我峨眉万古之明月，照我长江万里之孤舟，醉我樽中千斛之美酒，坐我青天百尺之高楼。"虽脱胎于太白句法，而一股雄豪宕逸之气，自有千秋。以十三岁少年而有如此胸襟，古今亦未多见。

066　汪端《玉笥生歌题元张思廉贤诗集后》："龙衣御酒海上来，珠歌翠舞齐云开。"似脱胎于黄仲则《笥河先生偕宴太白楼醉中作歌》："红霞一片海上来，照我楼上华筵开。"

067　方正澍有句云："交广易添离别恨，学荒翻得性灵诗。"此即袁枚读经久作不出诗之意。清人每以经学为诗咏之敌，王道徵《兰修庵消寒录》卷二亦有"长于说经者，其诗多未能超脱入古"之说。

068　清人诗集多咏眼镜之作。袁枚五十岁用眼镜，八十岁而目转清明，因作《别眼镜诗》，索同人和之。李调元有《艾鹏九惠眼镜》《眼镜与玉溪同作》，赵翼有《初用眼镜》。乾隆时大考翰林官员，以眼镜为题。阮元有句云："眸瞭何须此，瞳重岂赖它。纵教千里澈，终觉一层多。"上大赏之，亲擢第一，授少詹事。

069　读书人每苦于无钱买书，此非独今人为然，古人亦有慨叹不置者。清代长洲马镇《半间云诗》有《无钱买书叹》一首云："生不恨书无满腹囊无钱，但恨秦火烧之烧不完，使我耽此空流涎。又恨世人有钱不善用，半为花输半酒俸，平生挥霍如土泥，张目不知汉唐宋。吁嗟乎噎哉，倾箱倒箧无长物，水衡可借口还吃。琅嬛福地那许寻，捃摭残编辩屡屈。凿壁余光光虚照，负此三余堪一笑。天公何故置我不农不士不工间，便欲呼天叩天发大叫。天公笑谓尔有读书志，使尔他生化作白蟫鱼，食尽三千神仙字。"

070　寡妇守节为明清以来所尚，《列女传》悉为方志中最庞大之部门。清人诗话于妇人最津津乐道者苦节得旌表也。不知《列女传》每一名字，皆一枯寂黯淡之青春，纵得晚年旌表，于人何补？宋濂《题李节妇传后》云："妇人以节称，乃其至不幸也。与其执'之死靡他'之誓，曷若咏'君子偕老'之辞哉？"旨哉真仁人之言也！甘泉江珠《遣兴》云："甘来蔗尾甜终薄，香到梅花味亦酸。"其翻案意味全由此种感慨而出。

071　黄协埙《锄经书舍零墨》卷四载某女史"美人自古如名将，不许人间见白头"一联，许其"巾帼而有须眉气"。余谓此的是女子诗也，何须眉气之有？此句或传为佟铉妾赵艳雪手笔，见查为仁《莲坡诗话》、袁枚《随园诗话》、孙枟《余墨偶谈》。天津"佟楼"，又名"艳雪楼"，系其所居。

072　人之雅俗以性情，不以所业论也。陆陇其举杜诗"眼前无俗物，多病亦身轻"，言"农工商贾是其本业，不可谓之俗物；有身列士林而心竞锥刀，言之津津有味者，真俗物也"，是为得之。宋咸熙《耐冷谭》记西湖船家王四，善酒，能为小诗。宋买其舟，辄不受值，曰："得一诗足矣。"宋与之饮，酒边赠三绝，其一云："段家桥边秋复春，笑余何事滞风尘。多情一舸遥相待，不载行人载酒人。"其风雅可想见。

073 郑献甫《补学轩诗集》卷一《辛酉六月二十六日于花舫观番人以镜取影歌》:"梗楠为匣幂四旁,玻璃为镜嵌中央。匣函镜面镜函影,粉本别作裁云肪。镜前对面美人坐,匣后蒙首番奴藏。横支一几代架阁,离立十步安巾箱。描形难得捉影易,一一摄入寒冰光。须臾擎出四坐笑,隐约具得诸人妆。涂之以药沐以水,粉白转眼成丹黄。环肥燕瘦有本相,曹衣吴带徒虚张。塑工惊叹画手泣,从此逃入无何乡。"此咏摄影也,咸丰十一年在广州作,可见摄影传入之初国人之惊讶。赵翼《瓯北集》卷七《题总宪刘绳荪师镜影图》、李家瑞《停云阁诗话》卷十载倪鸿同治间所作同题诗,皆未及前作之工。古人雅集,或有绘图以纪一时之盛者,至清末有摄影,乃招摄影师摄影纪念。孙衣言《逊学斋文钞》卷二《成园雅集图记》即记同治十二年于成园招粤人摄影事。

074 清朝服饰入诗无典可用,只得含混措辞。有人从军三载,获戴花翎,集杜诗韵云:"三年奔走空皮骨,万古云霄一羽毛。"令人莞尔。

075 有高某喜作诗,一日以新作示友人,友集四书为绝句,题其后,曰:"固哉高叟之为诗,君子于其所不知。不啻若自其口出,人皆掩鼻而过之。"又有人评某试帖诗,题杜句云:"两个黄鹂鸣翠柳,一行白鹭上青天。"其人不解所谓,答曰:"上句是不解作何语,下句是越说越远了。"

076 近代欧洲文明传入中土,同、光诗家每以新异事物入诗。樊增祥诗云:"跳舞会宜夔一足,测量学要羽重瞳。"上言芭蕾,下言显微镜。

077　昔读王国维《临江仙》词,有"可怜开谢不同时。谩言花落早,只是叶生迟"之句,不禁叹赏有古乐府风,能翻前人旧意(杜牧诗:"自是寻春去较迟,不须惆怅怨芳时。狂风落尽深红色,绿叶成阴子满枝。")而独出机杼。后见长沙窑出土瓷器所题唐诗,有云:"君生我未生,我生君已老。君恨我生迟,我恨君生老。"乃知此意唐人业已道出,惟蕴藉稍逊王词耳。末句"我恨君生老",老应作早。

078　先师千帆先生《重来》有句云:"青春无那去堂堂。"殆本自唐薛能"青春背我堂堂去,白发欺人故故生"一联也。萨天锡《述怀》亦用其语,云"青春背我堂堂去,黄叶无情片片飞"。

079　沈祖棻先生《涉江词》盛为前辈推许,拟为当世之李易安。予谓先生词之佳固今人难及,然《涉江诗》之高处犹过于词也。盖《涉江词》胜在得古人神髓,置之前人集中不复可辨,惟其太似古人,自家面目反不明显。《涉江诗》中七律,多沉挚之作,造语极工。如《千帆沙洋来书有四十年文章知己患难夫妻未能共度晚年之叹感赋》一首脍炙人口,世皆知之:"合卺苍黄值乱离,经筵转徙际明时。廿年分受流人谤,八口曾为巧妇炊。历尽新婚垂老别,未成白首碧山期。文章知己虽堪许,患难夫妻自可悲。"予独谓其奉命退休所作《优诏》二首,笔力沉厚,最得古人怨而不怒之意。其二云:"作赋传经迹总陈,文章新变疾飚轮。抛残旧业犹分俸,卖尽残书岂为贫。自昔圣朝无弃物,毕生心力误词人。从来雨露多沾溉,盛世欣容作逸民。"又《寄千帆》:"一杯新茗嫩凉初,独对西风病未苏。人静渐闻蛩语响,月高微觉夜吟孤。待将思旧悲秋赋,寄与耕田识字夫。且尽目光牛背上,执鞭应自胜操觚。"又《漫成》其一:"三户低檐接废垣,十年寥落住荒村。后生末契终难托,前辈殊知总负恩。讲席朝班谢鹓鹭,慵眠饱饭伴鸡豚。相闻深愧同时彦,远枉佳章到荜门。"其措辞之切,造语之工,可谓意到词达,深有得于温柔敦厚之旨也。

080　庞德取《论语》"学而时习之,不亦说乎"入诗,作"学习,而时间白色的翅膀飞走了"。

081　谢堃《春草堂诗话》卷二载某人咏善啖者云:"吃食无如王二麻,未曾入席手先抓。常将一箸擒三块,惯使双肩隔两家。嚼破口中流白沫,捣残盘底见青花。细观席上无余物,倚向栏杆剔齿牙。"颇为传神。

082　古诗有语本寻常,经人曲解而尤觉可噱者,前人诗话所举颇多。《颜氏家训》载梁费旭诗曰"不知是耶非",殷沄诗曰"飘飏云母舟",简文帝戏曰:"旭既不识其父,沄又飘飏其母。"白居易谓张祜"鸳鸯钿带抛何处,孔雀罗衫属阿谁"一联为款头诗,祜反唇讥白《长恨歌》"上穷碧落下黄泉,两处茫茫皆不见"为目连变。又"千呼万唤始出来",田艺蘅《留青日札》谓乃好睡丫头厮儿,呼唤不醒。卢延让哭边将诗"牒多身上职,碗大背边疮",人谓是打脊诗。贾岛哭僧诗有"写留行道影,焚却坐禅身",时谓之烧杀活和尚。罗隐咏牡丹诗云"若教解语应倾国,任是无情也动人",周繇谓乃仕女屏风诗。又隐诗"云中鸡犬刘安过,月下笙歌炀帝归",时人谓之见鬼。孙鲂夜诗"划多灰杂苍虬迹,坐久烟消宝鸭香",沈彬以为得烟火气多。裴说《经杜工部墓》诗云"拟凿孤坟破,重教大雅生",廖凝笑以为掘墓贼。贯休《觅句》诗"尽日觅不得,有时还自来",人谓失却猫儿诗。李山甫《览汉史》诗"王莽弄来仍半破,曹公将去定平沉",人谓是破船诗。吴僧《白塔寺》诗"到江吴地尽,隔岸越山多",人谓是分界堠子诗。有赠渔夫诗一联云:"眼前不见市朝事,耳畔惟闻风水声。"说者云患肝肾风。吕文穆公有警句为人传诵,云:"挑尽寒灯梦不成。"胡旦曰:"乃是一渴睡汉耳。"程师孟《坐静堂》诗曰"每日更忙须一到,夜深还是点灯来",人以为登厕诗。王安石《谢公墩》诗"我名公字偶相同,我屋公墩在眼中。我去墩来应属我,不应名姓尚随公。"人谓与死人争地界。又有"青山扪虱坐,黄鸟挟书眠"之句,袁枚《随园诗话》谓上句是乞儿晒太阳,下句为村童逃学。有举诗僧警句云"笠重吴天雪,鞋香楚地花",钱牧斋谓次句似赠妓诗。阮葵生《茶余客话》卷十一载英梦堂梅花诗"半夜短墙才有月,孤村流水不逢人",一时传为佳句。余谓此偷儿诗也。《随园诗话》载"三尺短垣深有月,一湾流水寂无人",与此语近,或传闻异辞。又有人作《采菊东篱下》赋,有"目纵横而四顾,手左右而双拿",人亦谓似偷儿图画。

083 二十世纪三十年代,报端有署名逐流者以上下平韵作无题诗三十首,有云:"难得名师懂爱情,幽怀未达目先成。杏坛独辟钟情局,窃负而逃为女生。"相传嘲罗素也。

卷九　诗家杂考

此卷皆历代诗人事迹之考证，或考究生卒年月，或录姓名字号之异同，长短随文，不一而足，非惟资谈助，治诗史者或亦有取焉。

001　李白字太白，唐有张碧字太碧；白居易字乐天，宋有黄居难字乐地；陆游自号莲花博士，清代吴嵩梁亦取此自号，皆慕而效之也。

002　昔鲁有两曾参，赵有两毛遂，葛洪《西京杂记》已言之。至古三王褒、三"二陆"皆有文学，姜南《投瓮随笔》言之；唐两郭震、两李商隐、两施肩吾、两李翱、两李昌符，胡应麟《少室山房笔丛》言之；两陈子昂、两王维，钱大昕《十驾斋养新录》言之；宋两薛居正、两唐伯虎，两张先俱字子野，元两郝天挺，王渔洋《池北偶谈》《居易录》言之。明史两王守仁、两王艮，章学诚《乙卯札记》言之。四陈观，朱彝尊《静志居诗话》卷六言之。边连宝《病余长语》卷三、田同之《西圃丛辨》卷三十"同姓名"条、梁章钜《浪迹续谈》卷八"同姓名"条、王之春《椒生随笔》卷八"古今同姓名人"条尝举古今人同名者甚多。清代同名而皆为文学家者，亦屡见不鲜。如两刘体仁：一康熙间河南颍川人，字公勇，有《七颂堂集》，一嘉庆十六年进士，字乐山，四川中江人。有《身世范围》，传记见《潼川府志》。两崔华，一字不凋，江南太仓人，王渔洋门人；一字连生，号西岳，直隶平山人，顺治十六年进士，官至两淮盐法道，曾参修扬州府志。两方苞：一即大古文家，安徽桐城人；一为周亮工弟子，字白英，泰州人。卒于康熙初年。曾为宗元鼎《芙蓉集》作序，后元鼎编其遗稿七卷。事迹见宗元鼎《芙蓉集》卷十七《方秀才苞传》。三张泰来：一字扶长，江西丰城人。康熙进士，官广东兵备道，著有《江西诗社宗派图录》。一字瑞阶，号苞轩。安徽桐城人。见方潜《毋不敬斋全书》卷十九《张包轩传》。一字鹿泉，湖北沔阳人。乾隆间岁贡。有《七经纂要》《周易口义》《读易札记》等，见《民国湖北通志》卷七十七艺文志。两王豫，一江苏扬州人，编《江苏诗征》，一湖州人，号孔堂，有《孔堂文集》《孔堂私学》等，见《同治湖州府志·艺文略》。两张远：一为福建侯官人，字超然，著有《无闷堂集》；一为萧山人，字迤可，著有《梅庄诗文集》，又撰《昭明文选会笺》《杜诗荟萃》等书。两僧石涛：一为名画家，一为嘉庆间湖北僧，与熊士鹏善。《鹄山小隐诗集》有与之酬唱及悼亡诗。两夏基，一字乐只，安徽新安人，侨居杭州。富于才华，诗书画皆工。扬州妓韩素月夙未相识，读其诗爱之，斥资付梓人刊其诗集。著有《隐居放言》，事迹见王晫《今世说》卷八、万寿祺《隰西草堂集》卷十《隐居放言序》。一字肇隆，江苏常熟人，诸生，刻苦力学，兼精岐黄术，事迹见《重修常昭合志》卷三十文学传。两陈沆：一为康熙间云南石坪人，字存庵，曾序吴铭道《复古诗》；一为嘉庆间人，著《简学斋集》《诗比兴笺》者。两王应奎，一字东溆，江南常熟人，著《柳南随笔》者；一字文圃，号春溪，山东人，乾隆五十二年进士，官至刑部侍郎，有《话雨山房诗集》。两陈枚，一编《凭山楼汇辑留青采珍集》，一字简甫，号琴山，山东昌乐人。道光二十年进士，官四川按察使。有《小藤花轩诗钞》，见《山东通志》卷一四五艺文志著录。两张鉴，一字昌崖，康熙四十八年进士，授嘉定知县，不赴。有《环山书屋诗稿》，《国朝山左诗钞》选其诗。一字春冶，号秋水。浙江乌程人。嘉庆九年中副榜，授武义儒学教谕。在阮元幕中任书记多年。有《冬青馆甲乙集》。两翟灏，一浙江仁和人，字晴江。《通俗编》作者；一山东淄川人，字笠山，官福建布政使司经历，有《笠山诗集》，见《乡园忆旧录》。两朱琰：均乾隆时人。一字桐川，号笠亭、樊桐山人。浙江海盐人。乾隆三十一年举人，著述丰富，有《笠亭诗集》等。一字琬次，襄平人。宦于楚地。有《存余草》。两沈钟：皆江苏常州人。一字鹿坪，武进人。康熙末以举人谒选，乾隆元年官福建屏南知县，调闽清，罢归。有《霞光集》。一字伯揆，号收唐。江阴人。嘉庆间诸生，师从李兆洛学古文，亦工诗。两郭麐，一字祥伯，号频伽。江苏吴江人。嘉庆间名诗人，著有《灵芬馆集》《灵芬馆词》。一字子嘉，自号望三散人，山东潍县人。著《漪上亭诗》《白狼河西亭诗》《杨峡别墅杂录》，见《山东通志·艺文志》。两陈烺：一字东村，号榕西逸客，乾隆时人，著有《紫霞巾》《花月痕》传奇；一字叔明，号云石山人，一号玉狮老人。江苏阳湖人。道光间人，亦工传奇，有《玉狮堂传奇十种》。两徐熊飞，一字渭扬，号雪庐。浙江武康人。嘉庆九年中举人。有《春雪亭诗话》；一字冲之，湖北汉阳人，道光间人。见《湖北诗征》。两熊荣，一字对嘉，号云谷。江西新建人。处士，有《厌原山人汇稿》；一江西兴国人，有《咏史诗集》，见《江西通志·艺文志》。两刘熙载：一兴化人，号融斋，著《艺概》者；一双流岁贡生，字丹崖，能诗，王培荀《听雨楼随笔》卷四曾称之。两陈蜕：均为南社社员，一字梦坡，湖南衡山人；一字仲瓠，浙江诸暨人，柳亚子编《南社词集》亦曾混为一人。两童赓年，均为浙江慈溪人，一字瑞芝，号冰庐，又号柏叟，清初人，有《慈溪童柏叟遗著》；一字佐宸，清末人。曾校勘全祖望诗集与童逊组《蕤蕤室诗稿》。两王寿昌，一字介图，号眉仙，云南永北人，有《小清华园诗》《王眉仙遗著》；一字子仁，号晓斋主人，福建闽县人，著有《晓斋遗稿》。两陈焯：一为清初人，字默公，安徽桐城人，著有《涤岑集》，尝辑《宋元诗会》；一为嘉道间人，字映之，号无轩，归安人，以贡生官镇海训导，著有《清源杂志》《湘管斋集》等。又辑有《全浙诗话》，今佚。又有三叶炜：一字意亭，浙江慈溪人，著《鹤鹿山房诗稿》；一字镜蓉，号坦斋，浙江余姚人，嘉庆二十三年举人，著《蛾术山房诗稿》；一字松石，光绪间人，有《煮药漫钞》。七陈诗：一字芷仙，吴江陈允修女，著有《延绿阁诗草》；一为杭州人，字补笙，生于乾隆三十一年，宋咸熙《耐冷谭》载其事；一为嘉庆间蕲州人，字观民，号愚谷。乾隆四十三年进士，曾主江汉书院山长。有《周易本义辑解》《大柙山人偶存集》，见《民国湖北通志》卷七十七艺文志。同时尚有一陈诗，字韵清，浙江秀水人，举人，工时文，金榜业师，见《光绪嘉兴府志》卷五十三。晚清亦有三陈诗：一字石生，浙江山阴人，道光二年举人；一为四川达县人，字深之，廪生，著《今文尚书注》未刊，《达县志》卷十六有传；一为安徽合肥人，字子言，号鹤柴。光绪间名诗人，曾辑《皖雅》者。更有奇者，清初有两郑重，皆字山公，且皆为闽人。一为建安人，官刑部侍郎，曾与王渔洋同典四川乡试者；一为莆田人，唐王尝征授职方主事，辞不就，以布衣终。能诗，作品见《全闽明诗传》卷五十四。近代又有两李澄宇，皆字洞庭，一湖南岳阳人，名隶南社，有"落日当筵红可吞"，人名李落日者；一为湖南慈利人，见郑逸梅《南社丛谈》。又有两冯氏兄弟，同名誉骥、誉骢，一为道光间广东高要人，一为清末四川什邡人。其余见于《清人别集总目》者，如两徐兰、两徐嘉、三高岑、四陈鼎之类尚夥，不待枚举也。

003　诗社起于北宋，黄志民《诗人之社集》（《中国诗歌研究》，中央文物供应社 1985 年版）一文曾有考证。明人喜结社，社而为党，声气相关，风行天下。清代文人之喜结社，亦犹明代，然遭顺治十七年朝廷禁令，则不复有四方盟会，激扬意气，臧否人物之风气,唯群聚游宴赋诗而已。其见于载籍者,随手记之,亦见一时风气。清初杭州结诗社者,汪然明、李太虚、冯云将、张卿子、顾林调为孤山五老会,陆荩思、王仲韶、陆升黉、王丹麓为北门四子;徐元文、毛驰黄等为鹫山盟十六子;又有湖南诗社,与者二十人,号为最盛。嘉道间屠倬、应叔雅、马秋药、陈树堂、张仲雅等结潜园吟社。戴简恪寓杭州天后宫,有秋鸿馆诗社,规模亦盛。皆见吴庆坻《蕉廊脞笔》卷七。其中厉鹗、杭世骏、金江声、翟灏等结南屏吟社,又见《湖海诗传》卷十七;仁和曹籀道咸间与里中诸老结红亭诗社,钱塘吴筠轩戊寅至乙酉与里中诸老结铁华诗社,均见吴庆坻《蕉廊脞笔》卷三,钱塘冯轼与沈谦等创平泉诗社,见吴庆坻《蕉廊脞笔》卷四。康熙三十年唐璟、唐瑗与袁心友、陈旭照、顾吴颖等十九人结素心社,见王昶《青浦诗传》卷二五。陈枚与龙山祝洵文、甪里蔡遵等十余人结过省社,见吴骞《拜经楼诗话》卷一。康熙二十年至三十年间任丘边汝元等十一人结还真社,乾隆三十四年前后,张方予等十一人又结慎社,均见边中宝《竹岩诗草》卷二《题张方予慎社十一人传后》。沈德潜初与徐龙友、陆起学、彭启丰等结城南诗社,见彭启封《芝庭先生集》卷十《芝庭续稿自叙》、卷十三沈德潜墓志铭;四十余岁时,结北郭诗社,见《归愚诗钞》卷四《北上述怀别诸同学》诗自注。乾隆甲寅、乙卯间姜淳甫结怡园诗社,见《缘庵诗话》卷一;又与袁朴村、顾汝敬、顾我鲁、陈毓升、毓咸、王元文、袁益之同结竹溪诗社,见郭麐《灵芬馆诗话》卷三、《灵芬馆杂著三编》卷一《朱铁门墓志铭》。毗陵清初有谷诒社,后有宗杜者为浣花社、宗苏者为峨眉社,乾隆四十七年赵怀玉等六人结吟社,俱见《亦有生斋集》文卷四《息养斋诗序》、金捧阊《客窗偶笔》卷四。韩江诗社,全祖望、厉鹗、杭世骏、姚世钰四人结,见《鲒埼亭诗集》卷五《韩江诗社浙中四寓公豫焉(略)》。冒春荣在如皋结皋闻社、东溟社,后合之,凡二十余人,见江大键撰《冒甦原传》。东皋诗社,翟灏等人结,见吴颖芳《临江乡人集拾遗》中《无不宜斋未定稿序》。嘉庆十七年黄苍厓开红棉诗社,与会者各赋红棉七律十首,见黄培芳《粤岳草堂诗话》卷二。樊南诗社,延君寿与阳城后进所结,见所著《老生常谈》。柯蘅咸丰中避太平天国兵乱,至潍县与妻党李某、郭绥之等结西园诗社,见《校经室文集》卷五《柯封翁墓志铭》。味外味诗社、乐与社,王佑等人结,见茹常纶《容斋文集》卷三《文学王田夫墓志铭》、卷四《中先大夫张君墓志铭》。来远斋诗社,道光间秀水沈俊主之。见郭荣光《艺林悼友录》二集。道光间侯官郭柏苍等结榕阴吟社,见郭柏苍《葭树草堂集》卷二《榕阴吟社序》。江都曹原与周蓀云、陈穆堂等结南村诗社,见《春草堂诗话》卷二。道光间海昌吴衡照在杭州结东轩吟社,入社者七十多人,见吴庆坻《蕉廊脞录》卷七。薛时雨《藤香馆诗删存》卷二有题费丹旭为汪小米画东轩吟社图诗。天津梅成栋倡梅花诗社,孔宪彝与其会,见林昌彝《射鹰楼诗话》卷二十。长洲有问梅诗社,见彭蕴章《松风阁诗钞》卷三《六月十二日偕问梅诗社诸先生集黄荛圃丈丕烈百宋廛祀黄文节公和韵》、卷四《问梅诗社一百集适桂舲先生种梅书屋落成有诗志喜和韵邮呈二首》。管凤翔寓嘉兴,与吴幹岐结吟社于鸳鸯湖上,刊有《金丝桃唱和集》行世。见管庭芬辑,蒋学坚续辑《海昌艺文志》卷十一。松江周苏园、屠懒云等结同心吟社,见黄定文《东井文钞》卷一《屠懒云九十寿序》,作于道光五年。咸丰二年嘉兴诗人于太平寺结文昌社,见徐士燕撰《徐籀庄年谱》。松萝社,海阳邵鲁、金季黄、汪贞卿、汪虞卿、江公叔、丁羽南、张伯冠、金孟明、程树名、邵终孺、程巨源、汪汝任、汪大吕、邵公荣、汪敬仲、朱孝伯、金孝先、汪永叔、李仲升、查次栝、金楚卿、吴虞伯、吴武仲等结社,编有《松萝社草》,中国社会科学院文学所藏詹天凤《息游稿》中有《和松萝社草》,遍和诸人诗。笋里诗社,咸丰十一年嘉禾人集于上海浦东,见黄协埙《锄经书舍零墨》卷三。扬州冶春后社,创始于光宣之际,臧谷主之,社人名表见董玉书《芜城怀旧录》。《药栏诗话》卷一载严廷中在武昌与顾日新、余鼎、吴国宝、黄均、周山、史福臻等人结秋声诗社,天津梅花诗社,萧德宣主之,见萧氏《虫鸟吟》卷八《花生日津门同人复理梅花诗社嘱余主之》。沈琼、侯松云、马沅等结青溪老人诗社,见胡光国《愚园诗话》卷四。

004　八旗诗人字号好取亭字,尤以满洲为多。观法式善《八旗诗话》所载,即有博尔都字问亭,塞尔赫字晓亭,福喜字损亭,敦诚字敬亭,吴麟字晚亭,赛音布字岸亭,鄂乐舜字隽亭,鄂容安字虚亭,双庆号有亭,萨哈齐字思亭,萨哈岱字鈐亭,观保字补亭,德保字润亭,舒瞻字云亭,索禄字敏亭,觉罗奉宽号硕亭,景福字仰亭,那穆齐礼字立亭,兆勋字牧亭,白衣保字鹤亭,萨哈布字楷亭,傅雯字凯亭,勒世馨字素亭,恒裕字益亭,明瑞字筠亭,景福字介亭,而汉军仅曹寅字楝亭,鲍鈐字冠亭,高书勋号继亭,于宗瑛号紫亭,德进字椿亭五人,蒙军唯福明安字在亭一人而已。是殆亦满人之风气也。

005　清代诗人号退庵者,陈德芸《古今人物别名索引》列二十一人,陈乃乾《室名别号索引》列举十一人,予所见者尚有石峒森,字天半,号退庵,一号迁叟、剩人、狂奴、壶山,湖南湘潭人。黄安涛父凯钧,号退庵,见郭麐《灵芬馆诗话》卷二。《十二石山斋诗话》又有诗人陈退庵,不知是否指陈文述。又有字退庵者,钱塘吴颢,乾隆二十四年举人,见《民国杭州府志·文苑传》;近代何锡琛,上海金山人,见姚鹓雏撰《何宪纯家传》。

006　予昔撰文论古代诗人以佳句得名者,拟于西洋之例,堪称中国之桂冠,举其例若干。此后所得益夥,掇录于此。晚唐释贯休上吴越王钱镠诗有“万水千山得得来”之句,钱呼为得得和尚。五代时南唐刘洞有《夜坐》诗为时传诵,人称刘夜坐。宋薛昂赋蔡京君臣庆会阁诗,有"拜赐应须更万回"之句,人呼为薛万回。金张嵲有云"西风了却黄花事,不管安仁两鬓秋",人称张了却。明杜庠号西湖醉老,以诗名,过赤壁题诗,一时传诵,称为杜赤壁,见陈撰《玉几山房听雨录》卷下。鲍当固名鲍夕阳矣,其集名《清风集》,时又号鲍清风,亦见《听雨录》卷下。苏衡《咏绣鞋》云"南陌踏青春有迹,西厢立月夜无声",人以苏绣鞋呼之,见梁绍壬《两般秋雨庵随笔》卷四。赵讽有"好景落谁诗句里,蹇驴驮我画图中",人称赵蹇驴。董潮以《红豆树歌》得名,人称红豆诗人。又有施绍培,亦因少年赋《红豆》诗工,亦得名红豆诗人。见陈文述《颐道堂诗选》卷二十一《西泠怀旧》。钱塘诸生江青少以咏红豆诗得名,李堂戏呼为江红豆,见其《缘庵诗话》卷二。郑超宗家园黄牡丹诗会,钱谦益推黎美周擅场,徐增为赋黄牡丹状元诗,一时呼美周为黄牡丹状元(钱谦益《徐子能黄牡丹诗序》)。沈驭有"梅花高馆落,春草断垣生"之句,陆丽京称为沈断垣,见汪森作《沈兰村小传》。查慎行官翰林学士,随圣祖游南海捕鱼,赋诗先成,有"臣本烟波一钓徒"之句,翌日内侍传旨,呼为烟波钓徒查翰林。海宁陈敱贞工词,有"见他竹影筛窗,疏疏密密,总写着个人两字"。杭世骏击节叹赏,目为竹影词人。见《拜经楼诗话》卷四。张四科咏《胭脂》云:"南朝有井君王辱,北地无山妇女愁。"人呼为张胭脂,见翁方纲《咏物七言律诗偶记》。阎学海用王渔洋《秋柳》四首韵咏新柳,士人竞传诵,呼之为阎新柳,见《小沧浪笔谈》。归安戴永植作宰湖南,有"一匝孤城半夕阳"之句,人称戴夕阳,见江昱《潇湘听雨录》卷五。邹弢《三借庐赘谭》卷二载沈传桂词中好用夕阳,吴中皆以沈夕阳呼之;卷八又载李素玉诗有"窗外乱蛩挑客梦,空中寒雁警秋心""野鹭忘机梳短羽,凉蟾如水洗秋心",两押"秋心"皆工,因得名,号秋心女史。仪征阮亨在京师赋《蕉花曲》,有"小栏定有吟花客,浅碧罗衫一样长"之句,人多以阮蕉花称之,见谢堃《春草堂诗话》卷一、康发祥《伯山诗话》后集卷四。青州蒋斗南有咏蝴蝶花句云"但看蝶去蝶来日,便是花开花落时",朱韫山谓当援郑鹦鸪、崔鸳鸯之例,呼为蒋蝴蝶,见李兆元《十二笔舫杂录》卷四。陈廷庆咏簾钩诗得名,人称陈簾钩;李佩金赋《秋雁》诗四首,有句云"偶听弓弦惊瘄痹,久疏笺字报平安","筝无急柱宁辞鼓,琴有哀音未忍弹",江南人呼为李秋雁;均见梁绍壬《两般秋雨庵随笔》。博陵崔瘦生咏红叶《如梦令》词云"为爱吴江晚景,渡口斜阳相映。点水似桃花,无数游鱼错认。风定,风定,一样落红堆径。"洪亮吉激赏之,呼为崔红叶。见梁绍壬《两般秋雨庵随笔》卷三、叶炜《煮药漫钞》。此与崔黄叶同姓崔,同以咏叶得名,诚佳话也。王逸园在津门有句云:"一天凉雨卖黄花。"崔旭戏呼为王黄花。又,会稽娄承沄以诗谒法式善,有"青移秋岸树,红走夕阳波"之句,法遂称为娄夕阳。冯铨有"春风闲煞海棠花"句,人谓之冯海棠;顾子余有《秋柳诗》,法式善称为顾秋柳;马邦玉《绎山诗》用一百二十个"如"字,赵鹿泉目为百二十如山人,俱见《念堂诗话》卷二。同时又有张夕阳,张应昌《怜绣衾词》有"怕登望楼高处,遍天涯都是夕阳"之句,《忆秦娥》词又有"夕阳无语,自下楼西"之句,人称张夕阳,见陈来泰《寿松堂文集》中《怡云词题词》。黄任《杨花诗》云"到底不知离别苦,后身还去作浮萍",以此得名,时称黄杨花,见《念堂诗话》卷四。吴曾贯作表忠观诗,用八庚全韵,人呼吴八庚,见宋咸熙《耐冷谭》卷七。同卷又载朱芬从戎黔中,游华山,赋四支全韵诗,阮元极为赞赏,谓:"吾门有吴八庚,今又有朱四支矣!"人因以朱四支称之。仁和孙士毅咏睡燕有句云"软莎纤草迷三径,疏雨轻烟梦六朝",人戏目为孙睡燕。吴门汪墨庄以咏老马诗得名,时目为汪老马。均见李堂《缘庵诗话》卷一。续廉性喜猫,有"狸奴夜冷自亲人"及"白玉栏干午睡猫"之句,时呼为续狸奴,见海纳川《冷禅室诗话》。顾佛影以咏帘子诗得名，时称顾帘子，见沈其光《瓶粟斋诗话浼余》。张锦麟《少游草》中有句云"野渡无人潮欲上，碧天如水雁初飞"，人呼张碧天。又《湖心亭》云："三面青山四围水，藕花香处笛船多。"又称张藕花，均见《香石诗话》卷一。吴镇有押秋字韵句云"疏桐连夜雨，寒雁几声秋""芦花湘浦雪，风叶洞庭秋""看山双桨暮，听雨一篷秋"，一时称为三秋居士。见上书卷二。沈蕙孙著有《浣花词》，"听残红雨到清明"句脍炙人口，人咸称红雨词人，见沈善宝《闺秀诗话》卷四。梁梦善咏《秋草》诗云"马散玉关肥苜蓿，月明青冢冷琵琶"，时呼为梁秋草。满洲祥鼐《酒帘》云"送客船停枫叶岸，寻春人指杏花楼"，李调元戏呼为祥酒帘，见《雨村诗话》卷三。管一清《春日即事》云"两三点雨逢寒食，廿四番风到杏花"，史贻直呼为管杏花。张云锦咏《红叶》云"赐绯不信寒山遍，衣锦还推大树能"，其舅陆陆堂呼为张红叶。昔元代杨孟载有"六朝旧恨斜阳里，南浦新愁细雨中"句，人目为杨春草，云锦咏《春草》云"橹摇细绿过芳渚，帘卷遥青入画楼"等句，方文辀又呼为张春草，赠诗云："杨春草后张春草，他日应将合传传。"见《十二石山斋诗话》《鱼计轩诗话》。何漱《珠桥题酒家壁》云："半夜渡江齐打桨，一船明月一船人。"梁九图戏呼为何一船。俱见《十二石山斋诗话》卷六。归安沈轮翁少时咏白蘋诗出名，人呼沈白蘋。俱见《瓶水斋诗话》。吴予延有"雁将秋色去，帆带好山移"，人呼吴好山。会稽罗世芳少年有《湘波》诗云："湘波如泪落迢迢，海月初升夜听箫。谁采芳馨遗二女，一天秋影荡兰桡。"时称罗湘波，见李调元《雨村诗话》卷七。清初虞山诗人邓林梓生而颖异，年十三作《空谷》诗，见赏于程孟阳，人呼之郑空谷。见《海虞诗苑》卷七。尤珍《归舟》诗云："舟移古岸柳阴绿，一倚夕阳春水红。"吴匪庵呼为尤春水，见《介峰札记》卷三。兴宁吴自园本为武生，作《战马诗》百三十首，人呼为吴战马，见胡曦《湛此心斋诗话》卷一。清末缪艮《春日郊游即事》有"阿谁衫露手双携，窄

窄弓鞋滑滑泥。愿化此身作节杖,替伊扶过板桥西。"一时呼为
缪板桥。见方廷楷《习静斋诗话》卷一。高琴舫诗中多有"可怜"
二字,同人间呼为高可怜,后竟以贫而终,见陈琰《艺苑丛话》卷
一。民国间岳阳人李澄宇《万桑园诗》有句曰"落日当筵红可
吞",或呼曰李落日。南社奚囊,咏燕子有"三月新巢营绣户,十
年旧梦记红楼。玳梁夜宿香泥暖,珠箔春垂絮语稠"之句,时称
奚燕子,即以之自号。沈太侔以《落花诗》十首著名,人称沈落
花。孙雪泥咏《藤花》诗有"残英狼藉君休扫,一日辞藤一日疏",
沈其光呼之孙藤花。范君博以鹦哥诗著名,人称范鹦哥,俱见郑
逸梅《南社丛谈》。

007　刘体仁卒年,《辞海》等工具书皆付阙如。近天津人民
出版社版《中国文学大辞典》刘体仁条定为康熙十六年,未详何
据。以李良年《秋锦山房集》与王渔洋《渔洋续集》考之,刘应卒
于康熙十五年。《秋锦山房集》卷五有《哭刘蒲庵吏部》六首,为
悼刘作。其一云:"何期恶梦朝来验,泪洒江花二月津。"知诗作
于二月。考《渔洋续集》卷八《乙卯稿》有《五君咏》,作于秋冬之
际,首列《刘考功公㦲》,知康熙十四年乙卯冬刘体仁尚在世。而
同书卷十《丁巳稿》《曹正子邀同家兄子侧及诸君丰台看芍药晚
过祖氏园亭八首》其一自注云:"昔合肥公招同公㦲茞文诸君游
此,今公与公㦲皆殁矣。"则体仁之卒在康熙十四年冬至十六年
春间。《丁巳稿》另有《哭刘公㦲吏部二首》,自注:"丙辰春先生
以全集寄予论次",参照李良年挽诗,知刘体仁之卒约在康熙十
五年。

008　《诗法入门》一书,署闽潭游艺子六编,清代流传极广,
版刻甚多。予初不知闽潭何指,请教陈庆元先生,知为建阳,乃
于王宝仁纂《民国建阳县志》卷十五文学传得其事迹:游艺字子

六，号岱峰，福建建阳人。少孤贫嗜学，事母孝。曾读书于普觉寺，黄道周尝一至，书"此中世外"四字榜于楹以赠之，民国间犹存。与方以智、林云铭、法若真等名士游。耿精忠再三招聘，入其幕，旋离去。从熊明遇受天文学，著《天经或问》前后集，采入四库全书。又有《历象成书》《奇门超接》《万法归宗》。考林云铭《挹奎楼选稿》卷十二有《满江红》词送其归闽，称"乱后生逢，怪彼此苍颜难识"，知其年岁约与林云铭相当，康熙间已届暮年。县志载林云铭《天经或问序》云："游君子六从事于性命之学有年，抱道隐约，不求闻达于世，超然有会于道之大原。曾著有《天经或问》一编，博征群书，自抒独见，识者推为一代真儒久矣。"又云："后集中历法躔度岁差以及理气性命奥旨，一切山海人物生死变幻可疑可愕之事，无不引证明确，解惑辨谬，一准诸理之不易，以补前书所未备。"其于天文史学之地位或逾于诗论史也。

009　自近代黄节、谢国桢以降，论及顾亭林《秋柳》诗与王渔洋之关系，无论持何见解，皆以为二人诗文无道及对方者，故谢正光《就〈秋柳〉诗之唱和考论顾炎武与王士禛之交谊》一文虽多方立论，证成两人往来之迹甚辩，然究以未见两人晤对之记载，而不列渔洋于《顾亭林交游表》中。寅按渔洋《古夫于亭杂录》卷四云："近日昆山顾炎武宁人号强记。在京师，一日会于邸舍，予谓之曰：'先生博学强记，请诵古乐府《蛱蝶行》一过，当拜服。'顾即琅琅背诵，不失一字。盖此篇声字相杂，无句读，又无文理可寻，最为难读故也。"则二人在京固曾晤见，惟亭林频年入京，岁或再至，无由确知其二人相见之年月耳。

010　陆丽京之晚年，人皆谓其出家云游，不知所终。按：《应潜斋先生集》卷八《跋陆丽京训子书及遗像后》云："一旦弃妻子，投老空门，扫迹灭景于人间而不悔，诚有所不得已也。读留札处分家事,周匝精详,此非幻视人伦者。"卷七有《与陆丽京书》两通,盖答陆出家后通问约见之札也。据书载,陆丽京出家,始在黄山。又云"吾兄去家,已践大江之誓,其余吉凶之理,岂必尽从彼教哉?苟五常不弃,性命兼修,江渚有灵,必不谴责也"。据丽京女荦行撰《老父云游始末》,丽京以庄氏明史案被逮上京,康熙二年正月渡江,于金山下闻钟磬声,誓曰:"苟得生还,所不祝发空门者,有如大江!""大江之誓"云云谓此也。又据李堂《缘庵诗话》卷一载:"余在粤东,同乡王见大诰招集海幢寺,寺后古冢累累,见大曰:洪昉思《答友》云:'君问西泠陆讲山,飘然一钵竟忘还。乘云或化孤飞鹤,来往天台雁宕间。'闻诸故老,后讲山南游,示化于寺而葬此,惜其时未表出之耳。"

011 明末清初闽中诗人有陈肇曾,曾为许友《友米堂诗集》作序,与一时名家游,酬赠之作见于诸集。邓汉仪辑《诗观》二集卷八选其《赠杜于皇》诗一首,小传云:陈肇曾,字昌箕,侯官人。郭柏苍《全闽明诗传》卷四十四载其诗数首,传云:"陈肇曾字昌箕(一作基),一字豕石。联芳曾孙。长乐人。天启元年举人,延平建宁教谕。后登进士副榜,为漳平教谕,升礼部司务,有《濯缨堂集》。"钱谦益尝序其诗,见《有学集》卷十八《陈昌箕日记诗序》,又为作画像赞,见同书卷四十二。《全闽明诗传》卷四十六黄晋良有《寄陈昌箕》《赠昌箕剑水新居》,卷四十七许天玉有《送陈昌基社长之任漳平》。《赖古堂集》卷四《陈昌箕郑圭甫许天玉诸君子至江上视予》,次于《今年予四十吾弟靖公亦三十矣感赋一诗寄靖公》后,当作于顺治八年。卷五五律《月夜同陆逵之陈昌箕徐存永陈开仲涂子是谢尔玄许天玉过有介陶瓶看梅》,作于福州乱平之顺治十三年。又有《冬夜同陈昌箕毛子仪郑圭甫集王逸庵大行此君堂看菊》,作于顺治十四年冬。卷八七律《王逸庵大行此君堂看菊时陈孝廉将北上大行册封流求以海波未靖暂阻榕城》为同日所作。卷五《送陈昌箕北上》云："相知十八年,弹指忆从前。"自注:"庚辰予从林宗夫子邸中得交昌箕。"为顺治十五年春送陈上京应会试作。《全闽明诗传》卷四十徐𤊟《送陈昌基北上》亦为同时所作。龚鼎孳《定山堂诗集》卷二十五有《陈昌箕下第后以广文归闽兼简栎园》"已许文章悬日月,翻怜等辈倦公卿",又有《友沂坐中重送昌箕》,次于《初夏过仲调慈仁寓斋圣秋适至》后,写夏日景致,知为夏间所作也。陈祚明《稽留山人集》卷三有《送陈昌箕孝廉下第归闽中》,亦为同时作。纪映钟《戆叟诗钞》卷二有《延津山寺访陈昌箕博士》:"镡州城外路,此地合双龙。宝气空流水,苍云秀九峰。广文官自冷,名士世称宗。却忆承平日,鸡坛载笔从。"诗作于纪映钟游福建时。同卷有《暮春宴集柳湖送韩叔夜之永嘉徐存永之中牟黄仲丹之东莱方孟甲之平阳予亦将往福州》,作于游闽前,后有己亥八月十八日作《地震》与《云客传栎园诗来因和以志喜》,均在闽作也。后诗云"筴推亥子岁当易,羁人天末聊为欢",则时为顺治十六年冬。访陈昌箕诗后有《南归过仙霞岭闻芝麓左迁却寄》《送丁野鹤辞官归琅琊》。周茂源《鹤静堂集》卷六有《次酬闽中陈昌箕孝廉》二首,前云:"定交三十载,君已作耆英。忍死分周粟,藏书出汉京。自歌衰凤操,人识卧龙名。久惮牺身绣,何心冀晚成。"则为其晚年作也。卷十一庚戌年有《夏日三山陈昌箕魏惟度松陵徐松之娄东许九日盐官钱武子同集小斋》,魏惟度即《枕江堂百名家诗》之编者。余初以此陈昌箕或即《枕山楼课儿诗话》之作者也,乃竟不然,既辑其事,不忍弃而遂存之。

012　丁炜,字雁水,福建晋江人,为清初闽中诗人名声仅次于周亮工者,著有《问山文集》。因传记资料欠缺,其晚年事迹史传不详,《中国文学大辞典》谓其官至湖广按察使,康熙二十八年因患眼疾,乞假还乡,后数年去世。按:叶映榴《叶忠节公遗稿》

卷十一《棘闱唱和》，作于康熙二十六年八月，时冯廷櫆典湖湘乡试，丁炜在按察使任，叶有《次韵酬丁廉使中秋前三日二首》。孔贞瑄《聊园文集·自述》云："庚午升大姚令，奉宪檄入文武闱，即留修乐，四阅月告成。丁雁水先生修《云南通志》，汇入礼乐、艺文志焉。任姚三载，因争勋庄百姓及流土疆界忤土酋，中以危祸，投劾去官。其功罪自在地方，是非自在人口，无容自列。惟是太守丁雁水先生抗节湖湘之变，执耳骚雅之坛，节义文章，一代冠冕。其由楚臬谪守三姚，属土酋稔恶，不免不阿，每以公义激砥。属员受名贤知顾，益用自勉。及余罹祸，公以义愤，泣涕丧明，誓死生不相背负。时已光复臬秩将行，力措千六百金，益以倡捐二千余金，补其亏堕，免予于难而后离滇。"刘谦吉《切庵诗钞》卷七有《丁雁水以楚臬左迁姚安相晤省城赋而送之》，作于庚午年七月所作《哭李季霖三首》与《中秋后二日邀副戎施翊臣长官安鸿吉孝廉田麟公文学童名我坐白鹭洲二首》之间，当作于八月中。庚午为康熙二十九年，据此则丁炜由湖广按察司谪姚安知府在康熙二十九年秋八月。《聊园诗略》后集卷八又有《送观察丁雁水使君离滇诗》五古一首，序云："余任姚，以争勋庄人民案忤土酋，祸几不测。公为守，力措千金，益以倡捐二千余金，补其亏堕，免余于难。时已光复观察之秩去滇，叙其事送之。"据刘志德《聊园诗略》序："及复来滇，则壁六以抑豪酋获罪去官，寓昆池，乘暇衷订其游滇草及旧集之未梓者，属余参正。"序作于康熙三十三年甲戌七月，时孔氏已去官，则其罢官在康熙三十三年前也。后集卷十一又有《子基癸酉春来省难继北归由江南入都甲戌夏复来迎家(下略)》诗，所谓省难，当即因父陷于祸来探视。据此亏堕事当起于康熙三十一年冬或三十二年春，与《自述》云任姚三载正合。《子基癸酉春来省难(下略)》诗后有《陈敬庵小饮对奕论梅花诗因各言归计即事》，亦是三十三年赋闲居昆明作。至后《郡斋漫题》云"归心前岁动，归计决今春"，则作于三十四年春,夏间即返山东故里。玩送丁炜序所言,时孔氏初免祸,应在康熙三十二年。然则丁炜在康熙二十九年八月由湖广按察谪任云南姚安知府,其复归湖广按察任离滇在康熙三十二年左右。

013 昔董仲舒辅江都易王,告以"正谊明道"之语,故董姓人皆钟情于正谊堂之号,明长沙董时贡,慕董仲舒之言,取正谊名堂,见宋濂《翰苑别集》卷五《正谊堂铭》。清人集名《正谊堂文集》者三家。先是董以宁(1629—1669),字文友,号宛斋。武进人。有《正谊堂诗文集》,中国社会科学院文学研究所藏有康熙三十九年刊本。此后道光间安康人董诏,字朴园,有《正谊堂遗集》共三十二卷,见《贩书偶记》。光绪间董沛(1828—1895),字孟如,号觉轩。浙江鄞县人。光绪三年进士,亦有《正谊堂文集》。董氏以外,理学家张伯行文集亦名《正谊堂文集》。

014 孔尚任生平,袁世硕先生《孔尚任年谱》考述綦详,发覆良多。予阅孔贞瑄《聊园诗略》,康熙四十七年刊本,署新城王阮亭、德州田纶霞两先生鉴定,同学陈力庵先生评选,孔尚任东塘订,《聊园续集》有康熙四十八年九月东塘一序,《聊园文集》又有《跋东塘急事约》,略云:"从侄东塘宦迹所历,朝野交称其能,今家食奉母,经营菽水外,思与宗族姻里同其福,远其害,著《急事约》二十则,以防水火盗贼之患。"年谱均未载,可据以补之。

015 蒲松龄游历不广,交往亦少名士,故时人诗文中与唱和者不数见。予读朱湘集,得《蒲留仙过访话旧》一首,云:"旧雨情深动雁群,西风萧瑟又逢君。诗吟篱下狂犹昔,书著山中老更勤。身外浮名空落落,眼前余子任纷纷。泉香峰翠勾留处,且共开尊坐夜分。"诗次于《玄熊歌》与《七月十五日夜沈洞芳俞大文钟圣舆登北城楼看月归来漏下三鼓矣得绝句六首并赠大文》之间。《玄熊歌》小序言"庚辰夏有人牵黑熊于市",庚辰为康熙三十九年,则《蒲留仙过访话旧》一诗当作于是年夏秋间。

016　蒲松龄《聊斋文集》卷九有《为毕刺史祭王陇西文》,王陇西其人,论者皆不详其名。余读《民国新修新城县志》卷十六:"王士骥字陇西,又字杜称,与玫子。顺治丁酉解额第一,甲辰成进士,授内阁中书,以母老乞归。母终未赴补,庚申年四十八,以病卒。有《听雪堂诗集》《词集》如干卷藏于家。"据此知王陇西即士骥也。王士禛《渔洋诗集》卷三《雪中送陇西兄登岱》,为顺治十四年冬送其登泰山作。刘谦吉《訒庵诗钞》卷八《春暮怀友诗三十七首》之六:"新城王李两词杰,先后言归赋遂初。"注:"王陇西士骥、李季霖鸿霑两舍人。"卷七又有《吴克庵书先以季霖信相闻》:"大抵才雄多薄命,一官颠倒放蒙溪。遗书便得传公子,到病何尝见老妻。定下生刍同日泪,莫教桃叶背人啼。新城剧是怜双绝,十载前曾哭陇西。"自注:"王陇西士骥。"诗作于康熙二十九年庚午七月,吴克庵即吴自肃,时李季霖初卒,吴以讣相告。王士骥卒于十年前,当为康熙十九年,与县志合。据王渔洋《蚕尾续文集》卷十七《从叔篆澳公墓志铭》:"公讳与阶,字陛公,少为经生,俶傥有奇气,重交游,已然诺,名隐隐在齐鲁间。早岁遇壬午之变,母张太淑人与兄弟二人皆及于难。公忍死衔恤,经营丧葬,皆成礼。兄子士骡、士骥能读父书,则教诲万方,以迄成立,有文章名。士骥丁酉中省元,甲辰成进士。"然则王陇西乃渔洋同高祖之从兄弟耳。

017　与沈德潜同选《唐诗别裁集》之陈树滋,名培脉,号耻庵。工诗,德潜与之相交最早。《归愚文钞》卷九《与陈耻庵书》为德潜倾肺腑论诗之言,知视其为可与言诗者也。诗集中有赠诗多首,倾倒备至。据《归愚诗钞》卷三《诗社诸友渐次沦没不胜盛衰聚散之感作歌一章柬旧同好》云"耻庵今年亦乘化",诗次于雍正九年辛亥,知树滋殁于是年。《归愚文续》卷八《陈耻庵遗诗序》谓耻庵长己三岁,则树滋生于康熙九年也。其诗今不传。

018　吾乡诗人陈毅字直方,号古渔,国子监生,与袁枚善,有《古渔诗概》六卷刊本行世,辑有《所知集》。其生卒年,历来无考。予读吴照《听雨斋诗集》卷三有《哭陈古渔》诗,次于《夜登燕子矶同张幼华》《与幼华同舟来上洋予旋有姑孰之行赋诗留别》诗前,考卷八《阻风女儿港有怀丁未岁与张秀才幼华同舟追悼一首》,则哭陈诗作于乾隆五十二年丁未也。又,江苏古籍版《袁枚全集》所收何士颙《南园诗选》,袁枚后序云:"金陵有二诗人,一为陈古渔,一为何南园。陈诗矫健,何诗清婉。三十年来,过从甚欢。今年俱委化去。"后序作于乾隆五十二年三月,则古渔卒于是年春间可无疑也。

019　诗人方薰传记虽有多种,然载其事迹甚略。赵怀玉《亦有生斋集》文卷十二有《方兰士妻王氏行略》,谓乾隆三十一年丙戌始识方薰,时犹未娶,后入赘梅里王氏,妻二十二岁。乾隆四十五年庚子妻卒,年三十二。则方薰入赘在乾隆三十五年也。

020　顾千里年谱,肇始于日儒神田喜一郎氏,陈乃乾以其遗漏仍多,欲补而未果,后赵诒琛、汪宗衍皆有订补之作。友人李庆作《顾千里年谱》,详赡可据。今读清集有可补其事者,略志于此。乾隆五十六年二月,赵怀玉过吴门,程世铨邀同顾至、顾千里探梅西崦,见《收庵年谱》卷上。嘉庆元年九月二十一日,在士礼居校汲古阁刊本《松陵集》,有跋;二十三日在士礼居再跋

《松陵集》别一本,其书均存台湾"中央图书馆",跋载《标点善本题跋集录》。嘉庆四年十二月跋潘昂霄《苍崖先生金石例》,亦见上书。年谱著录其跋而未及此本。嘉庆九年十一月,在赴庐州舟中批孙志祖《文选考异》,《年谱》已载之。其批本李审言尝见之,于《愧生丛录》卷三录其题识并引批语数则,出王欣夫所录之外,可引而备考。道光六年岁暮,宋翔凤过扬州,有《赠顾涧薲》长诗,见《洞箫楼诗纪》卷九。道光十一年冬,黄承吉有《冬夜怀顾涧薲千里》,见《梦陔堂诗集》卷三十四。罗振玉影刊《昭代经师手简二编》有千里致王引之手札四通,乃引之《经义述闻》刊成后赠千里,相报答往来之札,亦可补年谱之载记。

021 《儒林外史》作者吴敬梓,虽秉绝世才华,而生前未享大名,除程廷祚、金兆燕等挚友题赠之作外,世传酬赠、唱和之作殊少。予读宁楷《修洁堂集略》,前有吴敬梓序,为《文木山房集》所不载。文云:

水国斜阳,影乱鸭头之舫;板桥明月,香霏鹊尾之炉。正笙歌鼎沸之场,谁耽寂寞?值罗绮喧阗之窟,且废讴吟。贱子方倚枕以高眠,良友乃款扉而惠问。手持一卷,光逾照乘之珍;箧贮千函,秀夺缥红之色。挑灯展诵,行间则虎仆盘拏;啜茗清吟,字里则龙宾郁崛。其说大纛高牙之上,尽慕奇才;何况谈林翰薮之中,咸称畏友。淘人才之极致,命相知以定文。属在老夫,为谈往事。钩雨飞兔,杨子云曾是知音;翔鸟驱驴,冯敬通每为嘉叹。英才踔蹀,平原不数祢衡;逸气奔腾,洛下何知贾谊?览庄周之著作,笑其了不异人;闻左思之篇章,诧作此间伧父。既乃笙簧六籍,渔猎百家,偶翻雅舞安歌,即裕经纶以名世;暂造义府理窟,已成醇邃之儒宗。才擅三长,班马定当却步;文高五色,韩欧俱在后尘。元白虽号诗家,久经压倒;屈宋纵工骚赋,不过衙官。

是以赫赫重名,枳棘栖之鸾凤;纷纷诸子,大树撼以蚍蜉。
快藻鉴之无私,昌黎束带;看赍函之有日,贡禹弹冠。六一
公谓能穷人,知其免矣;二百年竟无此作,岂不然乎?仆与
宁君,交称密契,昔亲兰臭,今托丝萝,因读名篇,益增余憾。
仆也久荒学殖,兼乏友声。早岁褴衫,已作半枯之叶;频年
灯火,终无太喜之花。抱蠹简以闲居,羞见词同尴骆;守芸
窗以永日,愁闻文道真猪。大雅云亡,百身何赎,古人不作,
七圣途迷。观仕进之门,犀皆秃角;问神仙之路,鼠尽拖肠。
独寐寤歌,愿言则嚏。何期吾友,具此绝伦超群之才;幸在
同时,见斯空古轶今之制。自合悬金于市上,岂宜韫玉于山
中。记我谰言,恕予故态。乾隆十有三年五月既望秦淮寓
客吴敬梓拜题。

此文作于乾隆十三年,时作者四十八岁。《文木山房集》仅存文
四篇,并后人所辑《玉巢诗草序》《玉剑缘传奇叙》《尚书私学序》
共七篇,此序为骈文,足以见吴敬梓文才。

　　022 《修洁堂集略》卷二尚有《病中杂感又八首》,其五"吴敬
梓敏轩"云:"半生落拓见天真,曾检残书散故人。昨日北来音信
好,玉台诗格又翻新。"末一首"吴烺荀叔",为吴敬梓长子,诗云:
"凤台阙上晚烟青,醉指江山入画屏。一自玉皇宣召后,南郊花
柳暗旗亭。"此诗后次《咏鹤》《九日同友人登雨花台二首》《梦》
《凤昔》《春雨夜忆上乘庵海棠四首》《秦淮杂诗十首》《癸酉乡试
后写怀四首》,以编次考之,《病中杂感又八首》当作于乾隆十七
年壬申,距吴敬梓辞世仅两年。

　　023　同卷《挽吴赠君敏轩四首》云:"空羡扬州好墓田,断魂
寂历返江天。烟花不待愁三月,云笈何尝补七签(赠君方欲注
《云笈七签》未果)。纸帐含风萧寺里,夕阳吹雨乱山前。人生到

此谁知己，绿竹红梅是旧缘（停枢处有绿竹数十竿红梅一树正放）。""不随丹诏赴瑶京（赠君曾膺博学鸿词之荐，召试未与），为爱名山老石城。曾见贴黄呼鲤对，更闻浮白咏鸡鸣。道穷岂是儒冠误，金尽常教食客轻。一梦他乡真撒手，几人挥泪忆平生。""瞥眼风灯照鬼村，可真簪笔上天门。传家枉忆青囊术（赠君先世为良医），著体空衔紫诰恩。禅智寺前云黯淡，玉钩斜处月黄昏。由来杜牧伤心地，不赋招魂赋礼魂。""秦淮波涨板桥通，风雨论文万虑空。老去渐疑豪兴减，秋来初觉鬓华同。谁教跨鹤全无迹，可惜雕龙未有终（赠君方著《史汉记疑》未毕）。哭向寝门余别泪，他年还为洒（原误作酒）青枫。"论者或谓敏轩于释道并无好感，其谈论释道乃不遇文人之结习，今据诗注，知其暮年欲注《云笈七签》，则于道教浸淫之深，绝非一般兴趣也。又吴敬梓著述，何泽翰《吴敬梓著述考》据平步青《霞外攟屑》卷九，载"《史汉记疑》未成书"。平步青清末人，其说晚出，此诗注"方著《史汉记疑》未毕"，可考信也。

024　宁楷（1712—1801），字端文，号栎山。世居江西南城，康熙十四年其父奠宗以耿精忠之乱辗转流亡江宁，雍正十三年以知县张嘉纶荐就学于钟山书院。后受教于杨绳武，乾隆十八年乡试中举。翌年授泾县教谕，未几罢归，先后掌教于菊江、敬亭、潜川、正谊、蜀山五书院。年八十闭户不出，享年九十。除《修洁堂全集》外，尚参与修纂方志数种。《修洁堂集略》有程廷祚、戴翼子序，集中有怀涂长卿、陶衡川、严长明、冯祚泰、樊明征、戴翼子诸人诗，又有程廷祚、冯祚泰、戴翼子三人传，诸人皆吴敬梓父子挚友。其平生最感铭之恩师杨绳武，亦为吴烺之师，藉此可知宁楷与吴氏父子交谊至密也，其记述无疑为研究吴敬梓之重要素材。

025　叶舒璐《分干诗钞》卷四有《吴敬梓索题周益山画册六咏》,《杏花春燕》云:"闹红十里散芳尘,堂燕衔将卜垒新。趁取旧巢还未扫,马蹄休负曲江春。"《白描牡丹》云:"亭北春风梦不长,繁华总属瓦沟霜。洗空幻色开生面,合领清衔是素王。"《莺啄榴实》云:"裂破红房呷乳膏,笑伊眯眼认樱桃。把竿不放金衣入,阿醋从占结子牢。"《夹写菊竹》云:"秋容淡抹何潇洒,添入风梢更穆如。依约圭峰诗句好,黄花香老竹篱疏。"《鱼唼藻影》云:"花荫唼水碎纹香,泛绿依红有底忙。不信锦城浓艳地,也分清赏到濠梁。"《梅干栖禽》云:"月落空林翠羽迷,谁冲深雪短筇携。寒禽岂是孤山鹤,偏拣疏香冷处栖。"叶舒璐字景鸿,一字镜泓,号分干。江苏吴江人,叶燮从侄。岁贡生。有《月珮词》。舒璐少从叶燮学,与沈德潜同窗,德潜曾序其诗集。《六咏》次于《壬寅除夕》诗后,《猴山寄闰七夕诗索和》之前。壬寅为康熙六十一年,雍正七年为闰七月,则诗必作于此数年间,时吴敬梓二十余岁。

026　吴文溥字博如,号澹川,浙江嘉兴人,著有《南野堂诗集》《南野堂笔记》,为乾隆间著名文人。因传记无征,《中国文学大辞典》未详其生卒年。予读徐熊飞《白鹄山房诗选》,卷二有《悼三吴君诗》序云:"熊飞所交振奇之士,先后得三吴君焉,半年之间相继殂谢。"悼吴文溥一首序云:"吴明经文溥号澹川,嘉兴人。幼工诗,久客戎幕,深明方略。楚氛初作,劝主兵者攻以火计,不用,乃间道归。时仪征夫子视学浙江,见其诗极口称道,延之入幕,相得甚欢。卒时年六十二。"悼吴应奎一首有云:"去年幽谷底,豺狼横相噬。藏身广柳车,风尘远逃避。"检卷一《寄吴蘅皋应奎》诗云:"饥凤荒冈外,飞飞畏网罗。"正是去年吴避祸时,随后卷二《送秦小岘夫子入觐》之一云:"湖干骢马鸣,离情浩烟浦。秋色过江来,苍然漫平楚。"亦应为去年秋日。之二云:

"山光落画戟，庭草绿复滋。萧寥柏台霜，变作春风吹。"柏台指御史监察之职，则应为秦瀛官浙江按察使时。考《小岘山人诗集》卷十一有《赠陈生文杰时余将之京师》，前有《寿鲍渌饮七十》，鲍渌饮即刻知不足斋丛书之鲍廷博（1728—1814），因知时为嘉庆二年。然据卷十一《扬州道中寄怀惕甫》云"上年腊月岁云徂，扁舟我别西子湖"，则此行是在腊月，必非徐诗所送之役。卷十三又有《赴阙过家从父都转公置酒山园群从咸集述事有作》，云"奉命赴京阙"，抵京召见乾清宫在十月四日，未几归，随即有调任湖南按察使之命，是为徐诗所送之役也。据文集卷四《重修高子水居记》："嘉庆五年冬，余自浙江入觐"（按：文集卷二《与汪稼门中丞书》谓"嘉庆六年冬，阁下遇某于良乡道中"，若指北京近郊之良乡，则属误记五年事为六年矣）。然则其入觐在嘉庆五年秋冬间。此既为《悼三吴君诗》之前一年事，则吴文溥之卒在嘉庆六年。是年春徐熊飞有《寄王兰泉夫子时主敷文书院》诗，据王昶撰《白鹄山房骈体文序》："曩予主讲敷文书院，有从雨中剥啄请见者，则武康徐雪庐也。予既耳熟徐雪庐名，是日复见其诗，急录入《湖海诗传》，以示源流之正。越二年，养疴村居，雪庐以四六文抵予乞序。"序作于嘉庆七年壬戌秋，然则徐熊飞以诗谒王昶在嘉庆五年，至七年夏秋间王昶养病归里，徐熊飞寄诗盖在是年春间，时间正合。《悼三吴君诗》后隔几首为《云台夫子为先妣作传感赋》，考《小岘山人文集》卷五有徐熊飞母《周孺人墓志铭》云："夫早卒，教其子成立，为寡妇者余三十年而孺人没，时嘉庆六年十一月九日也。"然则阮元为熊飞母作传应在嘉庆六年底或七年中，以诗作之编次推之，《悼三吴君诗》亦应作于嘉庆六年秋。吴文溥卒于是年，享年六十二，其生年应为乾隆五年。

027　上海古籍书店影印光绪十八年汉川刘洪烈翻刻张清标《楚天樵话》，刘洪烈跋谓其殁之日，父恸其才命不偶，取所著诗古文词、经史考订多种尽投诸火,仅遗《樵唱轩集》《竹樵诗集》《咏史诗》《楚诗选》《剑侠吟》及《楚天樵话》六种。按:张清标与熊士鹏善,熊士鹏《鹄山小隐诗集》与之酬唱之作颇多。卷三《怀人四十首》张竹樵清标一首曰:"壮年乃失怙,沧海白云沉。掩涕恐伤母,看天频湿襟。吾生方总角,人世已椎心。风树悔何及,空嗟游子吟。"据此则清标及壮已丧父,刘洪烈所述恐有误。又,清标之卒在道光二十七年丁未八月,熊士鹏《鹄山小隐文集》卷六有《周鹤汀六十寿序》云:"记忆丁未八月秋,馆谷第一山,谭白畦邮余书,言张竹樵于初五日物故。"此可补传记之阙。

028　倪鸿(1829—?),字云癯,又作云癃。广西桂林人。张南山、黄香石弟子,才名颇盛。游宦广东二十年,历任幕僚、县尉、知县。咸丰七年曾避乱于顺德梁九图汾江草庐。光绪二年为仇家所陷,又曾避于福建,入巡抚署中襄办台湾军务。有《桐荫清话》《江村题襟集》《小清閟阁诗集》《野水闲鸥馆诗钞》《退遂斋诗钞》等。《退遂斋诗钞》八卷,光绪七年五月泉州刊本。京都大学人文科学研究所藏本,末有白须温卿题记:"明治十八年乙酉孟夏在清沪上承倪鸿先生大人出赠。"明治十八年当清光绪十一年,时倪鸿游宦江南。

029　张次溪编《清代燕都梨园史料》收西蜀樵也撰《燕台花事录》一种,未详作者事迹。按:西蜀樵也即王增琪号。王增琪(1845—?),字师曾,一字也樵。四川华阳(今属四川)人。举人,官韩城知县,摄石泉,调洋县。居一年告官归养,居成都西玉龙街同福巷聊园。著有《聊园诗存》《诗缘》《樵说》《诗缘樵说拾遗》等。《聊园诗存再续》卷三《酒间有赠》其三自注:"《燕台花事录》,予丁丑作于景德镇,上海申昌馆印行。"丁丑,光绪三年。

030　著《诗史》之李维，据自序知为北京大学国文系学生，师从刘毓盘。刘著有《词史》，晚年更欲著诗史，而力不从心，遂属之李维。民国十五年冬，李维避乱还乡，以三阅月而成二百六十页之《诗史》，是为吾国最初之中国诗歌通史。昔年东方出版社重印此书，属予作一书评，余读其书，欲考其生平里贯，皆不可得。询之先师千帆先生、丘良任先生等前辈，均不详其人。后承王达敏兄代检北大档案，民国十四年《毕业同学纪念册》载国文系李维，现年二十八，河南武安人，通讯处天津西苏桥镇。据此知其生于一八九七年，民国十四年毕业，撰《诗史》时二十九岁，书于民国十七年十月由北平石棱精舍印行。又据民国三十七年十二月出版之《国立北京大学历届同学录》，时李维任中国大学教授，通讯处为北平钟鼓寺 6 号。此外不可知，或云赴台，经询台湾大学杨承祖先生，亦未闻其人也。故予谓考索晚近人物事迹，有难于考古人者三：战乱迁徙，档案不完，一也；碑志传记未经编录，不必存世，二也；即有文集、报刊所载传记、寿祝、讣告等存世，皆未经清点，无索引可检，三也。有此三难，吾人于近代文献之考证，切勿以为可有可无，或视之简易也。

卷十　云烟过眼

此卷皆记历年所经眼古籍珍本。前贤嗜藏书者，每获见宋元秘本、名椠佳刻，必为著录，以志流传之迹，谓之过眼云烟，洵以人间至宝，举世欲得，绝无累世永保之理也。予一介书生，清风两袖，案头无清前之椠，插架惟摆印之本，徒以奔走之劳、访求之殷，获睹海内外公藏善本不一，聊记于此，以志眼福。

001《圣学心传》四卷，明成祖朱棣撰，明永乐（1403—1424）间内府刊本八册，中国社会科学院文学所藏。每半页十行，行二十二字。小黑口，上下双栏。前有永乐七年五月望日明成祖御制序。明代前期刊本传世无多，此书为内府所刊，字体朴厚，纸墨精良，虽非初印，书品完好。原为民国间张寿镛旧藏，有"四明张氏约园藏书"印。张寿镛字咏霓，号约园，宁波人，民国间著名教育家、学者、藏书家，曾编刊《四明丛书》，其藏书一九五〇年代初由其后人捐赠文学所。

002《韵学指南》一卷，刘藻撰，石斋抄本，广西师范大学图书馆藏。每半页八行，行二十五字。有朱笔圈点，钤有"刘复""江阴刘氏"印记，著录原为刘半农先生藏书。刘藻字瀛海，初名玉麟，字麟兆，号素存。山东菏泽人。雍正举人，官教谕。乾隆元年举博学鸿词,由翰林检讨历官至兵部尚书、云贵总督。以缅甸起事自尽。著有《声调谱指南》,见吴绍澯《声调谱说》自序。据吴书所引,其说多本自赵执信《声调谱》。

003《通鉴纪事本末》四十二卷,宋袁枢撰,南宋宝祐(1253—1258)刊本三册,中国社会科学院文学所藏。此为宋刊大字本,每半页十一行,行十九字。四周单栏,白口。残存卷十二一册、卷十六两册。原非一套,卷十二为白麻纸印,为钱曾旧藏,有“虞山钱曾遵王藏书”“红豆书屋”印。卷十六两册一为黄麻纸印,一为白麻纸印。书口下方均有刻工姓名,所见有史祖、王烨、何祖、蔡成、徐琪、沈祖、方得时、林茂、王兴宗、钟季升、黄佑、王大用、张荣、徐侃、徐佹、徐嵩、吴炎、余和、余甫、刘拱、中明、汪。

004《资治通鉴纲目》五十九卷,宋朱熹撰,南宋乾道八年刊本,中国社会科学院文学所藏。此为宋刊大字本,每半页八行,行十七字。左右双栏,白口,下有刻工姓名。残存卷三十四一册,四十六、四十七各两册。原非一套,卷三十四为黄麻纸印,有“百宋一廛”印,应为黄丕烈旧藏,然不见于《百宋一廛赋》及《求古居宋本书目》,或为晚年所得。余四册为白麻纸印。

005《确庵葛先生暨姚恭人行述》《确庵葛先生墓志铭》二册,男承暐、刘明孝撰,中国社会科学院文学所藏民国间约园钞本,用“约园抄本”稿笺。末有民国庚辰夏张寿镛跋云:“汐社三老曰王右仲嗣奭,曰杨南仲德周,其一即先生。王杨之书已刊入丛书,而先生所著如《静远楼诗文集》《南庐杂著》《性理注释》《天文地理综要》诸书均未见,犹待搜访。今得此墓志与行述二本于蟫隐庐,亦可聊慰景仰云。”据行述,确庵姓葛,名世振,字全果,别号寒铁道人。浙江鄞县人。生于明万历癸丑,卒于康熙壬戌,由翰林编修官至侍读学士。明末假归,南明加太子左春坊左谕德,兼国子监祭酒,清廷两度征召,皆不出,时人高之。平生留心理学,著有《性理注释》《天文地理综要》《静远楼诗文集》《南庐杂著》等书。行述于其生平行事,尤详于科举应试及国变隐遁经过,可考见明清易代之际情事。

006《池北书目》一册,刘喜海味经书屋钞本,国家图书馆善本部藏。王渔洋池北书库藏书目录,晚清李富孙《校经顾文稿》《编次曝书亭著录自序》已云无从寻觅。此本为道光十二年借钞于叶润臣,叶润臣藏本又得自翁方纲家,据称为翁方纲督学山东获自渔洋后人。此目甚简略,仅收书四百六十九种,其中经部三十六种,史部一百一十三种,子部六十四种,集部二百五十六种,显非渔洋藏书之全部。渔洋著述所言及之书,此目或不载。其尚有可疑者:一,《居易录》卷十八谓吴草庐诸经纂言独未见《春秋纂言》,而此目赫然著录;二,《居易录》卷十三载康熙十八年见吴客携宋刊本《晋宋奇谈》一帙,索重价求售,并无下文,谅必无力购入,而此目著录,且独标宋椠,为通篇仅见,其本自《居易录》无疑;三,刘敞《公是集》、刘攽《公非集》直至康熙四十九年尚未访得,而此目竟有著录。其他如胡恢《南唐书》,苏过《斜川集》《汉上题襟集》诸书,皆渔洋刻意寻求而不获者,今悉著录于目,其非渔洋原本亦明矣。予颇疑为后人据渔洋著述而辑录者,或即出翁方纲之手亦未可知。覃溪尝辑渔洋藏书"著录所具卷第者",其数已达五百五十余种。顾翁氏辑之,无非考究渔洋之庋藏而已,后人希图善价,必诈称王氏后人所传池北书库原本,殆不难想见也。

007《宝书阁著录》一卷、《清吟阁书目》一卷,封面题"剑阁钞藏宝书阁著录、清吟阁书目",丁白抄,荣宝斋制八行笺抄本一册,中国社会科学院文学研究所藏。《宝书阁著录》卷首有题记云:"书斋清昼,孤坐吟余,整架上书,多善本,恐世罕流传,随笔著之,不复差次。天壤间奇秘无尽藏,知不载于是编尚多耶? 愿同志合力搜访,如曹倦圃先生,互钞为约,共赏奇文,结契翰墨,岂不幸甚。咸丰纪元辛亥仲冬湖州丁白识。"丁白为湖州布衣,台湾"中央图书馆"藏明初刊本《诗法源流》有其题识。此书仅载书名,不记作者、版本。《清吟阁书目》下注"咸丰丙辰秋手订",而其目实为瞿世瑛编,北京师范大学图书馆藏清吟阁抄本《南史摘略》应为其旧藏;目录分四卷,卷一钞本计七百九十二种,卷二名人批校钞本计一百七十七种,卷三名人批校刊本计二百九十八种,卷四影宋元钞本计三十种,通计一千二百九十七种。多注作者及钞藏者名氏。内载朱文藻著述、抄藏书二十二种,可资考证。又如李堂手辑《西溪诗萃》、徐之瑞《西湖竹枝词七种》、聂铣敏《靖康逸史》、张巨川《榕城竹枝词》亦未见传本。佚名编《耶苏会士著述目》一册,编于咸丰六年以前,允为传教士著述研究之珍贵记载。

008《石林奏议》十五卷,宋叶梦得撰,明末毛晋汲古阁影宋抄本四册,中国社会科学院文学所藏。有"宋本""汲古阁""虞山毛晋""毛晋之印""毛氏子晋""毛扆之印""斧季""汲古道人""希世之珍""百联堂览书画印记""德彊斋藏书记""卓为霜下杰""进德修业""笔研精良,人生一乐"等印。毛氏汲古阁影宋钞本,纸墨精良,纤毫毕肖,世称"毛抄",夙为藏书家宝重,媲美宋刊。缪荃孙《题吴甘遁藏毛钞石药尔雅》云:"世重隐湖钞,荛圃别成卷。隐湖有心人,佞宋能推衍。选书必佳帙,抡工皆上选。提行前后同,点画几微辨。中郎不可见,虎贲成冠冕。所以赏鉴家,宝之若瑚琏。"此帙字画工整,墨光四射,尽存宋椠原貌,又毛钞之典范也。卷末有毛晋题识："从李中麓先生宋本影写,希世之宝也,惜有靡烂处。"傅增湘民国二十一年庚午二月从友文堂借观此书,撰有长跋。三十二年癸未八月复借观于庸斋,应其请录前跋付之,复跋云:"右跋为十余年前所作,录之校本上者,前日晤庸斋先生,言及此本新收入箧,因从之假观,故友重逢,欣慰何似!庸斋属录前跋于后,以备异时考证。灯右眼昏,徒以恶书点污宝帙,愧叹而已。"

009《池北偶谈》稿本,王士禛撰,经摺装裱本手稿两夹,题"渔洋先生草稿",钤有"七十二泉主人"朱方印,中国社会科学院文学所藏。原书二十六卷,分谈故、谈献、谈艺、谈异四门,编成于康熙三十年秋,海内竞相传抄,康熙三十九年五月刻于汀州官署。此为作者初稿本,有朱笔修改涂抹之迹。上册二十二则,下册四十则,条目小标题及文字均与刊本有异。

010《梓里述闻》二卷,刘长华撰,乌丝栏钞本二册,中国社会科学院文学所藏。每半页十行,行十八字,有朱笔校。刘长华字椒泉,江苏南通人。生活于晚清。书中记郡中故事逸闻,下迄光绪朝,有鸦片战争及教案资料。

011《南华经》十六卷,庄周著,晋郭象注,宋林希逸口义,元刘辰翁点校,明王世贞评,陈明卿批注,辑明杨升庵等名公评,明凌濛初(1580—1644)刻四色套印本,初印,字画精良,中国社会科学院文学所藏。林氏口义紫色,刘氏点校蓝色,王、陈评注红色。前有徐常吉、冯梦祯、沈汝绅序。胡嗣芬旧藏,有"胡嗣芬藏书""三十六芙蓉馆藏"等印记。

012　王宠手书《庄子》内篇,朱丝栏精钞本,中国社会科学院文学所藏。封套有沈厂署"王雅宜真书庄子内篇",书皮有"雅宜山人王宠墨迹,山阴杨大瓢补,江都秦澹生藏"。王宠(1494—1533),字履吉,号雅宜山人。吴县(今属江苏)人。书学王献之、虞世南,精小楷,善行草,与祝枝山、文征明齐名。此册真书工抄,每半页十二行,行二十字,钤有"王履吉印"。笔法精妙,疏秀有致。此册原为清初常州缪曰藻藏,有"曰藻""文子""兰陵文子收藏"印。原阙二页,顺治九年壬辰乞杨宾补抄,钤"山阴布衣""大瓢山人""臣宾""辛卯年后"诸印。杨有跋云:"有明吴下能书者,以祝京兆、文待诏、王雅宜、陈道复四家为最。四家书虽不同,然各有所得,非后人比也。文子孝廉得雅宜楷书《庄子》内篇一册,而缺《大宗师》《应帝王》各四百余字,孝廉丐余补之。昔赵承旨欲补米书《壮怀赋》数行,一再易,皆不似。乃叹今人去古为远,余何人斯,敢任兹役?窃以为女娲炼五色石补天,不必求其似天也。以今人补古人书,而求其似古人,斯其所以去古远矣。余则仿女娲氏法,直以己意补之。虽不似天,独不得为五色石耶?孝廉解人,当不以为河汉也。壬辰十二月二十日,大瓢道人杨宾识。"杨宾,号大瓢山人。浙江绍兴人,于清初有书名。此册后归秦恩复,钤有"恩复之印""小淮海""石研斋秦氏印"。秦恩复(1760—1843),字近光,号敦夫。江苏江都人。乾隆五十二年进士,选翰林院庶吉士,散馆授编修。读书好古,所居五笥仙馆,蓄书万卷。尤精校勘,延顾千里于家,共相商榷。阮元抚浙时,聘主诂经精舍。与人谦抑,不谈学问,故世罕知者。尝校刊《列子》《鬼谷子》《扬子法言》《三唐人集》及《隶韵》等书,时称秦板,著名于时。有《石研斋集》及《享帚词》三卷。后归仪征阮元(1764—1849),有"文选楼""扬州阮氏娜嬛仙馆藏书印"。后入涿鹿李在铣手,钤"涿鹿李氏珍藏""李在铣印"等印。有丁亥孟夏二十三日题识:"雅宜山人书《庄子》内篇,存廿八叶,杨大瓢补书二叶,复跋一叶。前副叶有文选楼印,宜存共卅式页,字皆精妙,可宝之至。董香光曾有楷书《庄子·说剑篇》,阙三十余行,为翁覃溪先生补书,若得之可称双美,来日望之。"另有"棱伽居士""人境庐""宝熙长寿""沈盦校藏精钞善本印"等印,知又经黄遵宪、宝熙(1868—?)藏过,而终入叶恭绰箧中。叶氏《遐庵清秘录》卷一跋祝枝山书《夷坚志》,言及"余先后得名人手钞书如陶南村《古刻丛钞》、王雅宜《庄子》,皆罕见之物,与此鼎足而三",殆即此本欤?

013《文中子中说》十卷,隋王通撰,宋阮逸注,元刊本,中国社会科学院文学所藏。每半页十一行,行二十一字。四周双栏,白口。王通(580—617),字仲淹,号文中子,绛州龙门人。隋代思想家、教育家,初唐诗人王勃祖父。此书刻印颇精,金镶银装,书帙设计极精巧。有"福山王氏珍藏""宾佐"印。民国间为张寿镛约园所藏,有"四明张氏约园藏书"印。

014《晏元献公类要》三十七卷,晏殊辑,影抄本十二册,中国社会科学院文学所藏。每半页十二行,行十九字,凡原本残缺处皆空缺。有"盐城孙人和字蜀丞珍藏"白文长方印。前有曾巩序。第一卷江南路至江阴军,第二卷福建路至荆州军,第三卷地理之学至南京,第四卷京西路至淮阳军,第五卷天真宫馆至女道士,第六卷陕西路至濠,第七卷顿丘县至高阳县,第八卷梓州路至巴,第九卷帝谦辞至帝怒,第十卷母后至主幼,第十一卷储总叙至皇诸亲,第十二卷车驾至罢畋猎,第十三卷古今宫殿名至池苑游宴,第十四卷三师至左右司郎中员外,第十五卷总叙尚书至水部,第十六卷门下省至正字,第十七卷总载史至馆阁图书,第十八卷谏官至恋阙,第十九卷总叙九卿至公隶,第二十卷京尹至边郡之守,第二十一卷总叙文至淫巧之文,第二十二卷总叙初生至日夕动止,第二十三卷总叙字学至算术,第二十四卷福禄语至候谒,第二十五卷致仕至连累,第二十六卷退士至旌表门间,第二十七卷总叙隐士至神异方士,第二十八卷酒至茶,第二十九卷杂博戏至杂音伎,第三十卷微疴至帝忧恤其疾,第三十一卷歌至退士著书,第三十二卷优劣语至自戒,第三十三卷干时求仕至得志,第三十四卷士未遇至辞官,第三十五卷阴阳拘忌至怪异人,第三十六卷北狄至边塞风景,第三十七卷历代杂录至丧乱。目录及正文有朱笔校字,卷一有名步瀛者蓝笔批校,多据《太平寰宇记》《舆地纪胜》诸书校本书阙漏,疑为高步瀛手笔。

015《山静居诗论》一卷《书论》一卷《画论》二卷,方薰撰,咸丰末年陆杏荪抄本二册,有"西圃藏书"朱方印,有朱笔点校,中国社会科学院文学所藏。《诗论》《书论》后有道光三十年庚戌夏叶廷琯跋,《画论》后有嘉庆三年戊午陈希濂跋、同治元年潘钟瑞跋。方薰(1736—1799),字兰士,一字兰坻、兰垓,又字长青,号樗庵。浙江石门人。赘于梅里王氏。精绘事,工画兰,与奚冈齐名。有《山静居画论》《山静居书论》《山静居题画诗》《山静居遗稿》。事迹散见吴翌凤辑《怀旧集》卷九、朱为弼《蕉声馆诗集》卷二《哭先友方兰士先生》,《清史稿》卷五〇四有传。此书未曾刊行,仅有抄本流传。《江苏省国学图书馆图书总目》著录有《静居绪言》一卷,阙作者名。上海古籍出版社一九八四年排印本《清诗话续编》收入,前有赵怀玉题识:"以俯视一世之才,为折衷百家之论,名言隽旨,络绎纷披。所谓士衡积玉,安石碎金,盖兼有其美矣。顷来桐华馆中,兰垓出此示余,连日以心绪作恶,未暇展卷。四月十二夜,客去事简,挑灯读之,乃竟此编,不觉俯首至地。味辛弟怀玉识。"按桐华馆为金德舆斋号,方薰久客于此,其与金德舆往来之迹,具见于赵怀玉《亦有生斋集》中。友人张寅彭据此考证应为方薰所作,甚确,盖即此书也。叶廷琯跋云:"此诗论书论各一卷,亦先生平日随时所记,用资谈助,久藏于家,未付手民。儿子道芬薄宦畿辅，承令嗣铁珊参军折节与为忘年交，得见手稿，录副寄我。始知先生于此二事，用力至深，视绘事无异，故能探原竟委，确切指陈。其中奥旨微言，直抉前贤未启之钥。盖自抒心得之语，非肤闻浅识者所能强为也。"两本相校，《诗论》末多一条，云："绝艺虽由工夫，识见本乎天受，诗文妙诣，底在觉有后先，不因学之迟早。高达夫五十始能诗，韦应物四十后有著作，苏老泉三十而工文，皆名垂不朽。此特气禀不凡耳。如质本庸下，虽童而习之，耄而攻之，能殊俗乎？"两本条目偶有分合之异，《诗论》"权载之推刘文房为五言长城"与"梦得古诗边幅较文房为大"、"大历间诗"与"论晚唐诗"皆合为一条，《绪言》"苏沧浪己卯冬大寒有感"与"王广陵原蝗一篇"合为一条。文字则各有短长，如序"琐缀刍荛，用资谭艺，忘其醜也"，醜《绪言》误作愧；"输般之施斧斤也"，输《诗论》误作斯，是也。《嘉兴府志》载方薰《山静居诗话》二卷，此本仅一卷，疑另一卷即《清诗话》所收《山静居诗话》。据潘钟瑞跋："石门方樗庵先生，著诗书画论三种。画论先脱稿，刊入知不足斋丛书。诗书论未付梓，世鲜传本。吾乡调生叶丈，家富藏书，哲嗣香士明府官畿辅，得见先生之嗣铁珊参军，录其两种手稿寄归。庚申苏垣之变，邺架都付劫灰，而此稿携诸行箧，岿然尚存。偶出示余，云藏之一星终矣。余既感丈之网罗遗帙，功侔掩骼，因属陆甥杏荪另缮一副本，又从他处借得鲍氏丛书，并录画论，合成三绝，将以推衍丈之意也。"知此本即陆杏荪抄本。

016《猫苑》二卷，黄汉辑，咸丰刊本。予以贱值偶得之市肆，初不知其传本之罕也。后阅黄裳《前尘梦影新录》，称"刻殊不精，而罕见传本。见于徐绍樵许，不论价而携归"。《张枬日记》宣统元年五月十二日记："是书系永嘉黄汉辑，于猫事颇荟萃宏富，板存博古斋中，某年博古斋不戒于火，此板亦付之灰烬，今无有重刻者,是亦吾瓯仅有之秘也。承叶禹勤先生持赠,为欣幸者久之。"知其于清末已为罕觌之书。黄汉,温州人,曾辑《瓯乘补》二十卷。陈寿祺等撰《福建通志》卷七十九经籍志著录乾隆间福建建宁徐显璋《猫史》一卷,郑兼才序曰:"《诗》《礼》中言猫,多与虎并举,取其威也。集中所录,称猫职者盖少,而所养非所用,则开帙辄见。此而不加甄别,使好丑分明,何以劝夫感恩报主者,猫史欲不作得乎?"其宗旨固有别于此书矣。

017《青城说杜》一卷,吴冯栻撰,中国社会科学院文学研究所藏钞本一册。据康熙宝荆堂刊本抄录,有"江阴金武祥印"白文方印。前有序言,纸已残缺。全书取杜诗二十七题三十八首,详为之说,讲析甚细,然多敷演诗意,有类串讲散绎。考金武祥《粟香三笔》卷二载:"吾郡聚族乡居,以科名仕宦著称者,罗墅湾谢氏外,又有薛墅巷吴氏。吴氏入本朝始盛,有青城先生者名冯栻,康熙六十年进士,入词馆,年已六十余,其明年正月初五日即与千叟宴,应制诗云:'微臣释褐甫登瀛,旋侍瀛仙宴太清。瑞应早于天象见,老人星拱泰阶平。'又第三首云:'初步木天逢旷典,万年春酒庆升平。'其裔孙子良参军需次粤中,为余诵之,且言尚有《青城说杜》一卷,旧曾刊行云。"此本或即传抄之本也。

018《韦苏州诗注》稿本一卷,黎经诰撰,中国社会科学院文学所图书馆藏。不录原诗,径书注解。黎经诰字觉人,江西九江人。有《许学考》,曾笺注许梿《六朝文絜》,盛行于世。《普林斯顿大学葛思德东方图书馆中文善本书志》著录明初刊本《朱文公校昌黎先生文集》、明末震泽严氏悟滋斋刊本《天隐子遗稿》,均有"浔阳黎经诰字觉人晚号觉翁""黎经诰印"印记,可考知其里贯字号。镇江焦山有宣统元年王瓘题记:"铜梁王瓘、闽县王仁东、蒙古松堉、江州黎经诰、海丰吴韺、南□张彬、临川李瑞清、南陵徐乃昌、福山王崇烈、庐江刘体乾宣统元年六月二日同游，王瓘书之。"则晚近人也。

019《杜甫陆游诗钞》二册，段玉裁精抄本，陕西师大图书馆藏。盖辑钞《御选唐宋诗醇》中杜甫、陆游两家诗也，前有自序一篇。书写极精，名家手迹，洵可宝重。

020《施注苏诗》，台湾"中央图书馆"所藏宋刊本。此本历经名家递藏，有兰挥堂印章，宋荦之名在焉。考此书宋荦曾延邵长蘅、冯景、顾嗣立、李必恒刊补，康熙三十五年十二月刻成，是月十九日东坡生辰，率诸生致祭，有《刊补施注苏诗竟于腊月十九坡公生日率诸生致祭》一诗纪事，见《西陂类稿》卷十六。此后以原本赠纳兰容若弟揆叙。《白山诗介》卷三揆叙《宋中丞牧仲以宋本施注苏诗见惠赋此奉谢》："公安得此嘉泰本，篇帙虽缺神敷腴。殷勤补缀付剞劂，膏泽要使均沾濡。独留旧本自吟赏，岂敢鳞爪藏骊珠。忽然惠我意安在，勉以文字相嬉娱。"其因由亦不得而知。

021《后村居士集》五十卷，宋刘克庄撰，元仿宋小字刊本六册，中国社会科学院文学所藏。每半页十行，行二十一字。白口，原非一版，两册四周单栏，四册四周双栏。残存卷一至卷六、卷八至卷二十八、卷三十九至卷五十。此帙原为张寿镛约园旧藏，有"寿镛""咏霓""四明张氏约园藏书"印。

022《马石田集》十五卷，元马祖常撰，竹纸旧抄本四册，原为朱彝尊旧藏，有"竹垞藏本"朱文长方印，王渔洋借观，有题记，《渔洋文集》卷十二、《居易录》卷二、《蚕尾集》卷十均载此集跋文。后归陈塿西畇草堂，有"西畇草堂"朱方、"西畇草堂藏本"朱长方印,又有陈鳣嘉庆十五年庚午题记。鳣字仲鱼,号苇汀,江苏长洲人。其藏书之所曰西畇草堂。此本后归潢川吴铨,有"潢川吴氏收藏图书"朱方印。吴原为安徽休宁人,后居沪上,晚移居苏州,所收多秘籍。此本后流入吴兴包虎臣家,有"吴兴包子庄金石书画记""包虎臣藏""陈淑贞""陈贞莲书画记"等印记。包虎臣与妻陈贞莲俱爱收藏,家藏宋元人名迹数百件。其书得自吴县袁廷寿五砚楼旧藏,珍善本尤多。廷寿后更名廷梼,字又恺,号寿阶。所居红蕙山房,蓄书万卷,皆宋元椠刻及法书名画。后移居枫桥旧居,名其藏书处曰五砚楼。包氏藏书一九五一年杭州书贾严宝善于无意中论斤得之,此本与明嘉靖刻本《侯鲭录》、明刻本《樊川文集》、明钞本《野记》等为同业陈士英所购(严宝善《贩书经眼录》第 217 页),售于上海藏书家黄裳、中国书店掌柜郭石麒,黄裳遂得此书(《前尘梦影新录》,齐鲁书社 1989 年版),复补其阙页,书有题跋二则。后似因查钞散出,复为中国书店收得(见《贩书经眼录》第 250 页),最终售与中国科学院图书馆收藏,渔洋、黄裳题跋俱在,至今保存完好。

023《杨维桢集》钞本四种,杨维桢撰,国家图书馆善本部藏。其一题"周伯器藏本杨铁崖文集"四册,有"稽瑞楼""铁琴铜剑楼""勿止"诸印。是本以文体分类,计记四十七篇、志四十九篇、墓志铭四篇、军功志二篇、阡表一篇、传三十四篇、碑十一篇、铭六篇、录四篇、赋三篇、辨四篇、说九篇、杂著十篇、序二十三篇、目录下有佚名跋一篇,有残损。卷末有跋,云幼时自周桐村钞本录存四十九首,戊子岁又收得钞本共文一百五十首,遂将前录本附于后装潢而藏之。计其数,则第四册自序以后适为四十九首(实为五十首,《送冯侯之新昌州尹序》一题二首),当为幼时钞本也。此跋已辑入《铁琴铜剑楼藏书题跋集录》卷四。其二题"杨铁崖文集",为明初朱燧钞本,有"铁琴铜剑楼"印。计赋四十九题,其中《姑苏台赋》两首,共五十篇,后有洪武三十一年七月二十五日海虞朱燧跋,此跋亦辑入《铁琴铜剑楼藏书题跋集录》卷四。其三题"东维子诗集"十六卷,有"琪园李铎收藏图书记""□□道人收藏""皇村父""曾在周叔弢处"等印,无序跋。其中诗十三卷四百八十余题,"丽则遗音"古赋三卷,三十二首,皆咏古之题。其四题"铁崖先生文集钞",陈氏带经堂钞本,有"带经堂陈氏藏书印""陈徵芝""兰邻""陈树杓""继愿楼""韬庵校读""梦樵鉴赏"等印。后有陈徵芝甲戌岁十一月廿九日跋,乙卯冬陈树杓题记。是集录文四十七首,仅序一体。据陈徵芝跋,盖于甲戌冬得不全钞本二册,校以朱昱刻本多出数十篇,遂钞藏之,则此本皆朱昱刊本集外文也。

024 《昭明文选》六十卷,梁萧统编,唐李善注,清嘉庆十四年胡克家仿宋刊本,中国社会科学院文学所藏。胡氏以南宋淳熙八年尤袤刊本为底本,多年校勘,八易其稿,改正原书错误七百余处,仿宋本原式刻为此本,后附《考异》十卷,校勘严谨、刻工精妙,号为清代名椠,一九七七年中华书局曾影印行世。此帙为初印之本,纸墨字画皆精,曾为嘉、道间名学者张穆收藏,有"殷斋金石书画之印""殷斋藏书""石州校读""石州审定"等印。有阙页两页张氏手抄,俞正燮(字理初)、王筠(字菉友)、许瀚(字印林)批校。嘉庆一朝,学者以渊博著闻者,北称张石洲(穆),南称俞理初(正燮),王筠、许瀚亦为当时小学名家,合四大学者而校此一书,"可称天壤间《文选》第一善本"(陶光语)。此帙后归吴氏石莲闇,钤"金轮秘笈之宝"印。民国间为陶光购得,钤"陶光""北溟宝玩"等印。有民国二十五年丙子十二月题跋二则,一曰:"黟县俞理初、安邱王菉友、日照许印林、平定张石洲合勘,不特征引浩博,且多互相纠正,俞、张细字尤茂美缜密。缺叶皆石洲手钞,秀整无一懈笔。校本至此,蔑以加矣。石莲闇旧藏,北溟珍秘。"一曰："民元壬子得前人过录何义门评校《文选》,为汲古初印,蝇头细字,绝似汪文端,遍阅无款识。未久为叔绳持去,失于安庆,每念则悒惜。近两年来楚游,颇获善本。如何蝯叟评校《史》《汉》及少陵、玉溪诗,王湘绮评《八代诗选》,周子幹过录各家评校《三国志》,过录庄、谭诸家骈体文钞。益以旧藏皋闻先生手写《七十家赋》、松禅评校《古今词选》及家君评校《史》《汉》《后汉》《三国》《世说新语》等数十种,学者人人必读之书,大抵略备。昨闻徐慎先说,海丰吴氏有胡刻《文选》散出,急踪迹之,携归细读,乃知为俞理初、张石洲、王菉友、许印林四先生手笔,胡刻已极善,加以四先生递校,可称天壤间《文选》第一善本矣。俞书罕觏,不图茂密研妙至此,直兼登善、鸥波之长,尤为创获。欢喜赞叹,泚笔记之。丙子旧腊。"

025《百美新咏》二卷,颜晞元辑,乾隆末写刻本。汇诸家咏古美人之作,有袁枚序,《随园诗话》中亦载之。此初印本二册,十余年前得之海王邨中国书店,版刻极精,或因焦尾,仅售三十元。内有"问渠"连珠印,为颜氏表字,疑为作者所藏,亟携归,考公私藏目,著录极罕。中国社会科学院文学所、广西壮族自治区图书馆、日本足利学校遗迹图书馆有集腋轩藏板《百美新咏图传》,嘉庆间刊;又有同治九年三益堂刊本《百美图新咏》,皆有图,系嘉庆刊本补绘,恶劣不足观。

026《吴江叶氏诗录》十卷,叶振宗辑,男钟英补,乌丝格清稿本五册,封面为乙亥壮秋苏宙忱署签,中国社会科学院文学研究所藏。每半叶十行,行二十一字。有"叶三郎""横山耳孙"印章。前有民国二十三年五月费树蔚序、二十四年薛凤昌序、二十六年二月叶恭绰序、二十二年闰端阳叶钟英序。叶振宗字印濂,号恪斋。附贡生,江苏法政学堂毕业,由江阴县教谕累官至天津地方法院推事。著有《恪斋诗文钞》。薛序云:"故人恪斋为分湖后裔,幼曾与昌同师门。晚又与昌等组立文献保存会,读法之暇尤嗜文学。见有先辈著述,辄假归录副,虽残章断什亦视为精神之所寓,而敬谨缮录,藏之箧笥,阅数载而积稿已衰然盈帙矣。乃循沈氏(《沈氏诗录》)例,辑《叶氏诗录》,书垂成而遽捐馆舍。哲嗣山民能读楹书,服既阕,泫然发箧出遗稿,踵事采辑,略加补缀,而殿以恪斋遗诗,都若干世若干人,为卷十。"钟英自序谓庚午父振宗捐馆,其后三年方整理遗稿成书,则其书编成于民国二十二年也。是书辑叶氏一族之诗,系据方志、总集、别集选辑,作者小传后附录诗话或总集之评语,振宗所辑起明代叶绅,钟英补入明前诸公如宋叶梦得,迄民国初叶世南,有添补。

027《蓉塘诗话》抄本二十卷,姜南撰,国家图书馆善本部藏。有"御书精忠堂""刘璟之印""淡明""李培发图书""曾在赵元方家""赵元方收藏善本书籍"诸印。中有朱笔批,未著录批人。按:卷十四"党邪"条批云:"何子竞报父仇事,予载之《居易录》,今并此采入。"则批语当出王渔洋之手,其书殆池北书库旧藏本也,著录可补之。

028《破万卷斋随笔》稿本一卷,许某撰,重庆市北碚区图书馆藏。封面有"民国三十六年十月默斋谨识"题记,稿笺为"镛泰号制"。内云"吾宗诗人甚少,惟《丁卯集》多可采者",知作者姓许。此卷为读书所记艺文杂录,以诗话居多,所采书及于《伯山诗话》《桐阴清话》,知成于晚清以后。内采及《京散诗话》一则,其书未见著录。后附采辑书目"杂书所见集"一七六种。

029《传奇汇考》八卷,佚名撰,无栏钞本十六册,分装四函,京都大学文学部图书馆藏。第一册为总目,按作者次序列其剧

目,首起佚名《连环》,终汪祚《十贤记》,后附无名氏之作,起《锦
香亭》,终于《万全》。夹有钤"石川谊臣"朱印纸片一枚,书"传奇
汇考开卷剧目《连环》,纸数三十",殆为藏者石川所记,盖原本前
有阙页也。各册均夹有记钞写所用纸数之纸片,第五册夹钤"东
京麻布新龙圭九石川谊臣"印之纸,可知钞藏者里居。卷一朱素
臣《四奇观》后有大字跋云:"近日吴人衍《双珠圆》传奇,即此第
三段故事也。打浑插科,略加润色,而大段仿佛相同,虽为一时
快观,究之意义,毫无趣味。世人厌故喜新,日趋日下,戏虽小
道,吾于此不能不致意焉。道光丙戌九日识。"未详是否出于作
者之手,然据此亦可定书成于道光六年丙戌前矣。各卷文字有
朱笔据东京大学藏本校正语,卷首目录与正文文字、次序均有出
入,或有目无文(如卷二《白蛇记》《芦花记》《罗帕记》《修文记》),
或有文无目(如卷三《还牢末》、卷七《丰年瑞》《十大快》),或重见
而文异(如《续情灯》),或重见而文同(如卷七《蓝采和》),更有正
文前遗漏题目、装订错页者不一。今据正文参照各卷前目录载
其剧目如下:

卷一

情邮记	澄海楼	织锦记	九龙池	夜光珠	朝阳凤	双忠庙
龙凤衫	海潮音	凤鸾传	翡翠园	寿乡记	太极奏	升平乐
因缘梦	后寻亲	四奇观	镇仙灵	万花楼	不了缘	四大痴
弄珠楼	埋轮亭	一品爵	醉菩提	人中龙	竹漉篱	玉楼春
万花亭	春灯谜	情梦侠	蓝关度	领头书	情不断	双熊梦
芳情院	阳明洞	遗爱集	广陵仙	风云会	红叶记	倒鸳鸯
红莲案	梦磊记	双官诰	红蕖记	小河洲	天下乐	锦西厢
锦笺记	璎珞会	鹡鸰裘	冯骥市义	相思砚	燕子楼	
杏花庄	五福记	登楼记	小忽雷	眉山秀	牡丹亭记	

南桃花扇

卷二

东郭记　鸳鸯梦　题门记　十义记　全忠孝　四义记　双报恩
娇红记　蕉鹿梦　义乳记　一文钱　雪里梅　白玉楼　曲江记
一笑缘　天马媒　西园记　葵花记　三元记　香囊怨　再生缘
马上郎　玉花记　落花风　小桃源　刜犀剑　天福缘　玉杵记
崔护渴浆　蓝桥记　午日吟　同甲会　离魂记　金镜记
江天雪　郁轮袍记　醒世魔　摘缨记　撮盒圆　天有眼
孝顺歌　莲囊记　桃花斝　凤鸾鸣　络冰丝　紫箫记　香山记
红梅记　梅花楼　双龙佩　沉香亭　续情灯　文章用　玉玔缘
逍遥乐　上林春　裙钗婿　伽蓝救　黑鲤鱼　万民安　留生气
文媒记　红莲债　狮子赚

卷三

勘风尘　诨范叔　抱妆盒　萧淑兰　失题（白居易琵琶行事）
失题（罗李郎抚友人儿女事）　竹坞听琴　白兔记　三勘蝴蝶梦
北西游　锁魔镜　丽春堂　铁拐李　举案齐眉　鲁斋郎
碌砂担　张善友　气英布　赚蒯通　分镜记　骂上元　桃源洞
游曲江　钱塘梦　张生煮海　灰阑记　救风尘　曲江池
两世姻缘　诌梅香　桂花仙　柳梢青　潇湘雨　伍员吹箫
东坡梦　汉宫秋　庞居士　扬州梦　金钱记　薛仁贵　小尉迟
误入桃源　岳阳楼　任风子　陈州粜米　碧桃花　合同文字
忍字记　度柳翠　桃花女　儿女团圆　玉梳记　后庭花
虎头牌　金童玉女　酷寒亭　金线池　楚昭公　隔江斗智
看钱奴　赵氏孤儿　货郎旦　燕青博鱼　盆儿鬼　老生儿
合汗衫　救孝子　魔合罗　神奴儿　生金阁　柳毅传书
勘头巾　杏花庄　争报恩　双献功　冯玉兰　红梨花　竹叶舟
梧桐雨　玉搔头　东堂老　墙头马上　连环记　王粲登楼
百花亭　望江亭　玉壶春　秋胡戏妻　遇云英　三赴牡丹亭
鲁义姑　孝谏庄公　荐马周　玩江楼　青陵台　花间四友

卷四

广寒香	一合相	吉庆图	双玉人	夺秋魁	合欢殿	庆有余
顺天时	遍地锦	义贞缘	两荣归	双合欢	闹门人	财星现
君臣福	倒铜旗	状元堂	耳鸣冤	杰终禅	祥麟现	善恶报
锦蒲团	幻缘箱	宝昮月	芙蓉剑	桃林赚	天枢赋	三孝记
状元旗	齐天乐	通天犀	软蓝桥	蝴蝶梦	鱼蓝记	钓鱼船
庐夜雨	满床笏	合钗记	锦江沙	百子图	九锡记	绣平原
混元盒	称人心	新节孝记	三勘蝴蝶梦	三殿元	彩燕诗	
彩霞旛	想世情	纲常记	灵犀锦	芙蓉影	海棠记	双修记
双锤记	小江东	万金记	双小凤	练忠贞	卖相思	续情灯
诗赋盟	玉钗记	筌篚记	合钗记	远尘园	绾春园	锦上花
鸳鸯梦	浣花舟	篆园记	名花谱			

卷五

玉麟符	井中天	三世记	双忠记	锦囊记	龙虎啸	珊瑚鞭
绣春舫	蟠桃宴	金杯记	醉太平	蟾宫会	双福寿(上、下)	
天燧阁	群星辅	后渔家乐	双忠孝	檐头水	重重喜	
反三关	后白兔	仙桃种	两生天	芙蓉屏	人天乐	万仙录
寻亲记	双蝴蝶	清平乐	金兰谊	死央笺	双错鸳	凤和鸣
四全庆	晋阳宫	绣衣郎	东山记	赤壁记	邮亭记	双瑞记
灵犀佩	金刚凤	四郡记	醉将军			

卷六

善庆缘	忠义烈	银牌记	罗天醮	滕王阁	开口笑	曹王庙
醒中山	喜逢春	文武闹	忠孝节义	临潼会	倒浣沙	
屏山侠	桃花雪	雪里荷	醉西湖	卧龙桥	四元记	侠弹缘
出师表	四贤记	万倍利	坠楼记	种种情	玉殿缘	双鸳佩
幻奇缘	白玉环	杜鹃声	双侠赚	一封书	雄精剑	瑶觞记
赚青衫	呼雷炮	巩皇图	珊瑚钏	尺素记	天缘记	英雄概

卷七

全家庆	龙华会	求如愿	蓝采和	千里舟	十锦塘	赤龙须
松筠操	紫珍鼎	龙凤合	双龙坠	三虎赚	瓦岗寨	别有天
雪香园	小天台	醉西湖	双凤环	双飞石	元宵闹	文犀带
玉尺楼	白纱记	泮宫缘	卖愁村	楼外楼	双瞽缘	铁冠图
表忠记	大椿楼	合欢图	天中天	群星会	通仙枕	百岁图
杏花山	双忠侠	莽书生	完璧记	龙灯赚	蓝采和	鲛绡记
未央天	鸳钗记	寿荣华	丹心照	铁凤钱	长生像	两香丸
报恩亭	天锡贵	百寿图	五福记	天锡福	状元香	丰年瑞
十大快						

卷八

慈悲愿	吉祥兆	挑灯剧	碧纱笼	秋风三叠	四婵娟
回文锦	紫金鞍	闹高唐	回龙记	吊琵琶	读离骚	黑白卫
桃花源	清平调	凤求凰	慎鸾交	巧团圆	风筝误	怜香伴
翻千金	易鞋记	双螭璧	百凤裙	射鹿记	赤壁记	百花记
庆丰年	照胆镜	七红记	小英雄	百福带	双杯记	奈何天

　　按:全书共收剧目四百七十二种,除三种重见,得四百六十九种,较民国三年古今书室石印本《传奇汇考》所收二百六十三种(内《续情灯》重出)多出二百零七种。石印本剧目次序大体同于钞本,惟卷帙先后不同,疑其据同书之残本零帙重编,故文字亦多讹阙。即以《续情灯》两篇异文而言,二者文句皆同,文字则各有正讹,足以供参校。如"续情灯之作,所以平天地间有惰之憾。情不至则连者可断,情不至则断者可续。"石印本"有惰之憾"作"有情之恨","情不至则断者可续"作"情一至则断者可续",于义为长。然究以钞本文字较完,如石印本"摹己容作美人□□图于□役书韶咏",钞本作"摹己容作美人晓起图,後书韶咏"是也。凡石印本有阙字处,钞本均不阙,是知其可贵。

030《春坡梦传奇》，不著撰人，刊本二册，京都大学文学部图书馆藏。全书共二十出，前有光绪三十二年（1906）孟秋梦生子虚氏题识，后附中山刺史碧湖氏述《续义和拳原流考》。《原流考》小序曰："是考作于光绪辛丑（1901），距原考之作不过一年，而其祸益烈。原考为劳铨部玉初宰吴桥时所作，继其任者为予，羁縻缚束，躬际其艰，较劳君尤甚，作《续原流考》。"盖文中所述某知县，即作者也，其继劳玉初任吴桥县令，于光绪二十六年庚子（1900）固守拒义和团，得悉其事之本末。既撰续源流考，复以事后不见叙功，遂作此传奇自述其事。劳玉初即劳乃宣，考新编《吴桥县志》，劳乃宣光绪间曾两任吴桥知县，前任为光绪十年（1884）至十二年（1886），继任者王兆琪；后任为光绪十九年（1893）至光绪二十八年（1902），继任者张风名。传奇所叙义和团事在光绪二十八年后，作者必张风名也。梦生氏题识云："昔有妪见苏东坡曰：学士富贵，一场春梦，遂名为春梦婆。春坡者，春婆之谐声也。支恩者，氏谱之等韵也。苏翁半觑，皆隐语也。支君历官畿辅，既出其死力以遏拳锋，又值优胜劣败，物竞人争之世，前后三年，备极险阻，功成而名不加显。回头往事，如梦初醒，而向之倚支君如长城，略分言情，相与共济艰危者，非南迁即薨逝，遂无有知支君者。支君不忍自没其劳，于是被诸管弦，托诸优孟，以发其抑塞不平之气，而拳祸之烈，外侮之强，胥见于此。是书全篇大意，以梦作结，未来之事，固属渺茫。然综支君生平所历，自寒素以及服官，无不可以一梦视之，不待黄粱饭熟时也。"其撰著传奇之动机已班班可见。据梁淑安先生云，北京大学图书馆亦藏有此书。

031《清代稀觏小说》十四种，佚名辑，十四帙，每帙四册，日本大谷大学图书馆藏。其细目为：第一帙，素庵主人编、种花小史阅《锦香亭》四卷，爱莲斋刊本；第二帙，天花藏主人编《麟儿报》四卷，刊本；第三帙，风月主人撰《人中画》四卷，乾隆四十五年泉州尚志堂刊本；第四帙，古吴憨憨子编《野史飞英声》四卷，刊本；第五帙，蓬蒿子编《新史奇观全传》一卷，嘉庆八年集古居刊本；第六帙，苏庵主人编、白香居士校正《归莲梦》四卷，刊本；第七帙，嗤嗤道人编《五凤吟》四卷，刊本；第八帙，樵李烟火散人编《鸳鸯配》四卷，刊本；第九帙，霞散人编、泉石主人评定《幻中真》四卷，刊本；第十帙，烟霞逸士编《巧联珠》四卷，刊本；第十一帙，惜阴堂主人编、绣虎堂主人评阅《金兰筏》四卷，刊本；第十二帙，烟水散人编《乐田演义》四卷，乾隆四十五年刊本；第十三帙，静恬主人编《疗妒缘》四卷，延南堂刊本；第十四帙，名教中人编《好逑传》四卷，刊本。其中《野史飞英声》一书，《古本小说丛刊》第六辑据东京大学图书馆藏本收入，缺内封与第四篇"三古字"。今考大谷大学藏本，亦无封面。据目录卷二上篇"风月禅"，题作"得得僧参得禅中风月，回回偈方回巧里姻缘"；下篇"三古字"，题作"寓三古女鬼考传题，葬暴棺终身享福寿"。然第二册书口仅通刻"风月禅"，卷中亦不分两篇，下篇"三古字"竟无其文。观此卷共二十八叶，为他卷之倍，第三册直接卷三"破胡琴"，疑其书传本原无卷二下篇也。

　　032《童婉争奇》三卷，题竹溪风月主人浪编，明福建余氏萃庆堂刊本，日本大谷大学图书馆藏。前有天启四年甲子冬醉中叟序。竹溪主人为邓志谟号，此题竹溪风月主人，研究者因疑为伪托。邓志谟字景南，号竹溪散人，一作竹溪散生，亦号百拙生。所著书多自署饶安人，孙楷第先生疑为江西饶州府安仁县。尝游闽，馆于建阳余氏，故所著书多为余氏刊行。今知其所著书有《花鸟争奇》《山水争奇》《风月争奇》三种"争奇"外、还有《洒洒篇》《铁树记》《丰韵情书》《飞剑记》《咒枣记》《故事白眉》等多种，后人仿作《茶酒争奇》《蔬果争奇》《梅雪争奇》，此书盖亦仿作之一种也，与其他六种取材于自然风物者不同，以男女色之争为主题。卷上"二院丰韵"假托元顺帝时长安市中花柳街不夜宫娼女与胡同巷长春苑男妓争风詈骂故事,讽刺明代喜好男色之风。叙述中多夹杂诗词俗曲,将儒家经典语句融入猥亵嘲戏之语中,极尽诙谐放荡之趣。卷中、下为各种文体之作品选集,卷中专收有关情契即男色之作,多为古代名篇,如江淹《别赋》、李白《南阳送友人》之类,盖亦寓谐谑之意也;卷下收男女情爱之作,多嫖客、妓女之间往来调戏小札,妙趣风生。此书尚有日本龙谷大学图书馆藏本,日本内阁文库藏有江户时代抄本。

卷十一　清集漫记上

此卷记所经眼清初别集善本，迄康熙末年。世传清人别集殆四万有奇，经兵燹、"文革"之厄，刊本寥寥，稿抄本一脉单传，濒于绝灭。予既寓目，必为记录，俾学者有以考镜，可按图索骥也。

001《仁节先生集》十六卷，陶琰撰，清末钞本六册，中国社会科学院文学研究所藏。每半叶十行，行二十二字。署严心斋原本，男甄校正，当为后人据陶甄校订严心斋原藏本过录钞本。前有男甄撰行状、陈瑚撰私谥告文、道光辛丑吴县王汝玉题诗。陶琰（1597—1645），字圭稚，号别峰。南直隶昆山人。少孤，读书佛寺，三赴乡试不售，弃举业，修佛法。清兵破城时自缢。同学辈私谥仁节。卷一文，有《上吴骏公先生论荒书》；卷二诗，起辛巳十二月，皆纪游诸集以外之作；卷三书札、诗；卷四《航海谈》，壬申冬普陀山礼佛纪游；卷五《游径退寻》，临安径山纪游；卷六《雪船述》，浙东纪游；卷七《游学日记前》，卷八《游学日记后》，皆江浙间游学日记；卷九至十六《游楚日纪》，丁丑、戊寅间入湖广提学使王澄川幕游楚日记。

002《钝吟全集》，冯班撰，中国社会科学院文学所藏金镶银本。其中《冯氏小集》、《钝吟杂录》前三卷配影钞本。有何义门批点,各卷首末皆有"何焯之印""屺瞻""贞志斋"朱记,又有"小字秋丞""秋丞珍藏""悟往知来之室"诸印。配钞处则无印记批点,殆秋丞得何义门批点残本重装也。何批为丹黄绀三色,盖凡三读也。诗仅有圈点、校字,批语多在《钝吟杂录》中。今录其批语于此。

○《钝吟集》上《虞山白额歌》:刺时政也。

○《钝吟集》下《知己以飞谤逮诏狱有诗见及答之》:牧斋系西曹,有"拟倩冯生哭一场"之句。

○《杂诗七首》:拟庾子山《咏怀》。

○《雉子班》:拟鲍明远《空城雀》。

○《江南杂感》之三:顾宏中有夜宴图,事具赵升题识,见《铁网珊瑚》。

○《钝吟老人集外诗·叶羽遐见过期为洞庭之游》:天地大文不可舒,即当日童谣。

○《瞿威吉八十》:名俨,吾师伊谷先生之父也。真迹为宿迁徐用锡所得。

○《赠董双成》:旦末双全四字出元人《玉箫再世姻缘》杂剧。

○《某禅者有归宗之相戏之》:转轮见《家戒》中。

○《梁溪二泉亭四首》:此为吴伯成作。

○《颂邑令于公》:于令至今庙食,不愧此诗。

○《代颂直指某公》:此篇故可逸也。

○《钝吟文稿·与高阳夫人论书札》:清远道士诗,余曾见宛平青箱堂所藏宋拓本,乃后来学颜书者伪为之,全少从容自得之意,何缘定翁不辨耶?摩利支天经丁酉始见翻本,亦宋人学颜书者,于小学殊俩背也。

○《叶祖仁江村诗序》:读此序,则叶氏洞庭人而住虞山者也。

○《无名书记》:房梁公碑,后人效褚公书者为之,非公书也。

○《大唐秦王重修法门寺塔庙记跋》（此文何钞补）:《通鉴考异》载庄宗实录同光元年十二月壬寅已称秦王，茂贞遣使贺收复，自后皆称秦王。至二年辛巳，制:秦王李茂贞可封秦王。岂有秦王封秦王之理？必是至是时始封。自岐王封秦王也。今以碑证之，则宋敏求所为实录固未尝误，《通鉴》所疑为未审尔。盖前此特茂贞自称，至是乃加册命。冯氏之言核而当矣，前史亦非皆误也。

○《钝吟杂录》卷四"太史公之于道，吾未之审也"条:永嘉尊信《史记》，亚于六经，是其强作解事处，被朱子"《史记》有其道理"一句扫倒。但其文章却是淑方，宋儒硬将大语推排，又是全不识《史记》也。

○"扬子云引天下之文字归之六经"条:经术裂于建安，复振于元和，此一段升降何以定翁未曾理会？

○"太史公云诸家言黄帝多不雅驯"条:要之，马迁不免好奇之病，如载秦缪公、赵简子梦之帝所诸事皆似可略也。

○"韩吏部之文，古文也"条:抑扬太过，如何能服欧公？

○"诗文雅颂多艰深"条:雅颂宏深;国风浅近则有之，若以为艰深，则吾尝颂诗□，未敢附会也。

○"宋儒多不解诗"条:比兴出《周礼》，毛公所谓六义，即太师教国子之六诗也。朱子于大序，盖只取其可据者耳。○朱子注云:关关，雌雄相应之和声。和声以解关关，云雌雄相应者，以雎鸠之偶常游，非谓相应为关也。定老自读《集传》不熟。又《后汉书》注载薛君章句云，诗人言雎鸠贞洁慎匹，以声相求。薛君所谓相求，即《集传》所云相应也。《后汉书》注在唐初，又非他伪书可比。朱子生平博极群籍，非定翁枵然之腹所能讥弹也。

○卷五"嘉靖之末，王李名盛"条:牧斋亦攻羽卿，然不能若此之细。宋末以来，大都为羽卿所误，《诗人玉屑》开卷即载其"诗评"，为可怪也。

○"沧浪云不落言筌"条：刘后村有云，诗家以少陵为祖，其说曰语不惊人死不休；禅家以达摩为祖，其说曰不立文字。诗之不可为禅，犹禅之不可为诗也。此语可截断羽卿辈之妄说。

○卷六"荐季直表不必是真迹"条：季直表，余以后"黄初二年司徒东武亭侯"十字质之《魏志》，定为伪作，不但非临本也。钟迹当世已绝，右军所临宣示帖或犹存典型耳。

○"张长史云小字展令大"条：海岳误会长史之论，欲令字形大小均齐，故为发明本趣，又举颜公妙迹以证其不然。

○"颜鲁公磊落嵬峨"条：补之云：颜书胜柳，然柳书易入，其用笔皆显露也。又于结字云：颜如殿，柳如塔。

○卷七"宋人作书多取新意"条：米行草全祖二王，岂可以颜杨限之？

○"汝有玄秘塔否"条：武平一《徐氏法书记》云：梁大同中，武帝敕周兴嗣撰《千字文》，使毁铁石模次羲之之迹，以赐八王。何延之《兰亭记》云：智永居永欣寺阁上，临得真草《千文》好者八百余本。则此帖本临右军书，与告誓同，故云是右军旧法。《梁书·周兴嗣传》云，次韵王羲之书千字，则二家之说非无本。

○"本领千古不易"条：今所传钟书止有右军所临《宣示》《丙舍》为可信，更何处学其用笔耶？

○"行书王右军正有兰亭"条：张从申用笔极似定本禊帖，结字则随唐时字样，不甚似大令也。

○"乐天见李义山云"条：王正仲云，裕之之作，其竭力者仅欲瞻望苏长公之垣墉，岂为深于诗者？以当时无能过之，故为人所宗耳。

○卷九冯武题记：五则谓之史断商（疑应作尚）可也，直题曰纲目纠谬，则近于狂僭。且所订者非纲目也。此子弟不学之失。

003 《钱湘灵先生诗集》存六卷，钱陆灿撰，无格钞本六册，中国社会科学院文学研究所藏。书皮题"湘灵先生诗集补编"，分别有孝友睦姻恤任等字，盖原以编次也。每半页十一行，行三十字。卷中有"人之生也直""沈传甲""臣亲""晋三""锴应侯考藏书画印"诸印。《戏为论诗绝句》"篇翰清新王阮亭"一首注王渔洋名作"士祯"，知为乾隆以后钞本。孝册大题作"钱湘灵先生诗集古诗之一"，友册作"钱湘灵先生诗集"，睦册作"钱湘灵先生诗集卷第一"，渊册作"钱湘灵先生诗集近体之一"，恤册作"钱湘灵先生诗集补篇"，任册作"钱湘灵先生诗卷第十近体之四"。后有钱兴国跋云："湘翁诗集晚年手自删定，古体六卷，今体六卷，岁庚午而止。以后则古今体合，至《再生录》乃绝笔矣。殁后稿藏于家，其或委弃不惜，与秘而不以示人者其失惟均。余偕其甥黄机广搜分录，止佚辛未后四年中作，久之未得，仅于调运斋杂刻诗文中缮写补入几二百首，其全竟不可得也。今诗卷略已编成，虽有阙佚，终获大观矣。壬寅三月立夏日弟兴国耷氏谨识。"沈传甲跋云："海虞艺文志载诗十二卷已佚。湘翁晚年手自删订见刻本者，有《调运斋集》《再生录》《和陶诗》合刻本、《圆沙未刻文稿》《圆沙未刻稿》《圆沙居士集》《感旧小传》《圆沙诗集存目》，兴国跋中偕其甥黄机广搜不得，余考湘翁殁于康熙戊寅，距孝标之辑是集，仅二十四年，已不得其全，岂有神灵护持，后二百四十余年而尚留人间，亦云幸矣。兴国亦工诗，有专集，见《海虞诗苑》，盖龙惕之从子也。"

004　《霜猿集》一卷，周同谷撰，灵蕤馆紫格抄本一册，中国社会科学院文学所藏。每半页十一行，行二十一字。前有顺治十三年广陵缑孙道院女冠李愫序、佚名序。周同谷字翰生，号鹤臞。江南常熟人。明末诸生，福王时曾入史可法幕中，入清后流寓昆山。尚有《同谷集》。事迹见《昆山县志·流寓传》。广州中山图书馆藏有王德森钞本《十一草》一卷、《玉沙集》二卷、《素声集》二卷。是集皆绝句,咏明末亡国之际宫禁传闻,诗皆有小注记载时事。卷末作者自注:"亡国之音哀以思,闻者犹登湘山之麓,听霜夜之猿,遂名之霜猿集。"孟森先生以其记明末事皆有所据,尝撰《霜猿集校订补注》。按:灵蕤馆为镇海王荣商斋名,此本殆王家抄本。

005 《陈元孝诗》不分卷,陈恭尹撰,中国社会科学院文学所藏无格精抄本一册。每半页九行,行二十二字。有朱笔批点。收五律九十首,七律九十四首,五绝三首,七绝十六首。校以通行本《独漉堂集》,无溢出集外者,当为后人钞阅之本。

006 《东冈文稿》不分卷,周肇撰,中国社会科学院文学所藏旧钞本一册。每半页八行,行十字。封面有同邑邵南署端,书中有"邵鼎久读书画记"等印。周肇(1615—1682),一名迪吉,字子俶,号东冈,一号大隐。江南太仓人。幼颖异,十岁能作文。张西铭举复社,以总角为高弟。与王揆、黄与坚等并称为"太仓十子"。侯广成督学江西,招入幕中。丁父忧归里,遇明亡,遂隐居修炼。顺治十一年以拔贡入太学,十四年中顺天乡试,康熙十年授青浦教谕,二十一年升新淦知县,同年七月五日卒于任。黄与坚《愿学斋文集》卷三八有《新淦县知县周君子俶墓志铭》,称"梅村先生与君交最厚,先生昔属君致余同读书旧学庵中。其后共京邸二年,所期为性命交者独君与余两人耳"。尤侗《西堂小草》有《夜集周子俶宅同吴骏公太史万考叔沈荷百王曦白次谷徐校书卢小史得六十句用正韵》,即在其宅作也。其诗仅吴梅村选《太仓十子诗》存一卷,上海图书馆藏有抄本《东冈诗钞》一卷补遗一卷,而文无刊本,仅上图藏抄本一卷也。此卷前有侯研德序,文多代人之作。有《梅村乐府序》,乃为吴梅村传奇二种所作。又有与梅村书,可资考证。

007《归恒轩初稿》二卷,归庄撰,中国社会科学院文学所藏无格抄本一册。每半页十二行,行二十四字,有圈点。分《归恒轩诗集》与《归衡轩遗集》两部,前者按体编排,收七古十三首,五绝十首,七绝一百五十三首;后者无次序,共收诗二百一十一首,与前者有重出。两者书头均补抄有诗若干。文字有朱笔涂乙处,似为作者自笔。《遗集·赠冯道济》诗下又有批语云:"此诗入《藏稿》,亦不必录,自记。"《学山园赏紫藤》诗上亦有批曰:"使事不稳,自记。"据此,此册当为作者付誊钞之稿本。校以上海古籍出版社一九八四年排印本《归庄集》,多未收之作,《诗集》有七古《漂母祠》、《梅花篇寿钱龙门先生》、《皋园宴集诗》,五绝《卧雪矶》、《振衣台》、《带湖冈》、《偕隐庵》、《游西洞庭山》四首,七绝《赠妓张静容》、《绛云楼火二绝句》、《九日用王摩诘成句演为二绝》、《过先太仆故宅三首》、《王明君二首》、《自叹》二首、《病中口占》、《斋居》、《菊》、《舍馆无锡闻母病急归舟中口占》、《孙铭尝画兰诗二首》、《访蒋雪沅兄弟》二首、《访钱翁》二首、《癸丑扶先广文槾自长兴发舟归途述感七绝句》、《三月十日同呼德下阊门发舟》、《扬州送德下游华山口号四首》、《自舟登岸堕而伤臂解嘲》、《花朝入邓尉山看梅中途访葛瑞五不遇宿其山斋》、《虎丘杂咏》三首、《题白鹤寺惺公房》、《访吕贞九道士》、《题芝鹿图》、《题松梅图》、《题张果老图》、《题文征仲画存菊图》、《题达摩像》、《韩侯钓台二首》、《题西王母送桃图二首》、《寿奕客丁翁八十二首》、《壬辰除夕二首》、《过大佛庵》、《张耐庵先生生日奉赠绝句》二首、《石楼》、《过无锡访友舟中作》二首、《和刘震修赠诗》、《和秦乐天》、《和刘沛然》、《范文正公祠二首》、《亡女将服除重过婿家有感》、《赠琴师张翁八十》、《吴江宗人与京刻新谱见寄余因持昆山旧谱往访之有赠三首》、《甲辰岁暮口号》八首、《甲辰除夕》、《濂溪先生祠》、《过蒋大生宿》二首、《夜泊吴江欲访顾茂伦不果》、《塘西访卓火传二首》、《庚子秋兄子玠乡试口占》三首,计一百首;《遗集》有五古《平生篇》、《十二月癸卯之长兴迎先兄尔复柩五首》、《壬子改殡先兄》、《壬午秋感遇》四首、《大水》、《拜张司马墓五百字》、《悼亡儿景孙二首》(存一)、《遣人之杭州》、《卜居十五首》一首"吾欲登扶桑"、《梦仲兄》、《中秋述感》、《小祥》、《杭州舟中述感》、《拜徐忠懿公像》、《无题》二首"余自别君后"、"尝闻达士言",七古《雪山行》,五律《废园》、《武林僧舍》、《独立》、《吊鹤》、《夏至后十日》、《端阳》、《感怀三首》二首、《哭仲兄尔德四首》二首、《登来仙阁有感》、《病腹痛垂绝得甦枕上口占》、《冬夜》,七律《无题》五首"寻常风景与园池"、"南洲千古著家声"、"贫贱元应与世疏"、"人生斯世一浮槎"、"良会何辞冒雨行"、《己亥夏日娄东旅舍杂述十六首》(存十一首)十首、《祝某绅寿》"燕地黄金旧筑台"、《余去年卧病江北昆山竟传凶问恬不为怪邻邑闻之皆为惊悼》、《默仙初兆贯鱼钝庵戏赠和维老师韵博唤》、《遣怀》、《武林陆丽京母寿》,五排《次韵杨震伯感怀诗即以赠杨》、《感怀》五首、《张鸿乙朱乘台皆有乙酉出家诗各次韵一首》、《鹧鸪辞》、《杭州城外遥拜故钱塘令顾公敬酹一尊诗以见志二首》、《乙酉秋至江南(略)》、《老秃翁》、《游曲岩》、《立冬日社集受采堂看菊分六鱼韵》、《陆节母寿诗》,七绝《赠施亮生》二首、《或夜入室取一酒壶及百钱而去》、《苦饥三绝句》、《陆孝子诗》、《施佛效佛家作偈二首》、《寄葛瑞五》、《题胜公画苍龙捧日图次胜公韵》、《咏箭》、《叠前韵赠杨维斗》、《叠前韵留别山中诸子二首》、《无题》二首"令节虔恭献一卮""三年自罚跪晨昏"、《岳鄂王墓四首》、《客枕》二首、《渡浙江》二首、《城南墓舍二首》、《岁尽二绝》、《元宵前一夕掷色得六红口占二绝示座客》、《赠具德》,计一百零七首;文《李忠毅公传》、《万忠贞公传》、《新昌吴忠节公传》、《王忠端公传》、《顾文端公传》、《周忠介公传》、《冯恭定公传》、《路文贞公传》、《缪文贞公传》、《倪文正公传》、《范文贞公传》、《孙文忠公传》(残)十二篇,皆不见于集中。归庄集多散佚,此集可补诗二百零七首、文十二篇,且诗下多注明作年,可资考证,弥足珍贵。此本诗题及文字与他本有异同,篇目亦有经作者删削者,如七绝《城陷后二十日访得兄子益孙所在抱之以归口占四绝句》此本作三首,《昆山看梅诗二十九首》此本合两集仅存十七首,《和顾端木先生弃庵十咏》此本仅存六首,《哭二嫂四首》此本作二首,盖为删定之本也。

008 《春酒堂诗文集》不分卷,周容撰,补不足斋蓝格抄本一册,中国社会科学院文学研究所藏。每半页九行,行二十一字,版心有"补不足斋未定稿"字样,应为鄞县黄家鼎抄本。前有自序、事迹杂录。卷中夹有朱笔小笺云:"戊刻校此卷,子刻而毕。此卷讹夺处俱仍旧抄本,偶有所疑,签之书眉,尚嫌草草也。此集文笔甚好,不但可备掌故。七月十有六日三鼓涧石校毕记,虹舟妹婿览。"周容(1619—1679),字茂三,号鄮山。浙江鄞县人。明亡后弃诸生,曾一度削发为僧,以母在还初服,布衣终。诗为钱谦益所赏。事迹见全祖望《鲒埼亭集外编》《周征君墓幢铭》。周容著作有《春酒堂诗集》十卷、《文集》四卷、《诗话》一卷。文集当时未刻,毛奇龄《西河合集》序二十九有《寿昌禅堂刻周鄮山文集募簿序》,至宣统二年始有国学扶轮社铅印本,为全祖望选定本。是册文与国学扶轮社本次序同而篇目少,赋列于最前。《庭柏赋》作《东隐堂古柏赋》,单列于后,殆为黄家鼎重编。诗收二百九十余首,亦为选钞,盖钞存读本也。

009 《奚囊寸锦》三卷,张潮撰,乾隆二十九年甲申罗兴堂清远阁重刊本,日本内阁文库藏。前有乾隆二十九年甲申罗兴堂序、康熙四十六年丁亥暮春族女贤序、顾彩题词、自撰凡例。凡一百种图案回文诗词,上中卷左为图,右读法说明。下卷为释文。

010《心斋聊复集》初集一卷,张潮撰,日本内阁文库藏清刊本。无序跋。收赋、序、传、论、书、记、表等各种文体之作共五十三篇。内容以游戏文与滑稽文为主。文后载诸家评语若干。

011《雄雉斋选集》六卷续集一卷,顾图河撰,中国社会科学院文学所藏配钞本。选集六卷为康熙刊本,前有汪琬、史申义、汪懋麟序,后有乾隆三十三年十二月张四教手跋,卷中有朱笔过录作者批注、墨笔过录他人评语,说明删改之由。顾图河(1655—1706),字书宣,号花田,又号颖研。江都人。康熙三十三年榜眼,官至湖北学政。传记见《清史列传》卷七一。张四教跋云:"花田太史为教王母之从父兄,又母之世父也。昔舅氏授以此册,藏之二十余年,偶于友人家得见太史改抹手迹,盖晚年意有未安,再加审定者。借归敬临一过。太史尚有续集未梓,当合此中所收者,重锓一本。教有志焉,而未能也。"按:其所过录批注,有批评、指点语气,如卷一《荒村》"冻雀蹲檐满,风鸦鼓阵圆"一联批"对不过",卷三《小园遣意以人生如寄多忧何为为韵》末联批"不成话",似非作者自批,疑请他人点定之本。续集抄本一册,不分卷,收诗一百十九题一百八十九首,为晚年之作,后附《雄雉斋诗集补遗》,收诗四首。世传顾集皆六卷,此本独有未刊续集抄本,可宝也。

012《莘野先生遗书》,康乃心撰,中国社会科学院文学所藏无格稿抄本,四函三十册。弘字缺笔而颙字不缺,知为乾隆间所钞。康乃心(1643—1707),字太乙,一字孟谋,号河山。学者称莘野先生,晚署耻斋居士、飞浮山人。陕西郃阳人。康熙四十四年举人。研理学,工诗文,名满关中。王渔洋《秦蜀驿程后记》卷上、《居易录》卷二十九载其事迹。著书数十种,刊有《莘野诗集》《三千里诗》,另有《莘野先生遗书》二卷卷首一卷收入《关中丛书》第三集，其余稿本或自焚其书，或散轶不存。子弟门人汇辑遗稿，编为《莘野先生遗书》。据门人题识："总计师所著述，分为正内外三编（正编四种，内编十六种，外编十二种），获辑者才正编三种内编六种耳。余俱文遗简断，不可收拾云。"今遗书所收为像赞，题辞，总目，《莘野志》《毛诗笺》《四书黄河录》（残缺），《居易堂家祭私议》（以上正编）；《订顽录》（未成之书，残缺），《太乙子》（残缺），《莘野诗集》《续集》《莘野文集》《续集》及《河山遗文》（以上内编）。内"耻斋先生六十小像"缺，存自题与嬴撼转、王心敬赞，何大治等题辞，《莘野志》汇辑年谱传记碑志祭挽诗文。《莘野集》诗集署李因笃、钮琇订，按体编排，前列李颙、顾炎武、王士禛、徐嘉炎、钮琇、李因笃、王御天、冉觐祖、路一麟诸人序，自作历年诗跋。凡见于《三千里诗》者皆于题下注明，见于《莘野诗集》者则注"刻"，附有各家评语。《莘野诗续集》二卷，署王士禛订，以年编次，前有王源、董肇勋、刘追检序，后有刘董及王绥跋。《莘野文集》八卷，前有自序，署李颙、王弘撰订，间有王弘撰、李来章等人评语。《居易堂家祭私议》题王弘撰正。《订顽录》有自序。

013《青桐轩诗集》六卷，蒋廷锡撰，清稿本一册，中国社会科学院文学研究所藏。每半叶十行，行二十四字。有"廷锡之印"，当为作者手稿本。前有康熙乙亥长至日钱陆灿序。卷一"余事集"，居里所作；卷二为"驴背草"，甲戌年游陕所作；卷三"松韵集"，归里后作；卷四"握愁集"，里中作；卷五"愁霖集"，卷六"秋山集"，钱序："凡古人诗文之作，未有不以学始之，以悟终之者也，而于诗尤验。吾邑固作诗家之一都会也，前辈吁其难之，今作诗者遍邑中，顾以为易。其难之者曰：凡学诗必先读三百篇，次楚词，次汉魏，次六朝，次三唐，又曰：用古从读书中出者为上，从读赋中出者次之，从读诗中出者为下。是就诗学诗，诗无是处,况进而问近道要,如有神者,又何物乎? 最上愿轮论谪,如如意珠王,哀鸣和雅,其次亦属槁苦吟,脱胎换骨之士矣。噫,吾恐世之诗人毕世未有议此者矣。"又称蒋早悟,"咏叹淫佚之余,别有微笑粲花之助,近道要者是,如有神者是,从此日浸灌而不已,所谓三百篇温柔敦厚之义者是矣"。

014 《绵津诗钞》稿本五册,宋荦撰,有王渔洋手批,复旦大学图书馆藏。此帙曾经冯应榴庋藏,许宗彦《鉴止水斋集》卷四有《冯鹭亭出示绵津诗钞五册首有王文简公手简末有朱检讨邵处士两跋渔洋评点最多间改窜一二字以谐声调》:"开府余闲爱赋诗,尚书倾倒尺书驰。定文谅有当时约,遗稿翻教后世知。""闻道金针不度人,应知交谊老逾真。爱从只字商浮切,又见休文妙旨新。""青门山人长作客,小长芦叟早归田。沧浪亭上春风笔,半为新诗作郑笺。""西吴水厄又今年,存抚端凭大吏贤。不朽固应归政事,传公还有赈饥篇。"舒位亦曾观之,《瓶水斋诗集》卷十一《题绵津山人诗稿后》小序云:"诗稿五本,桐乡冯鹭庭太史所藏。计漫堂草二卷,渔洋尚书朱笔评点;啸雪集一卷;又漫堂草一卷,渔洋墨笔评点;述鹿轩近诗一卷,渔洋朱笔评点;论画绝句一卷,渔洋墨笔评点并跋,竹垞检讨墨笔跋,青门山人朱笔评并跋;韦庵草一卷,竹垞墨笔评点,青门朱笔评点,皆有跋语;迎銮集附沧浪亭近诗一卷,渔洋墨笔评点;清德堂诗一卷,渔洋朱笔评点。卷首列渔洋两札,计二十番生纸写,癸亥四月观并记。"上海古籍出版社标点本"计二十番生纸写",写字断从下句,误。

015 《陋轩未刻诗》一卷,吴嘉纪撰,夏荃钞本一册,中国社会科学院文学所藏。海陵丛刻本夏荃《退庵笔记》卷九:"吴野人先生《陋轩诗》自拚茶缪君竹痴重刊后,稍知先生者几家置一编矣。然先生诗实不止此,东淘施丈井亭藏《陋轩未刻诗》二册,一为孙豹人手订,一为陋叟自钞。乾隆戊子宫丈节溪游东淘,于井亭处见之,携钞本归。丈有《读陋轩未刻遗稿》五言古及《题陋轩续集》小引,称其手书楷字,笔法古拙可宝。宫丈文孙枚波与余为僚婿,取此本赠余,前二十三叶先生自钞,体兼隶楷,古趣益然,即之寥寥数十叶,而先生之精神面目几于活现纸上,古物可贵如此。后五十叶他人书,计诗三百六十余首,其已见《陋轩诗》刻者约十之一,余诗多可传。宫丈曾三选,得诗百七首,拟另录附于《陋轩诗》刻后。顷余取全帙详加遴汰,得诗百二十余首,与宫丈选小异。窃谓钞不如刻,拟取所选另刻单行本,名曰《陋轩诗补遗》,与全集相辅而行。"

016《适可轩诗集》四卷,胡文学撰,陈鸿绩评,张寿镛约园乌丝栏抄本,中国社会科学院文学所藏。每半页十行,行二十一字。版心上有"四明丛书",下有"约园抄本"字样。前有康熙十一年黄敬玑序、康熙十二年癸丑陈鸿绩、李文胤序。李文胤名邺嗣,序载《杲堂文续钞》卷一。胡文学字道南,浙江宁波人。顺治九年进士。初仕为恒阳推官,擢升侍御,巡两淮盐运。康熙十一年奉召补京卿,中道以病归里。事迹见《国朝耆献类征初编》卷四十七。此书曾刊行,有康熙十二年刊本。此本殆张寿镛编四明丛书时所传钞,书眉有朱笔校字,盖丛书底本也。浙江图书馆另藏有约园抄本《适可轩诗文集》八卷。

017《遵王钱曾诗稿》四卷、《今吾集》一卷,钱曾撰,民国三年甲寅张兰思蓝格精抄本二册,中国社会科学院文学所藏。每半页十行,行二十二字。稿笺版心下印有"南陔草堂"字样,有"南陔居士""南陔张氏□劫余物""兰思私印"等印记。张氏留意搜集钱氏著述,曾印行钱谦益辑《吾炙集》。《今吾集》前有张氏手跋云："钱遵王诗已刻《今吾集》一册、未刻《遵王钱曾诗稿》一册，余皆抄自瞿氏，手为校正。《今吾集》似与世所传之本不尽同。未刻《钱曾诗稿》更为世所未见，故二种皆极可贵，隆上孙宜珍藏慎保之。癸未秋陔老人记于旧京。"按：瞿氏即常熟铁琴铜剑楼，瞿氏藏本曾著录于《恬裕斋书目》，今归常熟市图书馆收藏。四十年代龙榆生主编《同声月刊》，除七绝外，曾予刊登。谢正光教授编《钱遵王诗集笺校》，亦辗转引证。此本分体编排，收诗三百四十二首，附载周葵《立夏日喜遵王见过》一首。后有张兰思手跋云："遵王诗，邑里瞿氏藏有二本，一为已刻《今吾集》一卷，首有圆沙序；一为抄本未刻稿，分五七言律、五七言绝，凡四卷。未刻本较已刻本多至十之六，且诗各不同，其同者仅《途中偶作》、《宿虎丘僧房》、《九日过澄江》、《夜坐》七律四首，《小村》、《论诗》七绝五首而已。二本并于甲寅冬假抄毕，且为手校一通，其原误之处仍之，未敢臆改云。旧腊二十一日灯下南祴记。"

018《东庐诗草》一卷，钱廉撰，张寿镛约园乌丝栏抄本一册，中国社会科学院文学所藏。每半页十行，行十八字。版心上有"四明丛书"，下有"约园抄本"字样，殆张寿镛编刊四明丛书之底本。前有李暾序、男中盛序，全祖望《续甬上耆旧诗》小传。钱廉（1640—1698），字稚廉，号东庐。浙江鄞县人。从黄宗羲为济世致用之学，曾入李之芳幕。朝廷累以官征皆不就。事迹见全祖望《鲒埼亭集》卷十四所载墓表。其《东庐遗稿》有康熙刊本，藏中国科学院图书馆。浙江图书馆亦藏有张氏约园抄本《东庐诗钞》一卷，殆皆出康熙刊本也。

019《电光录》不分卷，释智朴撰，康熙三十八年刊本，中国社会科学院文学所藏傅增湘旧藏本。有藏园老人题识：

癸丑重九后三日游崇效寺，时杨君寅伯新以青松红杏图长卷归之寺中,易实甫乃邀同人结社于此,展观数日。余十余年所梦想而不获者,今得寓目焉。余藏拙庵大师《电光录》,亦世所罕觏,因付之寺僧,使与卷子并存,用备宣南掌故。图卷如新,沧桑又见,此亦电光一瞥也。书竟为之怃然。江安傅增湘识。辛亥三月余游盘山青沟禅院访拙师遗迹,得诗八首,并附于左方:

曲涧盘阿断古春,青沟胜绝更无邻。拙公老去琳宫寂,谁与盘山作主人。

访碑踏遍千峰石,撰志新成十卷书。从此山中松水石,长随筇屐护禅居。(拙师撰山志十卷)

红杏青松万首诗,披图翻悔入山迟。枯僧大有沧桑感,说与时人恐未知。

杖底云泉袖底岚,祇园小住足幽探。曹溪一钵知谁付,长与维摩伴石龛。(有老农携家住此,构石龛供达摩及拙师像)

石门转处见孤花,风磴云轩想翠华。野老不知今昔感,自携鸡犬占烟霞。

山豆初生杏菜迟,春羹风味敌莼丝。朝衫苦笋何时换,莫负绵津数首诗。

新诗妙札去如飞,日日东华望翠微。长笑朱王清兴浅,杏华红叶两依违。(竹垞及渔洋俱未至盘山)

绀宇深深黯佛灯,电光一照道心澄。百年遗蜕抛残塔,未免山灵负老僧。(拙师墓近为人盗发)

然则此本乃捐寺中者,不知何故复流出。有"碧蕖馆藏""芸子"藏印。承赵丽雅女史示,"碧蕖馆"为傅惜华藏书楼名,芸子为其兄名,则其书曾为傅惜华收藏也。此书为智朴说法偈语及杂著书简,其与王泽弘、王士禛、朱彝尊、宋荦等书,可与《盘山志》所载诸公书简合观。

020《朴学斋文稿》一卷，林佶撰，道光五年二月荔水庄重刊本，京都大学文学部图书馆藏。予前阅《朴学斋稿》仅为诗作，此本诗集后有文一册，书口"朴学斋稿"稿字写法与诗集不同，书口卷字下皆作墨丁，板面字体亦不同，当为单行小集预备日后刻入全集之板。前有康熙四十年辛巳正月潘耒序。共收《献赋始末》《御览赋》及杂文二十篇，内有代作数篇，《稼堂潘先生寿序》即代汪楫作。又有《上李中孚先生书》并李二曲复书，二曲复书不载本集。今录于此：

　　衰病积年，闭关养疴，忽儿辈自门隙中递一函，展阅知为门下之贻，阅未终幅，喜溢于心。更读大章，赋记古风诸刻文贯乎道，且欣且羡，忽不觉呻吟之去体也。方今士汩帖括制举之习，且不暇及贾杨韩柳之业，孰有以周程张朱遗绪是究是图者。门下独毅然有绍明正学、仔肩斯道之思，可不谓空谷足音，绝无而仅有耶？此正不肖颙生平之所愿得为友而在今兹尤殷殷者。独恨天各一方，地里阻阔，无由一握手，豁胸中积疑也耳。然道谊自在天壤，苟得末路不息，期以尽性致命为归，而不徒以语言文字结裹其终身，则虽四海同心，万里一堂，初不间闽秦也。长途寄言，笔舌莫罄衷曲，惟祝门下尊闻行知，绍尧峰令师衣钵之传，而续紫阳先生之遗风于不坠，重为闽中山海增辉而已。颙老且病，此生会晤恐不可知。敝门人王心敬尔缉，鄠县人，志操士也。关学之传，当在斯人。门下友善天下，如斯人者可与究极理要者也。伏枕言不尽意，希以意谅。倘逢便风，无吝德音，临池瞻驰。

又，《渔洋精华录》《尧峰文钞》《午亭文编》三书皆林佶书版，世称名刻。其中《尧峰文钞》原拟据宋濂门人方正学等手书上板之《宋潜溪续文粹》版式，因家无其书，仅有宋濂师黄溍《黄文献公集》，字画行款亦精致，乃仿其款式书之。《书宋潜溪续文粹后》叙此事，可资谈助。《除前三日题新得徐兴公家藏礼经会元本》，乃录冯笏耕家藏此书林佶题跋。

021《砚溪先生诗集》七卷,惠周惕撰,红豆斋刊本,有沈德潜评语,京都大学文学部图书馆藏。有"小门生王薛岐谨录"刊记。卷首有朱笔书"长洲沈归愚评选"。有"陈敬简""勃海陈氏枕经楼藏书"印。卷中有沈德潜墨笔评语,又有后人朱笔批,间有驳正沈说者。卷末有沈德潜补录佚诗《送蒋树存之官余庆》《送陈秋田先生之官长宁》《题座主安溪相国纪伯父葆甫先生破贼诗后》《送徐亮直编修奉使琉球》四题。又有沈德潜识语:"研溪诗朴而粘滞,天牧诗秀而流动,七古尤为擅长,自应特胜乃翁一筹。归愚沈德潜识。"今录其评语于此,因书头经裁切,遂有缺字。

《北征集》

○《出门》:出门心事为起手十字道尽。然能抱道守拙,饥寒亦不能逼也。

《东中集》

○《从赤城至国清寺》:但写国清之幽旷,易于平直,得平生道长一段,以往日之艰衬目前之游衍,□觉翛生物外,趣味无穷矣。七言古须于平直中寻出曲折。

《红豆集》

○《夜坐有怀》:简极高极。

○《赠维扬顾书宣》:眉眼不自见二语,妙喻不减东坡。

《谪居集》

○《敝裘和查夏仲》:一结见用意之厚,待物待人,俱如此矣。推而广之,诏求故敛,亦是此意。

○《同诸君兴圣寺看杏花》:□征引杏花典实,便是笨伯,妙处正在离即间也。然得此解者甚难,若竟以不切为能,则又误会其旨矣。

○《再赋一首示崑木及同游诸子》:正值改官县尹时,随所感触,俱是妙句。按其诗稿中知之。

○《牧童词》《簇蚕词》《樵客行》：连下三章，皆张王体中最雅洁者。

《南中集》

○《张文献公庙》：即少陵诗云"受谏无今日，临危忆古人"也。公归南州，而李林甫、牛仙客用事矣，北阙尚得有人乎？几人存，婉言之也。

○《广州十二月书怀》：写飞鸟即自抒怀抱。

○《除夕写怀》其二：二章发乎至性，不以词句为工。

022 《宫鸿历诗稿》一卷，国家图书馆藏写本一册，有残损，无作者名氏。其中《河堤行上司空公》一首有朱批云："凡有○者俱选入江左十五子诗集中。丙寅端午后学仲谨校。"则此为宋荦选《江左十五子诗选》之底本也，考卷中之诗见于《诗选》卷三宫鸿历诗中者有《河堤行上华亭公》《商丘公送绵津诗集及近稿数种率成长句赋谢》《玉清诗》《橄虫四首》《玉带生歌》《庚辰冬日商丘公舟中喜晤山言兼送山言随中丞公按兴邑》《王幼芬太史使黔回以佛指扐遗德州公有诗酬谢因步原韵并柬幼芬先生》七题，知此卷为宫鸿历诗稿无疑。宫鸿历（1656—？），字友鹿，江苏泰州人。有《甲己游草》《恕堂诗》。鸿历为王渔洋门人，册中有《题蚕尾山房图》一首，即为渔洋作。国家图书馆藏渔洋《蚕尾集剩稿》，有《与门人宫友鹿鸿历》云："偶然小集，微雨送凉，都忘炎燠。推襟送抱，为长安比来仅事。蚕尾山图一题偶忘之，幸补入，并传知座上诸贤，同为赋之。"末署日期为康熙四十一年六月二十四日，宫鸿历与门人同题《蚕尾山图》即在此时。

023 《杨西亭先生题画杂咏》五卷，杨西亭撰，中国社会科学院文学所藏无格抄本一册。每半页十行，行十六字。杨西亭，疑为常熟杨晋。杨晋字子鹤，号西亭，晚号鹤道人。江苏常熟人。

擅丹青,受笔法于同邑王翚(1632—1717),郑锺祥修《光绪重修常昭合志》卷三十二画家传载其事迹。此册无序跋,诗按山水、神仙、人物、木属、梅花分卷。

024《素心堂偶存集》十卷,薛载德撰,中国社会科学院文学所藏无格稿本一册。每半页九行,行十九字。有"粹芬阁""龙门凤裔""薛载德印""厚庵""焦桐""山阴薛生"等印。前有李绍贤序。薛载德(1647—?),字厚庵,浙江山阴人。官贵州布政司。是集收"奚囊吟""汉上吟""黔南漫兴""索米吟""西溪杂咏""粤游草""后索米吟""九成余籁""潮海吟",止于康熙五十六年丁酉。后附素心堂杂著,收赞数篇。

025《东皋诗史》六十卷,李宣撰,日本内阁文库藏乾隆刊本。李宣(1676—?),号东皋,禹航人。康熙三十八年举人,乾隆九年六十九岁撰成《诗史》。书前有康熙二十三年仲冬长至前三日自序,雍正元年癸卯三月上浣日同邑孙应龙序。其书之体类似讲史诗,然不连贯叙述,一事一题,颇类咏史。前五十五卷按历史年代排列,五十六、七两卷为杂咏史,乃专题史论。最后三卷为自作杂诗。此书国内书志未见著录,余于内阁文库见之,苦于卷帙繁富,不遑细读,仅记其梗概如此。

026《雪卷》一卷,钱中盛撰,张寿镛约园乌丝栏抄本一册,中国社会科学院文学所藏。每半页十行,行十八字。版心上有"四明丛书",下有"约园抄本"字样,殆亦张寿镛编刊四明丛书之底本。此册乃据徐时栋藏本过录,前为《雪卷》刊本,有康熙五十四年乙未十一月自序,诗有万承勋、金埴两家评语;后为徐氏所得《雪卷草稿》,有《四明甬东钱氏世迹》,范从律撰《芍庭钱先生墓志铭》,金埴、万承勋、陈汝登、董孙符题词,同治七年闰四月十六日徐时栋题记。刊本中诗皆在焉,然凡注"选"者亦未尽选也。钱中盛(1680—1754),字又起,一字苟庭。号有彔。浙江鄞县人。钱廉子,监生,授州同知。有《晋游偶声集》《初元唱和集》等。浙江图书馆亦藏有张氏约园抄本《苟庭雪卷》,为二卷,不知是否为分卷有异。

027《问渠诗草》一卷,谢绪恒撰,无格抄本一册,中国社会科学院文学研究所藏。每半页九行,行二十五字。扉页录张懋延《蛟川诗话》一则,前有雍正元年裴琁序、康熙五十五年谢绪章序、康熙五十二年自序及林澂微、凌绍乾、郎汝望、王谕、蒋名世、李暾、袁德峻、姜朝勋、曹三才题辞。谢绪恒字崧轩,一字子朔。浙江镇海人。康熙五十九年举人,有《问渠集》《闽游草》。此册收诗二百八十五首、赋四首,按体编排,多寿挽应酬之作。

028《注释思绮堂四六文集》十卷,钱塘章藻功撰并注,康熙六十一年聚锦堂藏板。前有傅作楫序、许汝霖序、万经画小像、汤右曾题像、康熙六十一年中伏日自撰凡例。许序称康熙四十二年癸未四月,藻功得与馆选,官翰林仅五六月即引疾归。凡例首云:"从来无有自注文集者,余既为友人怂诵,又见注书家如李善释事而忘意,不惟负作者本心,且贻误后来不少,余之注是集也,非敢自炫,只是引据处于文义确切,庶免错谬而已。"此集十卷选文二百八十三篇,自注出典,亦开风气者也。以便于初学,故翻印存世之本甚多。

卷十二　清集漫记下

此卷皆记清雍正后别集，多稿抄本及不著名作者之遗草。

001《渚陆鸿飞集》一卷，吴焯撰，无格精钞本一册，有徐衡朱笔批校，中国社会科学院文学所藏。是集收诗题咏古迹七律一〇二首，后有跋云："雍正己酉秋有彭城之役，自北关放船抵真州，陆行至沛之丰邑。比归，循河渡淮而南。始八月戊午迄十月丁未，往返得五十日，凡为诗一百二首。是行也，值宾鸿来至之候，且以水陆兼行，因名是编曰《渚陆鸿飞集》。蝉花居士吴焯书于玲珑帘。"徐衡跋云："昔者甬东老辈撰次越风，杭大宗主博大，厉太鸿主幽深，先生周旋于两公之间，其诗亦博大亦幽深，而学赡才轶，足以副之。其著述共廿余种，除《南宋杂事诗》《药园古今诗》有刊本流传外，所辑《圣因寺志》《海潮集说》《续岁华纪丽》三书曾经进呈宸览，并他已刊未刊者今多不见。先生故家于歙，明季迁杭。康熙中一门群从，以谈艺好客相尚，而先生尤为眉目。瓶花雅集，东南称诗数焉。身后遗稿零散，其《径山游草》一卷刊于光绪初元，吴伯宛又刊入《松邻丛书》中；《药园古今诗》其裔用威亦刊于癸亥，《绣谷亭熏习录》残本亦刊入丛书，他则不可问矣。"吴焯，号尺凫，著名藏书家。

002《汪双池文集》稿本二十册，汪烜撰，日本大谷大学图书馆藏。原为青木晦旧藏。每半页八行，行二十字。有"汪烜之印""千顷波""汪烜""双池""乾坤一腐儒"等印记。原本题"婺源汪烜稿"，计"大风集"四卷四册，前两卷为"双池乐府"，后两卷为"双池祝版"；"双池文集"若干卷，按文体分卷，有经义、赋、铭箴、序、书等；"杂文祭文合集"两册大题标卷七，"杂著"两册大题标卷八，盖大题卷数或有或无，故未详其分合卷次。书眉偶有评识，内有署"辰按"之批语。《诗经诠义序》有批云："此系初稿，先生后另有改笔，比初稿加详明。"则系家人或当时熟识者所阅也。"双池乐府"有色纸贴签甚多，有黄纸签曰："婺源汪绂双池著。"按：汪烜（1692—1759），一名绂，字灿人，号双池。婺源人。少从母江氏受四书及诸经，年五十始补县学生，课徒为生。"治经博综疏义，而折衷于朱子。其学无所不窥，自星历地志乐律兵制阴阳医卜以至弹琴篆刻书画诸艺事皆能通晓"。卒后门人余元遴收拾遗书藏之。乾隆三十七年诏征天下群书，翌年朱筠督学安徽，元遴以遗稿十余帙以献，朱嘉赏之，命学官缮写上四库馆，为表其墓。计所著有《易经诠义》《诗经诠义》《书经诠义》《四书诠义》《春秋集传》《礼记章句或问》《六礼或问》《乐经律吕通解》《乐经或问》《孝经章句》《理学逢源》《读近思录》《读读书录》《读困知记》《读问学录参》《读礼志疑》《读阴符经》《读参同契》《先儒晬语》《山海经存》《琴谱》《诗韵析物诠》《文集》《诗集》。后汇刻为《汪双池先生丛书》。中山大学图书馆藏双池稿本《乐经或问》三卷附《大成乐谱》六册、《礼记或问》八卷残四卷四册，应即为丛书所收《六经或问》也。余元遴孙龙光为撰年谱，并以双池所著书呈曾国藩，曾言"信为朱子后一人"（见张文虎《舒艺室杂著》甲编卷下代李雨亭撰《汪双池先生遗书序》）。吴德旋《初月楼闻见录》卷九载其事迹甚详。

003《药房偶存》一卷，周恂撰，张寿镛约园乌丝栏抄本一册,中国社会科学院文学所藏。每半页十行,行十六字。稿笺书口上有"四明丛书",下有"约园抄本"字样。封面有题记:"初未知作者姓氏,及阅集尚轩联句,知为慈溪周恂也。"周恂,浙江慈溪人,生活在康熙、雍正间,事迹不详。

004《白蒲子诗编》四卷,姜任修撰,乌丝栏抄本四册,中国社会科学院文学所藏。每半页十行,行十九字。前后无序跋。姜任修(1691—?),字自芸,江苏如皋人。曾为知县,集中有与张匠门、卢雅雨唱酬之作,当为雍正、乾隆间名士。上海图书馆藏有《白蒲子诗编》稿本十二卷,南通图书馆藏刊本十七卷为足本。

005《樵海诗钞》不分卷,陆进撰,登雅堂笺精钞本,中国社会科学院文学所藏。书衣有"介友珍藏"题字,书口下有"留耕山房诗"。每半页九行,行二十一字。前有乾隆十五年庚午七月程盛修序、如皋吴景新序。陆进字秀藩,江苏泰州人。卷上有《送冒甡原移居柴湾》,知与冒春荣善。吴序云:"晋挚虞有言曰,今尺长于古尺几半寸,乐府用之律吕不合,史官用之历象失占,医家用之孔穴乖错,则是本律吕而有作,昔人尚有不合之议,况无律吕而强事空腔,其不知乐府也审矣。彼汉魏之奏于庙堂,发于铙角,分乎清瑟,谐于唱和者无论已,至于里歌巷曲,怨调悲音,当时未必尽知宫商而叶之,其共相流播不朽者,讵非自有天籁之音与吻合者耶? 今之视昔犹昔之视今也。况有古之题可原,古之事可托,古之意可思,古之辞可绎,仿而咏之,虽未取合于律吕,焉知其不有合于律吕也?"其对乐府之理解与态度甚为可取。

006《壶中随笔》一卷,宋圣肱撰,青丝栏稿本一册,版心有"映榴居"字样,中国社会科学院文学所藏。前有民国八年己未名琪字伯玗者题识数首,又录书中所见人物。封面题云:"此卷得于海市界，展读一过，知曾学书于钱香树，乃清乾隆时人也。注中有先少师之称，当是名宦后裔。惟名肱与又字惺惺虽可于诗注得之，而姓氏不传，良可慨已。卷中古风最佳，灏气流行，出语肫挚，殆滥沈于老杜者与？"又云："己巳五月廿三日晤徐养吾宗浩兄，得读商丘宋华金号西邘《青立轩诗》，系抄本，卷尾零诗数纸，内有宋圣肱诗二纸，次日携此卷对勘，笔迹相同。昔仅认为名肱，今则可确定为圣肱矣。且卷首有兄圣猷名，与此诗为圣肱作无疑。"又云："按《复读青立旧稿》句小注对于青立称先王父，又云诗绳祖，是圣肱乃西邘之孙，西邘诗内称淇园为兄，与诗注'愿勿兄我'合，圣肱为西邘之孙定矣。且于仲牧（应作牧仲）称先少师而不称先王父，益知非仲牧孙矣。"此卷收古体二十五首、近体三十一首。据内容考之，似皆为丁丑一年间诗稿，时圣肱三十余岁，乃父卒于是年。考其时当为乾隆二十二年也。

007《周天桥先生初稿》一卷，周虹撰，夏荃抄本一册，安徽大学图书馆藏。每半页十行，行二十字。前有道光己丑四月夏荃序，团维墉《周公子传》、李亨衢《周天桥先生传》。周虹（1729—?），字虹起，号天桥。江苏泰州人。父之松为武进士，官广东参戎。虹从父军中，娴弓马，善骑射。父罢归，虹落魄而终。其生卒向无记载，其诗有《与汉仪寒窗小集赋赠》等题，《芸香诗钞》以为与邓汉仪同时，夏荃考汉仪乃康熙末雍正初别一人。今据其《戊寅九月三十初度述怀四首》，知其生于雍正七年，团维镛撰传称三十余卒，今其诗中有四十初度诗，则其享年在四十以上。其诗原稿四卷，亡其前二卷，仅存后二卷五七言律诗二百九十首，藏其甥家。夏荃辑《海陵诗征》，选录二十余首，复钞录百首成此一册。

008《清新俊逸》一卷，赵醇撰，重庆市北碚区图书馆藏稿本一册。每半页八行，行二十二字，无序跋。原不著撰人名氏。据卷中有《恭挽圣祖仁皇帝升遐》《七月九日奉命回任以知州补用感恩纪事》《初授石屏牧》诸诗，当作于康熙六十一年后。考管学宣修《乾隆石屏州志》卷三"官师志"，康熙五十六年叶世芳任知州，雍正十年赵醇代之。《初授石屏牧》在康熙挽诗后，当为赵醇作。赵醇，山东阳谷县人。例监生，事迹不详。

009《二砚窝诗稿》五卷《词稿》一卷，郑勋撰，张寿镛约园乌丝栏抄本一册，中国社会科学院文学所藏。每半页十行，行二十四字。版心上有"四明丛书"，下有"约园抄本"字样，殆张寿镛编刊四明丛书之底本。前逐录徐时栋题记，云："郑简香《二砚窝诗稿》五卷《词》一卷一本，同治七年闰四月十六日其子杏卿付余城西草堂藏之。杏卿前属余表父墓，以全稿来，视此多三、四卷，后毁于火，未知其家尚有副本否也。重装此本竟，五月二十九夕徐时栋。"按：徐时栋手跋原稿本今藏天一阁，殆即约园所据传钞之底本。郑勋字简香，一字书常，号烟霞杖者。浙江慈溪人。郭麐《灵芬馆诗二集》卷五有《二砚窝诗为郑书常勋作》云："陶泓骨坚体且方，貌古略作瞿昙黄。取友乃得古端士，金声玉德含文章。寒村老人昔宝此，厥背亲题廿七字。六丁下索祝融骄，乃肯掷还老孙子。白云轩中夜录囚，高凉罢官雪满头。当年出处大荦荦，二客雅与平生游。惜哉老衊不解语，聊寄一窝凭作主。不然自是大父行，铜狄磨挲话尔汝。君不见故家旧物何地无，过眼变灭云烟俱。椰盂火镜玉挫隅，藉非一记良区区。请君更乞无价手，工文我愧韦端符。"然则郑勋乃郑梁之孙也。其《二砚窝文稿》二卷有嘉庆刊本行世，北大图书馆藏有《二砚窝偶存稿》诗文稿本，天一阁尚藏文稿本一卷，中科院图书馆藏有郑祐抄本《二砚窝文略》一卷。

010《复斋诗稿》一卷,程嗣立撰,中国社会科学院文学所藏无格手稿本一册。有"枕经书屋藏书"白文印。前有山阳后学宋振仁跋:"程嗣立号水南,清乾隆间人。善画并擅长诗律,刻本仅有《水南先生集》行于世。此复斋诗稿则其未刻手稿,卷中不惟吾淮枕经书屋主人审定为程氏手稿,予更以家藏乡先贤吴进(揖堂)所辑《诗见》参校,则确系程氏原底稿,字句多有不同,极为名贵。"按:程嗣立,晚年自号水南老人。安徽婺源人。曾为侄程釜《二峰诗稿》作序。是集按体编排,多题画之作。其书迹正、行间杂,书法甚工。

011《后四灵集》一册,李怀民选,吴瀛抄本,中国社会科学院文学所图书馆藏。无格,每半页八行,行十九字,有朱笔圈点。前有吴氏自序:"高密李石桐怀民先生工张、贾格律,手定唐人五言《主客图》诗,与其弟少崔宪乔先生颉颃,尝以其及门李君五星(经)、王君熙甫(宁焯)、丹柱(宁烶)、单君子固(鼎)为后四灵,选定其诗集。壬申初夏,韦庐先生(姓李名秉礼,字敬之,号松甫,又号七松老人。韦庐其斋名也。江西临川人,寓居广西),出石桐先生《回帆集》及五星《卓庵集》、熙甫《定庵集》共读,因假钞。嗣复假《复弹集》,乃少崔先生所钞熙甫、丹柱昆季诗寄韦庐评点者,又摘钞丹柱诗数首,尚俟觅得子固诗,备观后四灵之全也。王闲云、郭根荪、童九皋及《天籁集》,亦从韦庐藏书中假得,共钞为一册。六月既望秀水吴瀛识于漓江舟次。"据此知此集为吴瀛所钞李怀民、李经、王宁焯、宁烶等诸家诗也。壬申为嘉庆十七年,故抄本不讳宁字。《回帆集》有怀民自序,收诗三十四题三十五首,乃李宪乔岑溪知县任满北归怀民偕行沿途所作。李怀民作族侄李经诗选小序:"余尝拟从游数子为后四灵,今宋四灵不足拟经,以所蓄者厚也。"李少崔《题后四灵集》小序云:"族子经五星、王生宁焯熙甫、宁烶丹柱、单生鼎子固,共学为张、贾格律,皆有家法,余目之为后四灵而书其卷云。"李经《卓庵集》收诗三十六首,有李宪乔题词。王宁焯《定庵诗集》收诗二十五首,有李宪乔题词。王宁烶《复弹集》仅四首。《郭根庵稿》收诗十七首。王克绍《闲云南中集》收诗十五首,前有李宪乔乾隆五十年乙巳重九题词。童毓灵《童正一先生诗》收诗十一首,此三人为李宪乔官广西时所赏士。《天籁集》为嘉庆元年丙辰李宪乔采灵药会饮于宾山寺所赋《采灵药歌》及学生正一、正远、华宇、汝光及傅卫之、周江远诸人和作。《山东通志》卷一四六艺文志著录《后四灵集》即引《李少鹤诗钞》中此诗序,而断定此书即宪乔所辑。

012《游艺集》七卷《漫与集》四卷附《诗余》一卷,邱赓熙撰,中国社会科学院文学所藏无格稿本二册。每半页八行,行二十字。无序跋。邱赓熙字南怀,号悔斋,又号篛帽山人。江苏吴县人。乾隆元年恩贡生。久应举不第。有《詹詹集》等。文学所藏其乾隆四年刊本《篛帽山人诗草》三卷,收诗九十三题一百七十二首。《游艺集》起乾隆十一年丙寅迄二十二年丁丑,为日常赋咏之作;《漫与集》起丁丑迄乾隆二十四年,多课题诗。《游艺集》正文于部分诗作下注刻字,殆选定付刻之本也。

013《无不宜斋续稿》不分卷,翟灏撰,无格草书钞本一册,京都大学文学部图书馆藏。封面题翟晴江续稿,书内大题仁和翟灏晴江著。起乾隆十七年壬申《南湖感旧》,迄乾隆三十八年癸巳《病足书六百字》,是为其晚年定稿。内有与杭世骏唱和之作多首。乾隆十八年癸酉之作有《蚕具四十八咏》,自称效梅尧臣之作。后附朱格笺"无不宜斋续稿补录",字出一手,起乾隆十七年壬申《金鱼》,迄乾隆二十三年戊寅《严立亭祖皋图》。按:翟灏乾隆十七年自刊《无不宜斋未定稿》四卷行世,丁丙刊《西泠五布衣遗著》吴颖芳《临江乡人集拾遗》有《无不宜斋未定稿序》一篇,题下注"见翟灏原稿"。王端履《重论文斋笔录》卷一称读翟灏《无不宜斋稿》,有咏烟草五言排律三十六韵,喜其组织工细,布置妥帖,全文录之,又录咏瓜子一律。翟灏(1712—1788),字大川,后改字晴江,号艮山。浙江仁和人。乾隆十八年进士,例选知县,自求改教职,授衢州儒学教授,转金华儒学教授。著有《通俗编》《四书考异》《周书考证》《无不宜斋诗稿》《艮山杂志》《辩利院志》等十余种。据梁同书《频罗庵遗稿》卷九《翟晴江先生传》,晴江卒于乾隆五十三年,此本乾隆三十六年辛卯诗有《六十初度同人欲酿文酒之会志谢》,知其生于康熙五十一年。

014《杏北诗集》不分卷,支世淳撰,无格稿本一册,中国社会科学院文学所藏。每半页八行,行二十字。封面题"嘉善雪门支世淳著待梓",殆未刊稿本也。前有乾隆五十六年辛亥孙甡序、乾隆二十四年庚戌门人罗锡祚序。是集按体编排,收五、七古各二十首、五律六十首、五绝四首、七律二百首、七绝二百五十首。支世淳字怀文,浙江嘉善人,事迹未详。

015《牧坡居士未定诗草》不分卷,王景祺撰,底稿合订本,山东大学图书馆藏。前有"王景祺印"印记。有辛江峰、李笠亭、李西园等人评。王景祺(1740—?)字伯寿,号秋畴,山东诸城人。乾隆间岁贡生,累试不第,遂无志进取。富收藏,精鉴赏。能诗文,曾为刘墉代笔作寿文。著有《牧坡论古》《仇池老屋诗集》《牧坡诗话》《皱绿亭诗余》稿本传世。此稿起乾隆二十二年丁丑,迄嘉庆十五年庚午。乾隆五十四年己酉年有《五十初度》诗,知其生于乾隆五年,享寿在七十以上。王玮庆曾为作传,见王赓言辑《东武诗存》卷八引。

016《三潞斋集》十卷,孙岱撰,清潘道根父子钞本,中国社会科学院文学所藏。每半页九行,行二十字,有"琅琊王氏""王德森印""彦士一字漱六""昆山王德森"诸印。前有王德森、潘道根题记,嘉庆十年张为金序,嘉庆八年王初桐序,朱云骧、沈诚、陈光襃、陆遵书、徐德谅题辞,后有陈树德撰行状、王初桐撰《孙守中传》,葛常旭撰《守中孙先生传略》。孙岱(1744—1794),初名之堂,后改今名。字子佩,别字守中。江苏昆山人。应科举不遇,遂致力于古文辞。著有《安亭江志》《震川年谱》《守斋类稿》。是集前六卷为诗,后四卷为文,原为吴银帆所藏,道光间潘道根与张石耘辑《昆山诗征》,借钞于吴者。后潘氏衰落,遗书散失,王德森得于冷摊。王德森(1856—1943),字彦士,一字漱六,号岁寒生,又号鞠评。贡生。嗜古籍,精医术。与赵诒琛善。著有《市隐庐医学杂著》《保赤要言》等。其《岁寒文稿》卷七有《书抄本孙守中先生三潞斋集》纪得书始末。

017《孙古衫诗稿》不分卷,孙贯中撰,中国社会科学院文学研究所藏手稿本。孙贯中号古衫,一作古杉。浙江桐乡人。诸生。计楠《一隅草堂集》嘉庆十年乙丑《惕盦草》中有《和古杉病起六十自寿诗韵四首》,知其生于乾隆十一年。贯中曾馆于计楠家,与计楠、樊补之、信舟兄弟等以诗文相唱和。《一隅草堂集》中与贯中唱和之作甚夥。《握兰初稿》卷上《岁抄赠孙古衫》有云:"性情唯尚古,诗酒竟忘贫。"可见其为人。吴翌凤《印须又续集》卷六选其诗。郭麐《灵芬馆诗四集》卷七有《赠孙古杉贯中二首》,《灵芬馆诗话》卷十亦载其事迹,称其著有《芨山》《养真》《握兰》《适新》《草圃》《剩语》诸集。今存《桐溪草堂诗》十卷文一卷,嘉庆二十五年刻。

018《蕉尾诗稿》七卷,翁桢撰,乌丝栏抄本四册,中国社会科学院文学所藏。前有嘉庆二十三年六月长洲顾日新序,沈烽、沈大本、顾日新、周京、姚瀛、周鹏飞、朱逢泰、陈懋、朱尔澄、杨羲、吴清长、张锡庆、翁燿、李应和、屠达五、费宗爵题词。翁桢（1745—？），字朗庵，江苏吴江人。不仕，年七十五犹存。自言论诗尚清真，所作多同人间唱酬及咏草木之作。

019《奚铁生题跋》，光绪间精抄本，字极娟秀，偶得于市肆。奚冈（1746—1803），字铁生，号蒙泉外史。浙江钱塘人。布衣，以诗书画三绝见推海内。晚年以邻火殃及其居，所藏书画尽成灰烬，自作诗文稿亦亡失。嘉庆间友人汤礼祥搜其遗诗，删存二百一十首，多题画之作，编为《冬华庵烬余稿》三卷，梓行于世。同治十一年丁丙再刊入《西泠五布衣遗著》中。此外笔墨，则有陈文述《颐道堂文钞》卷二《书奚铁生书札后》所记与赵筱庵手札一册，郭麐《灵芬馆诗话》卷八记古云所藏手书题画诗一册，余无传。

020《留梦阁遗诗》一卷，康蕙兰撰，对山楼青丝栏抄本，中国社会科学院文学研究所藏。每半页十一行，行二十二字。按：四明王焘、香山郑庆元书斋均名对山楼，此未知何属。前有兄亮序，后有嘉庆三年黄崤跋。康蕙兰（？—1797），字畹滋，行三，山西太原人。性聪慧善悟，授以唐诗，过目辄了。年十七归同里孙氏，嘉庆二年五月卒于济南山东布政司署。此集收诗一百另六首，皆闺中习见之题，为兄亮所编以付梓者。其《咏白芍药》云："临风映月宜清冷，不作人间富贵花。"标格甚高。

021《幼学堂文稿》八卷，沈钦韩撰，无栏钞本四册，京都大学文学部图书馆藏。每半页十行，行二十二字。共收文一百六十五篇，编排无序，无序跋及收藏印鉴，有蓝笔改误字处。又有吉川幸次郎先生旧藏钞本一册，无序跋，有吉川先生收藏印多方。收四书文若干篇。沈钦韩（1775—1831），字文起，号小宛。江苏吴县人。嘉庆十二年举人，官宁国府儒学训导。《贩书偶记》卷十六著录《幼学堂文稿》八卷，嘉庆至道光间刊本，其书传本极罕，黄裳《前尘梦影新录》称为"清人别集中最罕遇难求之品，虽近刊而流传绝罕"。仓石武四郎《述学斋日记》载，一九三〇年初中国书店有《幼学堂文稿》，为汤爱理（名中）购去，恨失之交臂，再三惋惜。

022《垂老读书庐诗草》二卷，黄定齐撰，无格稿本一册，中国社会科学院文学所藏。每半页九行，行二十一字。前有道光十七年丁酉王德洽序、赵佑宸序，侯云松题词，后有光绪五年春黄长黼跋草稿。黄定齐（1778—?），字蒙庄，浙江鄞县人。以笔砚幕游为生，曾在林则徐幕中。此集有光绪四年四明黄长黼补不足斋刊本，与刊本比较，此册少陈劢、陆廷黼序，诗迄七绝《论四明诗派》皆与刊本同，文字间有涂乙，改正后同于刊本。上卷"古体二"书眉有"须零页抄"，卷末书眉有"须随附抄《高抬搁辞》"，下卷五绝末书眉有"附抄《两寡辞》《九九消寒吟》"，亦与刊本次序同，似为作者手定稿本。自《送周小铁自甬之嵊城幕》后有朱笔圈点及删选之签条，或与前重出，或为刊本所无，似为作者原稿。黄长黼跋文字与刊本稍有异同，谓："丙子过古三竹园，族父畦芝出其祖《垂老读书庐诗草》示黼，受而读之。明年游沪，吴方伯桐云师见而称赏不已，怂恿付梓。"盖其后人珍护手泽，合订初稿、定稿为一册也。

023《余闲草》一卷，佚名撰，无格稿本一册，中国社会科学院文学所藏。每半页十行，行二十八字。封面"余闲草"下有近体诗三字。所收为嘉庆五年至道光五年所作近体诗，以五律、五绝、七律、七绝、五排之序分体编排，有朱笔圈点，又有徐、鲍诸人

评语若干条。据诗可知,作者生于乾隆四十八年,贵州人。嘉庆
九年举人,道光元年任石楼知县,二年兼摄永宁州事,五年引
疾归。

024《石经阁文集》四册,冯登府撰,京都大学文学部图书馆
藏精抄本。收《石经阁文集》《石经阁诗略》《拜竹庵初集》《钓船
笛谱》《种芸仙馆词》。每半页十一行,行二十三字。楷书精抄,
有朱笔校字,每册末署"门人陈宝琛校字",似汇辑诸刻欲刊为全
集之底本。《诗略》卷四《汉诸葛铜鼓》一首题下朱笔补款云:"大
甲申辛卯岁十一月五日造。"似为校者所补。冯登府(1783—
1841),字云伯,号勺园。浙江嘉兴人。嘉庆二十五年进士,官宁
波府学教授。通经学,工词章。郭麐《灵芬馆诗话》续集卷一称
其《石经阁诗钞》"清而能腴,浅而能旨,洵梅里近日诗人之最
也"。

025《礼姜阁诗卷》一卷,孙文杓撰,乌丝栏稿本二册,中国
社会科学院文学研究所藏。每半页十二行,行二十四字,版心有
"卷迹山房集"字样。无序跋,有朱笔校改处。孙文杓字仲直,江
苏昭文人。名诗人孙原湘长子,县学生,见《碑传集三编》卷三七
李兆洛撰《翰林院庶吉士孙君墓志铭》。书中夹有纸片一枚,书
"先祖遗墨",当为孙氏后人所藏。上册起嘉庆十三年戊辰,有纪
年,下册止于道光二十九年己酉。

026《香痕草堂稿》二卷,许士元撰,无格抄本一册,中国社
会科学院文学研究所藏。每半页八行,行二十一字。卷首无作
者名,后有光绪五年己卯五月十三日许仁杰手跋:"右香痕草堂
稿二卷为叔曾祖雪林先生著。先生讳士元,乾隆朝岁进士,杰曩
辑《洛溪诗略》,求先生诗不多得,检甬志,芷翁所见即此册。纸

墨精洁,当是写定之本。向为同里朱年所藏,以近修先生诗写本易之。"据此,知作者为许士元,管庭芬《海昌艺文志》卷十二著录此书为二卷,有抄本传世。许士元字藏兮,一字昭彝,号雪林,浙江海宁人。岁贡生。此集收赋三篇,诗一百二十余首,多应酬之作。作者从周春、吴骞游,有为二人所作祝颂诗多首。卷末《吴槎客丈八十寿诗》,为嘉庆十七年所作,翌年槎客即下世。

027　《笠东草堂集》一卷,俞岳撰,俞文伯抄本,中国社会科学院文学研究所藏。后有光绪九年六月费善庆跋并题二律,别纸另书,诗已佚。又有费氏"玉壶"圆印。每半页十五行,行三十三字。俞岳(1791—?),字少甫,江苏震泽人。以书画名,与叶廷琯为莫逆交,叶氏《鸥陂渔话》载其事迹。据集中道光十九年己亥十二月所作《五十初度征画诗》,可考知其生年。是集前为古今体诗,收道光间所作诗二百余首,多题画之作。后为杂著,收文九篇。按:是集题"后学同邑费善庆伯缘甫录",然据费善庆跋云:"文伯辑遗稿于丛残之后,承先志于保守之余,拟付剞劂,不朽其先芬,将不独其诗能传家学,而其孝思有令人钦仰不置者,因书数语以归之。"则此本实为俞文伯所辑抄,费善庆仅阅而跋之而已。题费氏录者,欲借重其名也。

028　《胡廷桂诗稿》四卷,胡廷桂撰,精写清稿本一册,中国社会科学院文学所藏。每半页八行,行十九字。有"臣廷桂私印""熙春号我云""我云初稿""君绣""臣名廷桂""元和胡氏"等印及"廷桂""我云"连珠印。首页有"同学弟韦光黻读过"题识,卷中有韦氏批语。后有丁丑仲夏韦光黻题识、戊子菊秋弟师晋及是年十一月华白、华宜读后记。此书封面原无书名,书名为笔者所拟。卷一"劘胁草",卷二"覆瓿草",卷三"蠹余草",卷四"箧中草",多吊古题咏及奉和其师邵绣川之作。韦跋云:"丁丑仲夏载生明挥汗读一过。十九日重校一过，凡可刊者以三〇两〇为别，必不可存者直书删字，从命也。其他则顾自择焉。"则此本乃请韦氏选定以付梓者，今未见刊本流传，殆终未梓行也。胡氏字我云，江苏元和人，事迹不详。韦光黻（1789—1853），字君绣，号连怀，别号洞虚子。江苏长洲人，诸生。以韦氏生活年代推之，胡亦嘉道间人也。

029《虫鸟吟》一卷，萧德宣撰，无格精抄本一册，中国社会科学院文学所藏。每半页九行，行二十六字。卷末有"岁次阏逢涒滩清和之月存庵录于花好月圆人寿堂"题记，是抄于甲申年四月也，疑为光绪十年。花好月圆人寿堂为吴江朱容照斋名，殆即朱氏抄本。前有"安南子"圆肖像印，后有"辛宫长寿"白方印。萧德宣字春田，湖北汉阳人。嘉庆十九年进士，历官临榆、威县、东光知县，升天津海防同知。《虫鸟吟》有同治五年刊本，先刊七卷，续刊三卷。存庵抄本无序跋，起《九秋吟》，共收诗一百二十一题，皆见于续刊三卷中，盖选钞此三卷诗留作读本也。

030《石榴花馆附稿》一卷，周元镛撰，乌丝栏稿本一册，中国社会科学院文学所藏。每半页九行，行十九字。稿笺上口有石榴花馆字样。前有道光二十一年春分日吕家璜序。周元镛，字东溪，江苏太仓人。吕序曰："今春东溪读礼家居，予适鹿城返棹，冒雨往访，出其尊人所制石榴花馆诗稿，并将自著诗稿附后，洛诵数过。"封面有选七律十五首、五律十八首、七绝十六首字样，卷中有朱印圈选之迹，盖即吕家璜阅定之本也。

031《课农山房诗稿》一卷附《竹深草堂稿》一卷，黄乔年、黄琨撰，中国社会科学院文学所藏合订钞本一册。封面题黄冠群手录。每半页八行，行二十一字。前有道光三十年朱祖任序、同

治十三年重阳古筈山人序、光绪元年李东沅题识,后有李东沅题
诗。黄乔年,号麓樵,浙江镇海人。幼失学,为沔溪酒肆商。读
书不多而富才艺,年三十卒。是集收诗起于道光二十四年甲辰,
有李东沅圈点及评语。黄琨字冠群,乔年子。

032《龙川先生诗钞》一卷,仪征李晴峰撰,泰州黄葆年校
录,光绪三十三年丁未南裓(张兰思)刊本。晴峰为周太谷传人,
著作多不传。览此卷,知诗非其所长也。唯《吊苏小小墓》云"苏
公堤上苏娘墓,一样留名万古春",颇有味。晴峰弟子甚众,刘铁
云亦出其门,传闻《老残游记》第九卷述三教同异即《太谷经》之
绪言云。晴峰名光炘,南裓刊本佚其名。

033《桐川乐府》一卷,吴宁谧撰,同治五年丙寅□朝端据李
逷夫藏本影钞本一册,中国社会科学院文学所藏。每半页十行,
行二十一字。原本有残缺,依样空缺。前有大梁□在建、陈祥裔
序,后有沈廷瑞跋。吴宁谧,字师在,一字静公,江苏淮阴人。康
熙二十三年举人,官桐川儒学训导,年六十八卒。柯愈春先生
《清人诗文集总目提要》引《淮安河下志》载其尚有《铸错轩稿》,
今不见传。是集收咏桐川古迹之乐府体诗三十二首,在建序称
其"寄托之深情,讽喻之微旨,得三百篇温厚和平之遗,非时手所
能望其项背",乃捐俸为刊之。在建殆即周亮工第四子榕客,据
周亮工《赖古堂集》所附年谱,在建生于顺治十二年乙未,后曾官
淮安知府。

034《桐华舸诗钞》不分卷,鲍瑞骏撰,无格手稿本二册,中
国社会科学院文学所藏。有"鲍瑞骏""竺溪桐华舸""家在合山
竺水之间"白文印,"国桢藏书""古香""竺溪季桐""桐舟"朱文
印,卷末有"周绍良曾读过"朱文印。第一册大题作"桐华舸诗

稿”，卷首前有咸丰十年七月自序，后有同治元年壬戌跋。集中所收诗自十二岁作《晚眺》迄咸丰末，按体编排，当为自订诗集，有兄子年评。后附《续钞鲍桐舟先生诗》，收同治元年之作；《残明咏史诗》，题咏明末名士；《桐华舸古今体诗续抄》，迄同治十三年六十岁时之作。第二册大题作"桐华舸诗钞"，内有"甲子六月中旬桐舟手录于明湖寓斋""同治三年岁在甲子十月桐舟手录寄呈斧斯"题识，收同治三、四两年之诗，为寓居济南时作，有王笈甫额批及旁批。鲍瑞骏（1815—?），字四山，号桐舟，又号桐华舸主人。安徽歙县人。举人，官长山知县。集中多表彰战死官员，后刊为《褒忠诗钞》一卷。浙江省图书馆与安徽省博物馆亦藏有诗钞稿本。

035 《半读斋诗钞》一卷《赋钞》一卷，荣汝楫撰，荣棣辉无格抄本一册，中国社会科学院文学所藏。每半页九行，行二十五字。前数页为孙毓修用"梁溪孙氏小绿天写"稿笺配钞，有"小绿天藏书""孙毓修印"朱方印。后有民国五年弟汝棻撰跋及《胞兄作舟先生行述》，跋云："先兄时文诗赋名重一时，顾散体诗尤隽秀绝伦。惟生平依馆为生，课徒少暇，故所作试帖外不多见。而又有未经存稿，散佚他处者。今搜罗荟萃，仅得此七十余首，谨以年月先后编次，命次儿棣辉钞成一卷，末附拟古赋二篇、律赋七篇，因兄于骈文兼擅庚鲍之胜，然藏稿已失，只是数赋犹幸存棻处，遂并录焉。"荣汝楫（1833—1889），字作舟，一字拙庵，江苏无锡人。咸丰十一年拔贡，光绪十一年就任教谕。著有《读史备忘》《史事类编》，辑有《半读斋课徒草》。诗钞所收诗始于咸丰十年十二月，迄光绪十四年。

036 《练塘渔唱》八卷，景澍楠撰，无格稿本八册，中国社会科学院文学所藏。每半页九行，行二十五字。有"澍楠""少石"

"孙容经眼"诸印,孙容为闻福圻字。前有同治十三年八月胡三瑞序,景澍椿、景澍棠、孔广谟、徐廷珍、景蔼芳、景联魁、束允泰、景瑞玉、周伯义、金和、吉正常、胡三瑞、周寿朋、闻福圻、徐兆丰题词,自撰卷目引言。景澍楠(1836—?),字少石,江苏丹阳人。是集编年系诗,起咸丰五年乙卯,至光绪十一年乙酉。

037《玩止水斋遗稿》四卷,李辅燿撰,男相钧、相慈,出嗣男相庸编,青丝栏稿本一册,中国社会科学院文学所藏。每半页十行,行二十四字。稿笺口有"怀怀庐随笔"字样。无序跋。前三卷为诗,第四卷为词。李辅燿(1847—?),字幼梅,湖南湘阴人。同治九年优贡生,授安仁县学官。光绪三年以中书出为浙江道员。此集诗皆同治、光绪间所作。有与越南使臣唱酬之作数首。

038《胡宗海诗》一卷,胡宗海撰,无格精写稿本一册,中国社会科学院文学所藏。每半页九行,行二十五字。有"宗室盛昱"等印。前有庆锡荣、左星谷、同治七年戊辰夏□基、九年庚午三月姚廷章手书题词。胡宗海字源河,安徽桐城人。此集为同治元年壬戌至二年癸亥两年间诗。时多隆阿帅军讨平回纥,作者随军为掌书记,诗多咏当时军事。

039《且园诗存》二卷,蒋德馨撰,无格精抄本四册,中国社会科学院文学所藏。前有同治元年六月钱振伦序、吴嘉洤题诗。蒋德馨字心芗,江苏长洲人。有批注汲古阁刊本《文选》传世。此集卷一有《题余澹心板桥杂记后》十四首。

040《餐霞仙馆诗词稿》一卷《餐霞仙馆杂稿》一卷,蔡和霁撰,张寿镛约园乌丝栏抄本一册,中国社会科学院文学所藏。每半页十行,行二十一字。稿笺书口上有四明丛书,下有约园抄本字样。蔡和霁(1871—1889),字涤峰,号月笙,浙江鄞县人。光绪十五年补佾生,当年冬卒。

041《寅卯诗草》一卷,史宝安撰,民国庚辰年自书无格稿本一册,中国社会科学院文学所藏。每半页十行,行二十一字。有"史官世家""枣花阁秘笈""史宝安书""史宝安著""豫西史氏珍藏书画""史宝安字吉甫河南卢氏县人原居洛阳""光绪壬寅癸卯乡会联魁翰林""熊耳山人""吉甫鉴定""与神禹同日生"诸印。前有自序云:"民国丙寅、丁卯二年间吟咏唱酬,得古近体诗百首,多涉及前朝掌故,特用精良纸墨书之,以备他日参考。至前此之诗,上下廿余年,逢时不造,南北奔驰,散遗各处,搜集非易,他日倘能录汇成帙,再以此编附入焉。"诗前列自撰"诗法源流小引",有"豫西史宝安编辑用康熙罗纹笺明贡烟鸡毫笔书录"字样,与中国科学院图书馆藏作者编《枣花阁诗话碎金》同。史宝安(1876—?),字吉甫,河南卢氏人。光绪二十九年进士,官翰林。清亡后隐居不出。著有《周易心解》,辑有《枣花阁诗话碎金》。是集为其自书民国十五、十六两年所作诗,题序皆长,多涉及时事掌故。有《哀高启》诗,序曰:"是年八月有某新闻记者,负一代文豪之誉,平日好为大言激论,近更秘有所图,惨遭极刑,不愿明诔之,赋此以代。"又有送儿女入中学诗,序有云"学有新旧,理无今古,愿儿辈本旧道德之精神,运新科学之理想,则中外道器一以贯之矣"。是皆可见当时士大夫处变革之际之心态。

042《小鄂跗堂诗集》六卷,郭则沄撰,青丝栏稿本四册,中国社会科学院文学所藏。每半页九行,行二十一字。稿笺下有"宝晋斋"字样。郭则沄(1881—1922),字啸麓,号蛰云,别署龙顾山人。福建侯官人。光绪二十九年进士,清末官处州兵备道道员,辛亥革命后历官至北洋政府侨务局总裁。后任北大教授。

有《龙顾山房集》,辑有《庚子诗鉴》《十朝诗乘》等。是集卷一"虚舟集",起光绪二十二年丙申迄宣统元年己酉;卷二"披香集",起宣统元年己酉夏迄宣统三年辛亥;卷三"艾眉集",起民国元年壬子迄民国十一年壬戌;卷四、五"结霞集",民国十二年癸亥、十三年甲子两年之诗;卷六"寒碧集上",民国十四年乙丑之诗。

043《自娱轩诗钞》一卷,牟思敬撰,中国社会科学院文学所藏稿本一册。每半页十行,行二十三字。有"南通冯氏景岫楼藏书"印。前有光绪二十二年四川学使吴树棻序,后有光绪十八年壬辰胡薇元序,顾复初、文天骏、何亮清、舒云逵、孙衍成、黄嘉焜、张知雄题词,自序,周劼本、杜俞、李兆沆、江瀚、沈贤修、张慎余、舒云逵、吴正纶题词。牟思敬字惠庵,贵州贵阳人。监生,游幕四方,累任四川南川、遂宁、彭县知县。是卷有朱笔涂乙删改处,殆付誊录之底稿本。

044《不易心堂诗存》不分卷,吴獬撰,抄本四册,广西师范大学图书馆藏。每半页九行,行二十字。吴獬字凤孙,湖南临湘人。生活在光绪间。此集系男震昱、震亚、震旱编集,不分卷,按体编排。

045《养拙窝诗钞》七卷,赵宝晋撰,无格稿本一册,中国社会科学院文学研究所藏。每半页八行,行十八字。前有光绪十九年章华国序。赵宝晋字研山,浙江诸暨人。累试不第。是集收诗至光绪二十九年除夕,多纪浙江一带太平天国事。

046《息游稿》一卷,詹天凤撰,无格手稿本一册,中国社会科学院文学所藏。是集收诗百余首,无序跋,有朱笔批点。书前无署名,据卷中《和松萝社草》小序及所附致英度尺牍,知作者为詹天凤,号阮隃山人,居安徽舒城县,遁世不仕,与洪觉山、陈光廷、丁以舒等唱和。

047《次青小阁诗集》二卷,李铸撰,无格精写稿本二册,中国社会科学院文学所藏。每半页九行,行二十四字。前有光绪十七年湛书、王庆煊序,谢锡善、汪春泽、陈汝梅、张觐光、杨玉珂题词。李铸字少英,生平不详。诗多赋得、游戏之题。

048《唾余近草》四卷,柳之元撰,无格稿本一册,中国社会科学院文学所藏。每半页十行,行十八字。首有"曾经浙江省文献展览会陈列"大印。柳之元字文长,号古括云外史、愚溪,浙江缙云人。生平不详。此集按体编排,各卷间留空白纸,当为作者自书诗册。

049《养拙山房诗草》一卷,佚名撰,中国社会科学院文学所藏稿本一册。每半页八行,行二十四字。有"愿学良""□浩之印""星州"诸印。卷内大题下有甲寅纪年,殆甲寅一年之诗也。

050《焚余草》一卷,郑遇芳撰,无格抄本一册,中国社会科学院文学所藏。每半页十行,行二十四字。前有后学刘舜仪撰骈文序,后有佚名《读焚余草题卷》诗。郑遇芳字静莲,江苏邗江人。自幼丧亲,依祖母而长,出嫁后复贫居丧夫,守寡学佛。此卷所收皆三十岁至六十岁间所作诗,笔调老到。

051《苹香书屋拙草》不分卷,□庚撰,无格清稿本二册,中国社会科学院文学所藏。每半页八行,行二十字。有"种竹志心虚""槐阴中人""家住石湖东北滨""学以广见闻故足瘳愚"诸印。诗按体编排,前后无序跋。多咏花草,少与人酬唱,无以见其生平。

052《蘅华馆诗录》稿本四卷,题长洲王韬仲弢撰,绿丝栏稿本一册,京都大学附属图书馆藏。稿笺有"弢园述撰""天南遁窟精钞吴郡王韬存本"字,每半页十二行,行二十三字。有"成斋藏书""重野安绎藏"印。卷一起《不忘》,收五十九题一百一十九首;卷二起《之申江途中作》,收六十题一百二十六首;卷三起《题江弢叔湜小象即送其之官浙江》,收七十一题一百零六首;卷四起《五月食荔支有感》,收五十七题八十一首。约为道光二十八年至同治十二年五十岁时之作。郑逸梅《南社杂碎》有云:"陆澹安于沪南豫园旧书摊上,购得王韬《蘅华馆日记》手稿本,自咸丰五年七月一日至三十日止。时施济群主编《新声》杂志,借去逐期刊登,不料印刷所被火,手稿本付诸一炬。该本后附王韬所作诗词,且经彼自行修改,亦随之无存。"(《南社丛谈》第297页,上海人民出版社1981年版)。据王飇先生介绍,王韬诗集有五卷、六卷、八卷三种,八卷本未见。据弢园丛书本序,王韬诗曾两次编订,初编五卷本,收诗五百四十三首,刊于光绪六年。重订得诗六卷,共六百二十九首,刊于光绪十六年,即弢园丛书本,前有光绪六年洪士伟序、光绪十六年门人叶耀元跋、道光二十九年自序、光绪十六年重订后序。今观六卷本,亦起《不忘》,稿本四卷所收诗止于卷四《蕴玉仲司马墓田耕读图》,具体篇目略有出入。如卷一多长诗《花朝祝花词》,《自海上寄醒遁》其二、三,卷二多《除夕集天风草堂谨同涤盦师韵》其二,《有题》二首、《重有题》二首、《应二将适海外以山水画册赠之媵以绝句》换作《笙村纪梦》二首、《重纪梦》二首、《赠碛溪胡大即和其韵》三首、《袁孝子诗》换作《简胡舒堂广文》,卷三多《赠尹大》三首、《拟陆剑南题十八学士图》,卷四多《有感时事并简李大四首》小序及其二、四,卷四《贫富交》,共存佚诗二十三首。而编次亦偶有不同,如《接家书后却寄《夜坐》两篇排在《蝶》后,《夜起》排在《问梦蘅病》后,《游玉峰二首》排在《梦至青萝山馆》后,卷三《述哀》排在《与人书不答》后。将两本比观,可信四卷稿本为最初编订之本,后不久作者即游日本,此本或游日时赠与日本友人者亦未可知。两本文字大体相同,偶有异者,如卷一《小饮青萝山馆呈顾涤盦惺明经师》一首,稿本"酒阑每易生感慨,敢抒愚论披心肝"下有"素薄刘叉多僻诞,却笑张籍多词翰"两句,刊本无之;《家大人客申江有感》稿本作《家大人至申江有感》。卷二《拟杜诸将》稿本作《壬子冬日拟杜诸将》,《小宴兰语楼明珠校书(略)》稿本作《小宴彤管水蚕阁明珠校书(略)》,卷三《闻官军复昆山寄里中补道人即用其寄粤原韵》其二"无才何敢妄谈兵"稿本作"腐儒何敢妄谈兵"。最可憾者,稿本诗题原有人物字号皆删去,无知人论世之资矣。

053 《辛卯诗存》一卷,郭传璞撰,朱丝栏草稿本一册,中国社会科学院文学研究所藏。稿笺下有"澄心斋制"字样。每半页七行,行字数不等。郭传璞字怡士,号晚香。浙江鄞县人。举人。有《金峨山馆文集》刊本传世,又有《吾悔集》稿本藏浙江省图书馆。此集为辛卯一年所作诗,共五十六首。

054 《秘笈杂录》不分卷,佚名辑,京都大学人文科学研究所藏清抄本四册。茫父署签,下有"贵筑姚华"朱方印。目录有"雷万善堂印信"白方印。姚华(1876—1930),字重光,号茫父。贵州贵阳人。光绪三十年进士,官邮传部主事。有中华书局铅印本《弗堂类稿》行世,事迹见周大烈撰墓志铭。此帙密行细字抄试帖诗,题下注得某字。后钤雷柄寅字号印多枚。

055 《近代名人尺牍》四帙,佚名辑,京都大学人文科学研究所藏手简本。第一帙似为书贾名少泉者所藏时人购书画往来商议之札，内有缪荃孙札多通，皆寄其师者。第二帙以名刺居多，内有叶昌炽札一通。第三、四帙皆晚近人致某参议名向之者函，亦有致他人札若干。

卷十三　事物识小

昔端木赐有云:"贤者识其大者,不贤者识其小者。"予性喜观杂史笔记之书,每见新奇可据之事,原始要终之说,细大不捐,录之笔记;又性好杯中之物,凡涉酒名酒事,必为掇拾,虽难辞不贤之讥,殆亦足资谈助,益多闻也,故附为末卷。

001　雨花石不知所起,宋杜绾《云林石谱》有真州(今江苏仪征)水中或沙土中出玛瑙石之说,余读元郝经《陵川集》,卷二十七《江石子记》云:"仪真濒江,土脉秀异,或过雨,或治地,每得石子,皆奇润可爱,诸色备足。有脂白含蓄如隐玉者,有澹黄敷腴如蜡丸者,有缜黑圆莹如玄珠者,有如丹砂剥泐而不纯者,有如空青澹沲而类琴瑟者,有赤涩而芒角者,有白而络红脉者,青而黑晕重复者,黑渍而土食中边黄者,浅碧而白晕杂者,有如晴虹凝结而不散者,有如抹霞返照而孕其余者。有如拳者焉,有如栗者焉,有如钱者焉,有洼者平者缺者凸者,有蒲背者,有鸡卵者焉。每得一则如获物外之奇宝,濯之以清泉,熏之以沉烟,置之盘盂之内,而簸弄于明月之下,方为热中而忽洒然,故尤嗜于他物。"文作于元中统五年夏六月,当南宋度宗咸淳元年。然则雨花石之见重于士大夫,自南宋之世已然。陈继儒《太平清话》卷下则云:"甲午八月游秣陵,贾客以白瓷盎贮五色石子售之,索价甚高。其石皆出六合山码磟涧,村中裹粮负锸,从雨后觅之。山深无人烟,往返六十里,甚则几至冻饿得病死者。于是吴人从涧旁结草棚,以市酒食,而负石者始众。此风惟万历甲午始见之。"后陈贞慧《秋园杂佩》亦有"五色石子"一则,云:"五色石子,出六合山玛瑙涧,雨后胭痕螺髻,累累濯出,然山深地僻,往返六十里,非好事者不到。自万历甲午,饼师估儿,从旁结草棚以市酒食,于是负石者始众,蜂涌蚁聚,日不下数百。以白磁盆新水盛之,好甚者十不得一二,其佳者猩红黛绿,云桡不一。或为羊脂玉,或为蜀川锦,或为鹦鹉紫,或为僧眼碧,或为嫩鹅黄。朱者如美人睡痕,黑者如山猿怪瘦,文采陆离,虽珇琭堆盘,琥珀映筋,无以加是。纵不敢望米襄阳研山,然亦石骨中之小有奇趣者。独恨阛阓市儿,寸许石子,索价每以两许。昔坡公饼饵易得,以二百五十枚供佛印,令生今日,当有同叹。"知晚明其值已甚昂。予金陵人,自幼习闻雨花台出雨花石,盖附会南朝梁僧云光讲经天雨花传说耳。然其来亦甚久,清初董文骥《微泉阁集》诗卷二有《登雨花台拾石子》,知清初已有其说。

002　品诗论艺绝句古来夥矣,方文《涂山集》有《品鱼四十首》,分上中下外四品。上品首列河豚、鲈、鲥、石首鱼,黄鱼、鳊、鲫亦在其中;中品首列沙鱼、刀鱼,青鱼、桂鱼、鲤、鲴在其中;下品首列胖头鱼,黑鱼、粘鱼、鳝鱼、乌贼在其中。人之口味各有所嗜,亦无可非议,独嫌黄鱼列于上品稍僭,鲴鱼列于中品稍屈耳。外品首列螃蟹、蛤蜊、淡菜,亦大体称意,鳖列于第九,今则蟹之外,莫贵于此物矣。

003　道光间泰州康发祥撰《伯山诗话》,后集卷四云:"鲥鱼之味多在鳞甲之间,《本草纲目》言之甚详。今之烹鲥鱼者悉去鳞甲,失之远矣。杭堇浦咏鲥鱼云:'莫憎瘦骨搜难尽,便带银鳞嚼不妨。'可谓知味者矣。"按：张埙《竹叶庵文集》卷五《鲥鱼》亦云："漫嫌芒刺森森骨，不去霜花薄薄鳞。"余少随亲居真州，盛产鲥鱼，人皆带鳞烹食，并无去鳞之说。

004　吴从先《小窗自纪》云："赏花须结豪友，观妓须结淡友，登山须结逸友，泛水须结旷友，对月须结冷友，待雪须结艳友，饮酒须结韵友。"此所谓张茂先我所不解者，不如张潮《幽梦影》云："上元须酌豪友，端午须酌丽友，七夕须酌韵友，中秋须酌淡友，重九须酌逸友。"又顾天石评此书曰："除夕须酌不得意之友。"为得我心也。

005　姚范《援鹑堂笔记》卷四十八："唐百官志中都官掌俘隶及没官为奴婢者，云'乐工、兽医、驝马、调马、群头、裁（应作栽）接之人皆取焉'。此驝马字不知何义。"按姚氏所引为《新唐书·百官志》文，方东树引《一切经音义》《玉篇》皆为跃上马义，而与史文不切。今按：驝马疑应作骟马，形近而误。

006　陆游诗："染须种齿笑人痴"，自注："近闻有以补种堕齿为业者。"此即职业镶牙。

007　乾隆间音韵学家江永能以巧思制仪器，袁枚《子不语》卷十三载其置一竹筒，中用玻璃为盖，有钥开之，开则向筒说数千言，言毕即闭。传千里内，人开筒侧耳，其音宛在，如面谈也；过千里则音渐渐散不全矣。此殆今日之录音也，惜不知其原理若何。

008　中国种痘法起于宋真宗朝，牛痘则嘉庆十年由澳门传入国内，见金武祥《粟香随笔》卷三。

009　东坡雪浪石清代在真州城西,为荣园故物。旧名小四明,俗呼美人石,阮元为易名湘灵峰。嘉庆十五年庚午郭麐与查梅史同往访之,有诗载《灵芬馆诗四集》卷三。时屠倬宰仪征,新葺县斋,移石于中,颜曰湘灵馆。郭、查二人复有诗纪其事。

010　正月二十三日为天穿节(相传女娲氏以是日补天),二月十九日为观音生日,三月初四日为稻生日,十一日为麦生日,十九日为太阳生日(据传为纪念崇祯帝殉国),四月十四日为菖蒲、万年青生日,亦为吕洞宾生日。五月十三日为竹醉日,六月二十四日为荷花生日。八月十二日为盐生日,十月十六日为寒婆生日,二十五日为雪婆婆生日。

011　一母所生兄弟曰同怀,以古人多娶,虽皆兄弟,嫡庶出不一,故以别之。长白法良为兄斌良校刊《抱冲斋诗集》,自称同怀弟,盖皆达斋妾张氏庶出也。

012　唐赵璘《因话录》卷六:"有士鬻产于外,得钱数百缗,惧川途之难赍也,祈所知纳于公藏,而持牒以归,世所谓便换者,置之衣囊。"此支票之滥觞也。

013　清代北京以九月九日为女儿节,见李绂《穆堂别稿》卷三《九月八日雨续潘邠老句五首》之四自注。

014　今欧美同性恋闻不乏要求同性结婚者,此非新闻,吾国亦有先例。王渔洋《居易录》卷二十八载康熙丁丑夏五月有通州渔户张二娶男子王四魁为妇,伉俪二十五年矣。王抱义子养之,长为娶妇。妇归语其父母,告官,解送刑部,问拟流徒。田雯见其人,谓已年四十余,面施粉泽,言词行步宛然女子,田斥之为人妖。

015　康熙十五年，由宁波赴京应试，往来舟车仆从庐餐之费约需银一百两，见郑梁《抛八草自序》。

016　蒋超伯《榕堂续录》卷二："俗语阳物为鸟，明人已尔。《菽园杂记》：万公病阴痿，有庶吉士具溺为洗之，遂得御史，时人为之语曰洗鸟御史。"按：唐代高仲武《中兴间气集》卷下李季兰小传："尝与诸贤集乌程县开元寺，知河间刘长卿有阴重之疾，乃诮之曰：'山气日夕佳。'长卿对曰：'众鸟欣有托。'举座大笑，论者两美之。"然则唐时已用之矣。原其相通之理，盖鸟即读"屌"音也。予幼闻外祖母说沪语，飞鸟之鸟犹如此读。

017　雾凇，今东北有之，以哈尔滨最著名。其音读梦送，则人或不知。邹天嘉《松麈剩言》曰："云气凝于木上，如雪封条，齐鲁谓之雾凇（音梦送）。谚曰：霜凇兼雾凇，穷汉买饭瓮。盖丰年之兆也。曾子固《齐州冬夜诗》：香清一夜毡毹暖，月淡千门雾凇寒。又《咏雾凇》诗：园林初日净无风，雾凇花开树树同。记得集英深殿里，舞人齐插玉笼鬆。又东坡《送曹仲锡》诗：只有千林鬘鬆花。鬘鬆即雾凇。"按：字又写作鬘鬌，晏几道《蝶恋花》"晴雪半消花鬘鬌，晓妆呵尽香酥冻"，亦言花上结冰霰也。清王焯《白华堂诗集》卷三《雾凇同许瀚》："争飞花雾凇，似舞玉笼鬆。"

018　杜甫诗："五岭皆炎热，宜人独桂林。梅花万里外，雪片一冬深。"言气候炎凉应时也。金武祥于光绪壬午宦游桂林，《粟香二笔》卷四记桂林风物，犹言"腊雪亦每年有之"，余一九八二年就读于广西师范大学，三年间仅一遇小雪耳。

019　荷兰豆观其名知为洋菜，据福建方志载，其引进广东约在乾隆间。吴名凤《此君园文集》卷十九有"贺兰豆"条云："万安令陶菊伜，粤东人也。食我贺兰豆，谓其种出自贺兰国，在广东亦可种，食之以为常。携至万安种之，数岁不出，今年始生数丛耳。命家人摘生者传观之，形如蚕豆，色深绿如翡翠。付庖人登诸樽俎，熟后翠色愈娇，食之味甜而清美，此他豆所无者。豆壳清脆，咀之有余甘，颇适口。"然则荷兰豆道光间已由广东传至江西栽种成功。

020　今荔枝之名有妃子笑、糯米糍者，宋代有名十八娘者，上品，见蔡襄《荔枝谱》。东坡《减字木兰花》"恰是当年十八娘"，即此也。又见田艺蘅《留青日札》卷三十三。妃子笑之名见于谭莹《乐志堂诗略》卷二《岭南荔枝诗》。

021　王建诗："雁门天花不复忆，况乃桑鹅与树鸡。"自注："菌也。"桑鹅、树鸡名甚奇，吴仰贤《小匏庵诗存》卷二《鸡葼》、李树滋《石樵诗话》均以为即南方树间所生鸡㙡菌，熟而切之，味如鸡肉。按：今云南菜肴有鸡枞菌，殆即此也。

022　李贺《恼公》："注口樱桃小，添眉桂叶浓。"注口，王琦、叶葱奇及新刊王友胜、李德辉注本均无注。按：注口即涂口红。《释名·释首饰》："以丹注面曰旳。"乐府《子夜四时歌》有"画眉忘注口"之句，知六朝时已指涂口红。长沙窑瓷器所题唐诗，有："日红衫子和罗裙，尽日看花不厌春。须向妆台重注口，无那萧郎悭煞人。"又一首道："衣裳不如注，人前满面修。行时无风彩，坐在下行头。""修"为羞之别字，此处之"注"亦指口红。"衣裳不如注"乃言衣服陈旧，不如口红鲜艳，故自觉脸上无光，居于末座。白居易《时世妆》讽女子化妆之怪异，云"乌膏注唇唇似泥"，则当时似尚有涂口黑者。敦煌曲子词《柳青娘》有"淡施檀色注歌唇",《破阵子》有"香檀枉注歌唇",则又有檀色者。

023 乾隆五十一年岁大饥,焦循迫于债鬻良田数十亩仅得十余金,有书贾以《通志堂经解》初印本(内缺八种)来,索三十金,妇脱金簪易银十二金,合二十七金得其书。见《雕菰楼集》卷十六《修葺通志堂经解后序》。时书价之昂如此。

024 扬州平山堂西苑有井,昔人评为天下第五泉者,有碑立于侧,下视其水则浑浊不堪,扃钥甚固,亦不见饮用。询之寺僧,不知其故。后读吴名凤《此君园文集》,卷十八有"平山堂天下第五泉"一条,谓"窥其中则圆甃如镜,湛然无波,询之寺僧则水不可食,一无用之废井耳"。是其废置已久,枉享佳名数百年矣。考张问陶《船山诗草》补遗卷六《二十日洪桐生同年招同吴谷人祭酒汪剑潭杨警斋两太守朱质园吉士游平山堂即席作》末云:"升沉滋味尝应久,且试平山第五泉。"又扬州人黄承吉于嘉庆末尚有《谷雨日汲第五泉试新茶》诗,见《梦陔堂诗集》卷十八,则泉之废或在道光后欤?

025 武当山顶有铜铸殿阁模型,门户椽檐俱全,极为精致,为元时信徒所捐,各部零件均铸记捐者姓名、所用铜斤两、值钱若干,可据以考见元代物价。

026 邸报至崇祯十一年始有活板印刷,《亭林文集》卷三《与公肃甥书》言之,此前皆手写耳。

027 文房四宝称湖笔,康熙至乾隆间湖州制笔名最著者钱功立、徐霖苍,见彭维新《墨香阁集》卷六《赠吴兴笔工徐霖苍》。

028　陆陇其《三鱼堂日记》载清朝经筵用京师官话,如万物二字必读作患户。按:陆浙江人,此言北京话万物二字读若浙音患户也,非当时北京音万物二字异于今也。

029　罗竹风主编《汉语大词典》收词丰富,解释详明,然书证多引晚出文籍,推源溯流之义尚有未至。翻检偶及,记录于此。第十二册一四二四页"齐年生"条,引冯桂芬《顾南林年丈七十寿序》:"齐年生彝陵顾君嘉蘅,官京师之六年,岁在乙巳,为我年伯南林先生暨配李宜人七十双寿之期,将称觞邸第。"予读毛际可《松皋文集》卷二《卓有枚文选序》:"尊人农山公湛深经术,著述凡数十万言。陈卧子先生为越州李,欲请长假,西渡江就公卒业。予齐年生邹程村特诣其家,手钞浃旬,至不忍去。"此为清初先出之例,可以引证。

030　洪迈《容斋随笔》有"瞬息须臾"条,谓佛典中《僧祇律》《新婆罗论》《毗昙论》三书中均言及数值及换算关系。据《僧祇律》,则二十刹那为一瞬,二十瞬为一弹指,二十弹指为一罗预,二十罗预为一须臾,三十须臾为一昼夜。今人王启泰氏为推算之,一刹那(即一念)合 0.018 秒,一瞬合 0.36 秒,一弹指合 7.2 秒,一须臾合 68 分钟。若据《新婆罗论》,数值微异,一刹那合 0.02 秒,一瞬合 2.4 秒,一息合 144 秒,一须臾合 72 分钟。按:他姑不论,一瞬 2.4 秒毕竟太慢,应以《僧祇律》之 0.36 秒为宜。此虽属好事,亦足资多闻也。

031　徐釚《南州草堂集》卷三《寒夜署中观剧即事四首》之三云:"感慨凄凉调不同,银筝铁板唱江东。旧人纵有何戡在,此地曾无南九宫。"自注:"江北无昆腔。"诗作于康熙七年,时在安庆,据此则当时昆腔仅流行于江南,尚未过于江北也。

032　地球气候日渐转暖，人皆能言之。考前人亦有所觉察。道光间李元复辑《常谈丛录》卷一"寒暄渐改"条云："记予自幼至弱冠之年，当寒威凛烈时，手足或致皲肿疮溃，冰筋垂檐，甚至大如臂。四十年来不复有此矣。雾松著竹木，枝干屈摧，冻合于池，童子游戏其上，俟春中方解。今或十年而一见也。大概三冬严寒，岁不过旬日耳，余则温煦若予少时之春也。"徐珂《大受堂札记》卷一亦云，光绪中叶以还，燕赵之寒差减于昔，自南航北之汽船封河之日视昔为少，而民国初南雪或甚于北。

033　前人议女子裹足之恶，未见有如道光中李元复之说为激烈者，谓始作俑者吾不知其历几万万劫受诸恶报永无超拔也。又论当今不裹足有四善，从圣朝正大朴厚之风，无戾俗之嫌，一也；免妇女幼年惨痛之厄，二也；得操作奔走，以佐男子之事，三也；提抱婴孩，安稳无倾跌之患，四也。见《常谈丛录》卷三"女子裹足"条。

034　明时刻书刻工价甚贱，丁国钧《荷香馆琐言》卷上记所见万历时所刻支那本释藏，每卷后均记有字数及刻工价若干，如《宋高僧传》卷一计七千三百九十五字，该银三两七钱，约合百字银五分。刘若愚《酌中志》云：刻字匠徐承惠供，本犯与刻字工银每字一百，时价四分。因本犯贾承惠僻静处刻，勿令人见，每百字加银五厘，约工银三钱四分，令算妖书八百余字，与工价银相同。蒋光煦《东湖丛记》载《明文衡》九十八卷，正德五年刻，其序云总为费计钱二十万有奇，六阅月讫工。查慎行《人海记》云：明刊二十一史于北雍，费六万金有奇。康熙末章藻功《注释思绮堂四六文集》十册，刻金三百余金。汪辉祖《病榻梦痕录》记乾隆末刻书，每百字版片写刻共制钱五十六文，继增七文，又增十七文。嘉庆初杭苏已增至一百一十文。冯桂芬文集引邵经邦《读史笔记》载《宏简录》刻费九百余金,计字三百四十万有奇,每百字为银二分七厘,为钱二十文。原注:今刻字中价每字约一文半。翁方纲《复初斋诗集》前十卷每部工价二钱四分。林昌彝《海天琴思续录》卷二载同治三年毛鸿宾任两广总督时,出一千八百金为刊《三礼通释》,凡三百余万言,又出五百金刷印一百部。

035　钞书之价,乾隆十二年丁卯孔继涵钞《故唐律疏义》三十卷,计二十六万四千五百八十字,工钱五千二百九十一文,约合五字一文。

036　古人著书无省略号,引文有删节而无从知之。钱振锽《名山六集》卷十《桐城》《贤父子》二文于引书有删节处注小字"节"以示之,是即删节号也。考六集所收为己巳以后之作,其时新式标点已推行,则其受新式标点影响亦未可知。

037　崇祯间,茅坤《唐宋八大家文》价一两四钱白银,见中国社会科学院文学研究所藏陶琰《仁节先生集》卷九《游楚日纪》。

038　眼镜传自西洋,约在明代,然未普及。郎瑛《七修类稿》载之。屠隆《考槃余事》所云叆叇,即眼镜也。赵翼《陔余丛考》卷三十三尝引张靖之《方州杂录》溯其原始。至清初而流行于世,遂屡见于文咏。胡世安《秀岩集》卷一有《眼镜赋》,钱谦益《初学集》卷九有《眼镜篇送张七异度北上公车》,唐孙华《东江诗钞》卷六有《闻野弟贻眼镜十六韵》。其深浅之度数以十二支为等级。蒋汾功《读孟居文集》卷六《杂说四首》:"余短视,光仅盈尺,偶游肆中,有便视者,其镜以十二时为次。予取试之,在亥戌之间,在短视中又其远者也。"李光庭《序受斋诗钞》卷十二《眼镜》自注："眼镜以十二辰编号，从亥逆数，由浅入深。"清初有孙云球者，精于测量，本西洋遗制，扩眼镜为七十二种，有昏眼、近视、童光之异，随目对镜，不爽毫发。又有显微镜、万花镜、远镜、火镜、摄光镜、夕阳镜、端容镜、焚香镜、察微镜、放光镜、夜明镜种种。著《镜史》一帙，令市坊依法制造，遂行于世。卒于康熙初，年三十三。见任兆麟《有竹居集》卷十一《孙云球传》。道光间王棨华《消闲戏墨》（同治甲戌刊本）卷上载当时水晶镜片值二三两，玻璃镜片值四五钱。

039　王命岳《耻躬堂集》家训载顺治间九十三文可买米一斗五升，方苞《请定经制札子》言康熙二十六时湖广江西一带新米上市制钱五文一升。光绪十二年合肥银元一元购米四斗八升，一九二四年一斗八升。见徐珂《大受堂札记》卷五。

040　北京崇效寺牡丹清代最有名，有墨牡丹一本，天下仅二株（另一株在西安）。清代名公诗中多载崇效寺看牡丹之作。王渔洋题智朴《青松红杏图卷》，乾隆时藏京师崇效寺。秦瀛前后四度观之。其《癸丑三月廿六日同王铁夫华藕庄徐郎斋崇效寺看牡丹并观拙公上人青松红杏图卷及渔洋竹垞两先生题咏郎斋书同游姓名于卷尾并成五古一章即用其韵》（《小岘山人诗集》）云："拙公余旧卷，题咏了可读。松杏想青沟，疑坐田盘谷。斯人久物化，禅床麈尾秃。一龛证楞伽，留此花间筑。"如今已为白纸坊小学所居，仅藏经阁尚存。

041　周容《春酒堂文集》有《宜兴瓷壶记》《杂忆七传·许龙文》二文，可资考证宜兴陶艺之历史。

042　中国纸币起源于元代，而当时竟已有伪钞。《元诗选初集》已集李存《俟庵集》有《伪钞谣》略云："国朝钞法古所无，绝胜钱贯如青蚨。试令童子置怀袖，千里万里忘羁孤。岂期俗下有奸弊，往往造伪潜隙隅。设科定律非不重，奈此趋利甘捐躯。纵然桎梏坐囹圄，剩有囊橐并尊壶。"

043　中国社会科学院所在地曰贡院，何刚德《平斋诗存》卷一《秋闱忆旧》注："贡院牌坊大书为国求贤四字，前有桥名曰登瀛桥，旁有辕门，东曰天衢，西曰云路。"

044　牙刷不知起于何时，至迟元代已见于歌咏。《元诗选初集》辛集郭钰《郭恒惠牙刷得雪字》略云："南州牙刷寄来日，去腻涤烦一金直。短簪削成玳瑁轻，冰丝缀锁银鬃密。朱唇皓齿娇春风，口脂面药生颜色。琼浆晓漱凝华池，玉麈昼谈洒晴雪。"此可见当时牙刷形制。

045　嘉、道间人王善宝《煨芋岩居诗集》卷七有《四珍诗》，咏黄鱼头、鹿尾、哈什马儿、喀拉沁风猪肉。

046　谢玄饮至一石，人指之曰醉虎，蔡邕饮至一石，人名之曰醉龙。王应奎《柳南续笔》载云间陆文定公善饮，年九十余尚能酌巨觥，饮满千数而罢。南社中人多能饮酒，周云署酒痴，顾悼秋自署神州酒帝。顾编《酒国点将录》，朱剑芒续编《海上新酒国点将录》。

047　觞，酒卮总名。《三礼图》："凡诸觞形皆同，升数则异。《诗·周南》郑笺：一升曰爵，二升曰觚，三升曰觯，四升曰角，五升曰散。总名曰爵，其实曰觞。"又《礼图》：兕觥，罚爵也，不在五爵之例。又有竹根，庾信《奉报赵王惠酒》诗："野炉燃树叶，山杯捧竹根。"注:"《酒谱》云:山家竹根为饮器。杜诗:共醉终同卧竹根。卧作覆解,与饮器合。"

048　酒之别名,美言之则清酒曰圣人,浊酒曰贤人,见《三国志》。周亮工目淡酒曰酒魂,见《海右陈人集》卷下《观周栎园因树屋书影却寄》诗自注。恶谥之则曰祸泉。《松麈剩言》:"置之瓶中,酒也。酌于杯,注于肠,善恶喜怒交矣,祸福得失歧矣。倘夫性昏志乱,言腾烟焰,事堕阱机,是岂圣人贤人乎?一言蔽之曰祸泉而已。"

049　唐人酒多以春为名,《国史补》卷下云:"酒则有郢州之富水,乌程之若下,荥阳之土窟春,富平之石冻春,剑南之烧春,河东之乾和葡萄,岭南之灵溪、博罗,宜城之九酝,浔阳之湓水,京城之西市腔,虾蟆陵郎官清、阿婆春。又有三勒浆类酒,法出波斯。三勒者谓菴摩勒、毗梨勒、诃梨勒。"剑南之烧春一本作烧香春,今"剑南春"酒名即出此,而夸言"唐时宫廷酒",捕风捉影,殊无稽也。杜甫《拨闷》云:"闻道云安麹米春,才倾一盏便醺人。"韩翃《田仓曹东亭夏夜》诗有"金壶醉老春"之句,郭麐《灵芬馆诗话》卷一谓"老春"亦酒名,予谓未必为酒名,或陈年老酒也。韩愈《感春四首》之四:"数杯浇肠虽暂醉,皎皎万虑醒还新。百年未满不得死,且可勤买抛青春。"《东坡诗话》谓"抛青春"即酒名也,取及时行乐之义。裴铏《传奇》记裴航事,亦有酒名松醪春,乃知唐人名酒多以春。此风至宋犹然,韩子黄守黄州,取"春江绿涨葡萄醅"以名新酿酒,有诗云:"葡萄酒用春江水,压倒云安麹米春。"则麹米春在宋时犹著名也。张表臣《珊瑚钩诗话》卷三言"近时以黄柑酝酒,号洞庭春色",周密《武林旧事》言及诸色酒名,有思堂春、万象皆春,知宋代亦习以春名酒也。

050　吴仰贤《小匏庵诗话》卷一云："近世品酒贵陈而薄新，唐代诗人则喜言新酿，未尝以陈酿为珍。或言老嫩，如刘长卿云'酒香开瓮老'，少陵云'小驿香醪嫩'是也。然亦不以此定优劣，至'樽酒家贫只旧醅'，若旧醅不足以供客而自为解嘲者。何古今人嗜好之不同耶？"按：此古今造酒之法不同而致也。唐时酒为酿造酒，酒精度低，新熟香醇，久放则非酸则漓，味不堪饮；明以后始有今日之蒸馏酒，酒精度高，新出酒甲醇气浓，久放而挥发，故愈陈而愈酽。此古酒贵新今酒贵陈之理也。

051　郫县有郫筒酒，明末战乱中失传。王士禛《居易录》卷六："郫县郫筒酒，乱后失传。唯县衙之东郫泉二井尚存，一井圆，一井如半月形，水极清寒。有亭覆其上，曰郫筒亭。陴县地暖，唯此亭盛夏入必挟纩。"

052　杨恩寿《坦园诗录》卷六《自信阳州回武昌途中杂纪用工部秦州杂诗韵》其二："沽春趁新酿，蜜汁漫相夸。"自注："土酒名赛蜜糖。"

053　丁方酒，出江西，甚清冽，风味殊胜，见金捧闻《客窗偶笔》卷四。

054　魏酒，薛所蕴《魏酒行》小序云："京师旧有魏酒之名，椒房魏戚畹所酿也。戚畹癖于酒，酿皆用银具，宫中百花露多分之以资酿，御用非此酒不欢。今戚畹不可复见矣，家人有传得酒法者，肆而鬻诸市，仍以魏酒名。"

055　可酒，马国翰《竹如意》卷上："武乡赵可福善酿，邑有张鸿儒者，知名士也，饮而美之，题其壁曰'酒可人亦可，知味惟有我'。"自是亲宾非可酒不为盛馔,馈遗非可酒不为厚仪,而可酒之名遂喧传于潞沁矣。

056　沧酒,徐时作《闲居偶录》卷四:"康熙末人称沧州有三绝,酒味甚佳,河中鲤鱼肥美无比,董尼姑善谈兼有姿色,故有三绝之称。"又云:"沧酒得名久矣,相传吕祖来饮于沧,如今时所云洞宾醉岳阳楼,鄙语荒唐,固不足信,楼旁有联云:'黄鹤偶乘沧海月,白云常带楚江秋。'运用崔颢诗颇佳。然余品沧酒,惟楼下水酿者善,余则味减。且此处水较重,去楼稍远便轻,余试验不差,实有不可解者。"盖城外有黄鹤楼,祀吕祖像,故云。

057　清若空,《小匏庵诗话》卷三:"竹垞《棹歌》云:'荆南豫北斗新酿,不比吾乡清若空。'自注:'清若空,秀州酒名,见《武林遗事》。'杨注引孙觌诗'银瓶快泻清若空,令君一笑面生红'。按唐李郢《阳羡春歌》曰:'祝陵有酒清若空,煮糯蒸鱼作寒食。'则秀州官酒盖取郢诗以命名也。"

058　雪梨酒,金武祥《粟香四笔》卷七载汪芙生招饮诗有"且沽野店雪梨酒",注:"雪梨,广州酒名。"

059　荔枝浆,《元诗选初集》庚集有陈基《仆尝夜梦从彦成饮彦成曰此荔枝浆也饮之令人寿子能为我赋之当赠三百壶予自口占一诗觉乃梦也及会玉山闻彦成酿酒果名荔枝浆以梦白之不觉大笑玉山曰君当书此诗吾当与子致酒以质所梦因莞尔书之彦成见之必更一笑也》一诗。

060　香雪,《元诗选初集》辛集王逢《园馆杂书二首》之二云:"殊乡春色不曾浓,才力新兼病思慵。一枕清风闻格磔,半瓶香雪浸茯蓉。”自注：“香雪，酒名。”

061　历代酒名春者，《留青日札》卷二十六：“古人酒多以春名，而茶亦有以春名者。盖以四时之景，惟春为美也。酒曰荥阳之土窟春，富平之石练春，宜城之竹叶春，崇安之麴米春，剑南之烧春，吴会之洞庭春色，宋蔡邸之春泉，济邸之浮春，曹诗之成春，武林之皇都春，江阃之留都春，海阃之十洲春，西总之海岳春，越州之蓬莱春，锦江之锦波春、浮玉春，建康之秦淮春，温州之丰和春，兰溪之瀫溪春，荣邸之万象皆春，石湖之万里春。”王渔洋《居易录》卷七云，古名酒皆以春名，如竹叶春、梨花春、松醪春、石冻春之类。今关中之俗尚如此，西安酒以渼波春为第一。

062　玻璃春，王增琪《诗缘》正编卷二载光绪间王立儒《玻瓈春》云：“蟇颐观前江水碧，莹莹一片玻瓈色。江边竞筑糟邱台，汲流酿酒真珠滴。酒市风吹十里香，引得游人停画舶。玉壶买到春溶溶，芳名始自东坡锡。东坡先生不善饮，爱酿偏有刘惔癖。当时酿法至今传，醉乡日月春无极。珊瑚盏倾翠涛翻，玛瑙甕破碧云溢。洞庭春色不须沽，玉井秋香更须觅。且携此酒到祠堂，遥奠先生忠毅魄。琼林宴罢气如虹，挥斥章惇与安石。众人皆醉屈子醒，文字无辜遭贬谪。常州红友村中逢，西湖梨花月下吸。儋耳醽浆更厌尝，争似故乡醽醁液。先生有灵盍归来，三蕉醉倒古榆侧。”

063　雪酒，《国朝山左诗钞》卷四十二田霡《雪酒初熟色清而味冽每饮三蕉叶便得陶然之趣率成绝句》：“酿成不借源泉力，满瓮香浮揃水花。好助清欢谁是伴，小窗梅影正横斜。”“戋戋雪叶贮金罂，玉椀盛来稚子擎。炉爇名香书塞屋，匡床斜倚醉先生。”“去年藏雪已成酒，今岁犹然缺酒材。正恐寒浆容易尽，忽然滕六到门来。"卢见曾案:"吾州罗酒著名,先生以雪水为之,味极清冽,他家仿造皆不能及。"

064　浔酒,赵棻《滤月轩诗余·兰陵王》题为"浔酒",云:"一溪碧,环抱西吴酿国。春波滑,新泛绿醅,化作真珠小槽滴。鹅黄好颜色。招得高阳醉客。茅檐外,青飐杏帘,明月清风两桥侧。　　壶觞感今昔,记少小评量,秦黍燕秫。醉乡日月头将白。恁满引村醑,麴生清味,鬼花蚁蕊总不敌。有名士标格。

岑寂,翠樽泣。只日饮袁丝,曾诩欢伯。诗仙俊赏难重觅。奈土锉愁煮,瓦盆狂吸。风流公瑾,酝藉处,更孰识?"自注:"《随园食单》以绍兴酒为名士,又谓浔酒似绍兴酒,而清冽过之。"作者于嘉庆十三年嫁乌程汪延泽,嘉庆二十四年始由湖州府城潮音桥迁南浔镇,所载浔酒嘉庆间物也。

065　玉酒,刘銮《五色瓟》卷六"玉酒":福王潜邸在淮安,喜烧酒。及登极,淮人号曰玉酒。南京以此酒每日进御,号曰御酒。

066　陈撰《玉几山房听雨录》卷下引张能臣《酒名录》:"杭州有竹叶清、碧香白酒。"

067　雪醅,康发祥《伯山诗话》后集卷四:"吾邑佳酿有以雪醅著名者,见周辉《清波杂志》。盖用州治客次井蟹黄水酿之。绍兴闻有呼匠至都,用西湖水酿成,颇不逮。有诘之者,云:'蟹黄水重,而西湖水轻,当较以权衡得之。'按醅字《集韵》音剖,宋于庭大令《望江南》词云:'扬州忆,此意少人知。水重水轻余未觉,愁深愁浅定多时。雪醅触相思。'"

068　翁季霖《胥毋山人诗集》卷七有《品酒诗》，咏山乡美酝八种，一洞庭春色："喷雾流云韵入神，缥瓷倾碧羡安仁。郡王锡以嘉名在，浇我谈天一瓮春。"二女贞酒："蓼节曾传制麹方（范文穆诗：蓼节偏宜麹生），木虻子熟压琼浆（木虻子见《诗义疏》）。当杯欲证东坡叟，真一何如此味长。"三三白酒（三白，天池泉悟道泉白龙泉，非世俗之三白也）："一白三泉始得名，渑淄还待易牙评。不知乳水从空化，只觉春风两颊生。"四福橘酒："曾闻太岁立当头，历日中包百颗秋（见《南唐近事》）。细擘霜红点春酿，润如云露滑如油。"五撇醾酒（范文穆云：吴人酌酒，瓮浮醅，谓之撇醾，酒之精英也，一名靠壁清）："秙稑登场麹米成，瓮头香泛萃精英。青蚨满贯田家乐，入市先尝靠壁清。"六粳米酒："太行石髓称稀有（《神仙传》：王烈入太行山，得石髓，味如粳米饭。杜审言诗：石髓换粳香），传与人间作酿材。香醇不同彭泽秫，十分一盏即眉开。"七朱橼酒："霜苞如赭品居三（具区土产，春橼第一，冬橼次之，朱橼又次之），煮辣和辛远胜甘。此是青州老从事，莫将风味比壶柑。"八十月白："五月瑟瑟作寒初（太湖十月中遇五日即大风，俗呼五信风），十八仙成滟玉蛆（见《回仙碑》）。妙理却从东老始，晓窗留客泥浇书。"

069　魏元旷《都门琐记》："酒白甘最烈，玫瑰露味酽而香，茵蔯色浅碧，五加皮酒极醲浊，与茵蔯皆带药气。绍兴酒本以京庄为上，然真陈年者亦不易得。席间所用酒只此数种。有所谓都一处者，专卖酒，酒品极多，非真能饮者不敢入其座。若食番菜则用外国酒，亦惟葡萄酒、啤酒，进之则香槟、白兰地而已。啤酒为小麦及槐花所制，宜暑时饮之。"此言啤酒为小麦与槐花所制，所未闻也。

070　谢肇淛《五杂俎》："京师有薏酒，用薏苡实酿之，淡而有风致,然不足快酒人之吸也。易州酒胜之,而淡愈甚,不知荆、高辈所从游果此物否?"

071　张翼廷《寄寄山房丛钞续集》:"烧酒之名古无可考,始见白香山诗'烧酒初开琥珀光',则系赤色,非如今之白酒也。元人谓之汗酒,李忠表称阿剌古酒,作诗云:'年深始得汗酒法,以一当十味且浓。'则真今之烧酒矣。今各地皆有烧酒而以高粱所酿为最正,是惟水味不同,酒力亦因之各判。尝闻外国人言,中国有一至宝,而人不知服食,即谓高粱烧酒也。"

072　绍兴酒出名于何时,不可确考。梁元帝《金楼子》云:"银瓯贮山阴甜酒,时复进之。"则绍兴酒梁时已有名。亦见《颜氏家训》困学篇。其名女儿红者,梁绍壬《两般秋雨庵随笔》卷二"品酒"条言:"女儿酒者,乡人于女子初生之年,便酿此酒,迨出嫁时,始开用之。此各家秘藏,并不售人。其花坛大酒,悉是赝本。且近日人家萧索,酿此者亦复寥寥。能得其真东浦水作骨而三四年陈者,已是无等等咒矣。"

073　蛇酒,《陈献章集》卷八有《谢白洲李先生惠蛇酒》诗,则蛇酒明代已有。

074　茉莉酒,冯梦祯《快雪堂漫录》:"用三白酒或雪酒,色味佳者,不满瓶,不虚二三寸,编竹为十字,或井字,障瓶口,不令有余不足。新摘茉莉数十朵,线系其蒂,悬竹下,令齐,离酒一指许,贴用纸封固,旬日香透矣。"

075　吴名凤《此君园文集》卷九《酒娘说》云:"酒娘者何?纯乎酒者也。均是酒也,此何为以酒娘别之?纯乎酒者,尚未杂乎水者也。盖天下之酒皆水矣,入世焉而求酒,率皆以水应之,曰此酒也。得水中以去者,亦将曰此酒也。惟深识乎酒者,乃知其为酒之膺耳。若酒娘者,庶几犹有酒之真者存乎。丁丑初夏,余以勘洲寓石头冈之天宁寺,时值积雨寒甚,思得小饮,聊以破寂。从者为具村醪,曰此市中所沽酒娘也,其色清以腴,其味甘而醲,满饮数杯,历询所以名酒娘之意,疑此果醇乎其醇否,从者曰非然也。酒娘之真者,斗米不能酿一壶,此虽间乎水,而酒之数尚多,故得冒其名焉。必求其真者而饮之,恐举世无应之者矣。噫,余尝谓真品之难得也,至于今而益信。酒娘之美,尘世罕觏,然而天下无处不市酒,即市中无处不有酒娘,外托佳酿之名,阴获水利之实。市之者且重赏以求,沽之者亦善价而待,是彼此交相蒙以成此伪也。”按:酒娘即江苏所言酒酿也,四川曰醪糟,北方曰甜酒。

076　　张翼廷《寄寄山房丛钞》:“屠苏酒方:大黄一钱,桔梗一钱五分,川椒一钱五分,桂心一钱八分,乌头六分,炮白术一钱八分,茱萸一钱二分,防风一两,以绛囊盛之,悬井中,至元日寅时取起,以酒煎四五沸,自幼小起饮二三杯。”古时风俗,饮屠苏酒自年幼者饮起。周辉《清波杂志》:“郑顾道侍郎居上饶,享高寿,其《除夕》小诗云:‘可是今年老也无,儿孙次第饮屠苏。一门骨肉知多少,日出高时到老夫。’此亦自幼小饮起之证。”《容斋续笔》:“元日饮屠苏酒自幼小起,相传已久,刘梦得、白乐天元日举酒赋诗,刘云:‘与君同甲子,寿酒让先杯。’白云:‘与君同甲子,寿酒合谁先?’”一问一答,见古之逸趣。《时镜新书》:“晋海西令问于董勋云,正旦饮酒先饮小者何也?勋曰俗以小者得岁,故先贺之;老者失时,姑后。”

077　　今四川有“杂酒”,以酒糟贮陶瓶中,注以沸水,以吸管饮之,涸则再注,迄至无味而止。其名何义,不得而知。余按刘廷玑《在园杂志》卷四云:"陕西有以坛盛酿酒干料,留小穴,旋加滚水灌入,即成酒者。不识其所名二字当作何写,询之范侍讲谈一曰:君世家于秦,必知其解。韩湘云解造逡巡酒,此岂是耶?侍讲曰:是酒渭已北名曰罐子,渭以南名曰坛子,又曰花坛。京师名曰嚼妈,未闻有所谓逡巡者。然其名甚雅,吾当归告乡人,请以逡巡易之。究竟嚼妈二字不得命名之义,终难求解。座有俗人强作解事,曰:'吾能解之。北方小儿呼其母曰妈妈,呼其母之乳亦曰妈妈,小儿吸乳母之乳曰吃妈妈,亦曰咂妈妈。此酒用管吸之,乳小儿之嚼妈也。'举座绝倒。"自注:"嚼,俗作咂。"此俗人之说其实不俗,嚼实即咂之音同而误也。李调元《雨村诗话》补遗卷一云:"蜀酒名咂酒,俗呼糟坛子。"且引蒋士铨《咂酒诗》为证,即此酒也。其来历甚古,或出自少数民族。清初陆次云《峒溪纤志》卷中"咂酒"条云:"咂酒,一名钓藤酒。以米杂草子为之,以火酿成,不刍不酢,以藤吸取。多有以鼻饮者,谓由鼻入喉,更有异趣。"宋庄绰《鸡肋编》卷中言"夷人造㗱酒,以荻管吸于瓶中",又引杜甫《送从弟亚赴河西判官》诗"黄羊饫不膻,芦酒多还醉",以为芦酒即㗱酒,即此也。按:㗱,《篇海》曰同齅,即嗅字,原指鼻吸气。然此明言口吸,即喢也,今江淮间言吸读若嗅,本字或即㗱也。

078 国人饮洋酒之见于诗者,有鄞县郑梁《午日饮荷兰葡萄酒即席赋呈李公》,作于康熙十九年,见《寒村全集·五丁诗稿》卷二。诗云:"葡萄美酝出西凉,此地何缘也得尝。幕府威名清薄海,几筵珍味集遐方。羞惭午节雄黄气,叹服唐诗琥珀光。好报台湾残息道,玻璃瓶致荷兰王。""自惭饮户生来小,却爱瓶模制得工。肯徙幽窗供几净,当盛清露插花红。留连骨董书生态,容纳疏狂大老风。阅罢巴吟喷饭后,应怜不与俗人同。"所谓不与俗人同者,醉翁不在酒而在瓶也。饮户,酒量,见白居易诗。道光间郭琦游粤中诗有《洋酒》一题,见郭麐《爨余丛话》卷二。

079　前人言饮酒品酒文字,予所见以梁绍壬《两般秋雨庵随笔》卷二"品酒"为最,其所言平生所饮之最,一为嘉庆十八年戕光寺僧致虚所奉,称一杯入口,甘芳浚洌,凡酒之病无不蠲,而酒之美无弗备,僧自言:"此本山泉所酿也,陈五年矣。老僧盖少知酿法,而又喜谈米汁禅,此盖自奉之外,藏以待客者。"于是觥斝对酌,薄暮始散。又乞得一壶,携至山下,晚间小酌。次日僧又赠一瓺,归而饮于家,靡不赞叹欲绝。何止九日口香,后廿年神往,以为生平所尝第一次好酒。其二为道光四年表弟汪小米所款待之庚申酒,盖小米叔眷西所藏之绍兴酒也。眷西尊人贮酒二十坛,殁后其家忘之,二十余年封泥如故,眷西发之,所存止及坛之半,正袁枚所谓"坛高三尺酒一尺,去尽酒魂存酒魄"者也。色香俱美,味则淡如,因以好新酒四分掺之,芳香透脑,胶饧璲底,其醲厚有过于戕光酒,而微苦不冽为其小病,此其生平所尝第二次好酒。后居广东始兴,当地有所谓冬酒者,味薄而不甚甜,中秋后方有,来年二三月便不可得。询之土人,曰:"此煮酒也,今日入瓮,第三日即可饮,半月坏矣。"一日有曾姓乡绅邀酌,其酒浅绿色,饮之清而极鲜,淡而弥旨,香味之妙,其来皆有远致,诧以为得未曾有。急询何酒,答冬酒,问那得如许佳,曰:"陈六年矣。"叩以乡人不能久藏之言,曰:"乡人贪饮而惜费,安得有佳者。此酒始酿,须墨江某山前一里内之水,不可杂以他流,再选名麴佳蘖,合而成之,何患其不能陈?余家酿此五十余年,他族省穑,不肯效为之也。"此梁氏生平所尝第三次好酒。按:凡其所言好酒如苏州之福贞、惠泉之三白、宜兴之红友、扬州之木瓜、镇江之苦露、邵宝之百花、苕溪之下若、松江之三白,皆黄酒类也。至山西汾酒、潞酒,则谓"禀性刚烈,弱者恶焉,故南人勿

尚"，知其不喜烧酒，盖亦不胜其烈也。梁氏尝游萧山，周镇祁饮
以梨花春，俗名酒做酒，曰梨花，盖三套矣。梁氏饮一杯，周即将
杯夺去。周巨量，亦止饮二小杯。是日梁氏竟沉醉一天，其绝非
大户必也。又，梨花春之名，见李兆元《十二笔舫杂录》卷九："汴
酒以中牟之梨花春为第一，味淡色清，品在惠泉上。视汴之秋露
白不止有仙凡隔，亦见《因树屋书影》。"不知周、梁二氏所饮即此
酒否。